马克思主义文化研究

RESEARCH ON MARXIST CULTURE

2020年第2期
总第6期

程恩富　吴文新◎主编

社会科学文献出版社
SOCIAL SCIENCES ACADEMIC PRESS (CHINA)

马克思主义
文化研究

RESEARCH ON MARXIST CULTURE

2020年第2期
总第6期

邹广文 王代月 主编

社会科学文献出版社

目 录

访 谈

红色文化的重要精神是敢于斗争敢于胜利
　　——访中共中央组织部原部长、全国红色文化研究会顾问张全景 ……… 王　岩 / 3

论 文

马克思恩格斯文化思想的三维审视 ……………………… 杨　威　闫　蕾 / 15

列宁晚年文化建设思想及其启示 ………………… 吴　宁　秦雅楠 / 27

中国共产党与中医药的百年传承创新 ………………………… 欧阳雪梅 / 38

共产党人的民生幸福观综论 ………………………… 谢元态　李冬莲 / 51

从抗战文化史到文化抗战史：学术史、概念及范畴
　　——以中国共产党文化抗战史为中心 ………………… 王继平　杨晓晨 / 67

马克思主义中国化进程中的儒学现代化 ………………………… 郭　瑞 / 87

论中华文化的当代使命 ……………………………………… 隋云鹏 / 100

论信仰、信念与信心：科学内涵、辩证关系和实践遵循
　　…………………………………………… 吴艳东　廖小丹 / 113

思想文化领域要重视反封建迷信教育 ……………… 谭劲松　姚菲菲 / 124

新时代推进高校马克思主义学院建设的制度安排
　　——基于《普通高等学校马克思主义学院建设标准》的分析
　　…………………………………………… 王永斌　王　琪 / 133

新时代高校青年教师社会主义意识形态建设

　　面临的问题及化解策略 …………………………… 董　慧　程伊琳 / 144

新冠肺炎公共卫生危机中的网络谣言治理研究 ………… 王可欣　郝书翠 / 157

文化治理视角下的乡村文化振兴路径研究 ………………………… 刘彦武 / 166

动　态

论点摘编 / 179

访谈

马克思主义文化研究　2020 年第 2 期　总第 6 期

第 3～12 页

红色文化的重要精神是敢于斗争敢于胜利

——访中共中央组织部原部长、全国红色文化研究会顾问张全景

王　岩*

【张全景简介】山东省平原县人，中共中央组织部原部长，全国红色文化研究会顾问，中国共产党第十三次、十四次、十五次全国代表大会代表，第八届、第九届全国政协常委，撰写的文章有《农村要致富 必须建设好支部》《沂蒙巨变看党建》《恩格斯晚年放弃了无产阶级革命学说吗?》《中国共产党人历来重视马恩著作的学习》《领导干部的楷模孔繁森》《永远活在人民心中的县委书记谷文昌》《从胜利走向胜利的指路明灯——纪念〈共产党宣言〉发表 170 周年》《"尽善尽美唯解放"——纪念王尽美同志诞辰 120 周年》《县委书记要像杨贵一样勇于担当》《始终坚守共产党人的初心》《在新的历史时期加强党的建设》《密切联系群众的社区干部吴天祥》等。主编著作有《干部人事工作概述》《干部人事制度改革论丛》《建设社会主义新农村的带头人》，策划编辑《中国吏部研究》（安作璋主编）等书。

习近平在党的十九大报告中指出："文化是一个国家、一个民族的灵魂。文化兴国运兴，文化强民族强。没有高度的文化自信，没有文化的繁荣兴盛，就没有中华民族伟大复兴。"[①] 他把文化自信提高到关乎中华民族伟大复兴的高度。他强调"要把红色资源利用好、把红色传统发扬好、把红色基因传承好"，[②] 即把传承红色文化作为增强文化自信的重要途径。他还强调："共和国是红色的，不能淡化这个颜色。"[③] 可见，习近平不仅重视文化的作用，还特别强调红色文化对于我们国家和民族兴盛存亡的重要作用。那么，何谓红色文化? 红色文化所蕴含的精神特征有

---

　*　王岩，哲学博士，上海财经大学马克思主义学院博士后，主要研究方向是革命文化、文化软实力。

　①　习近平：《决胜全面建成小康社会夺取新时代中国特色社会主义伟大胜利——在中国共产党第十九次全国代表大会上的报告》，人民出版社，2017，第 40～41 页。

　②　习近平：《弘扬"红船精神"走在时代前列》，《光明日报》2005 年 6 月 21 日。

　③　习近平：《"共和国是红色的"（两会现场观察)》，《人民日报》2019 年 3 月 5 日。

哪些？如何传承红色文化？围绕这些问题，记者采访了中共中央组织部原部长、全国红色文化研究会顾问张全景。

访问者： 作为研究我国红色文化的资深专家，您是怎么理解红色文化的？

张全景： 近代以来，随着马克思主义的传入和中国共产党的诞生，在中国人民长期革命、建设、改革的实践中，红色文化应运而生。"红色"代表着希望、胜利、勤劳、勇敢、创造、自力更生、艰苦奋斗、不怕流血牺牲等，这正是中国共产党价值追求和中华民族精神内涵最贴切的象征。"红色文化"的本质特征是马克思列宁主义与中国革命和建设实际相结合，是对中国优秀传统文化的继承、发展与创新。它彰显了马克思主义的先进性、真理性，是中国共产党政治制度、政治信仰、政治作风、政治道德、革命精神、革命传统等方面的综合体现。它有着鲜明的民族性、科学性、大众性，是中华民族共有的精神家园，为推动中国社会不断发展进步提供了强大的精神动力。作为中国共产党和中华民族精神的标识，红色文化具有以下鲜明特征。

第一，红色文化是马克思主义与中国实际相结合的成果。1949年新中国成立前夕，毛泽东把红色文化称为"中国人民学会了的马克思列宁主义的新文化"。[1] 经过新文化运动洗礼的古老中国迎来了马克思主义，毛泽东曾深刻指出："自从中国人学会了马克思列宁主义以后，中国人在精神上就由被动转入主动。"[2] 马克思主义的唯物史观和辩证法赋予了红色文化科学进步的品质，"它是反对一切封建思想和迷信思想，主张实事求是，主张客观真理，主张理论和实践一致的"。[3] 这成为教育引导人们与腐朽的封建礼教和追求霸权主义、个人主义、享乐主义、拜金主义的资本主义价值观进行斗争的有力武器。在中国共产党的带领下，在红色文化的激励下，中国人民推翻了"三座大山"，建立起朝气蓬勃的新中国。又经过70多年的艰苦奋斗，实现了从"一穷二白"到经济总量居世界第二的历史性飞跃，终结了近代世界历史上蔑视中国人和中国文化的时代。

第二，红色文化是与优秀传统文化相融合的结晶。红色文化不是凭空产生的，而是中国共产党人在领导革命实践中继承民族优秀传统文化产生的。古圣先贤留下了大量宝贵的思想财富，比如"修身齐家治国平天下""为天地立心，为生民立命，为往圣继绝学，为万世开太平""先天下之忧而忧，后天下之乐而乐""富贵不能淫，贫贱不能移，威武不能屈""鞠躬尽瘁，死而后已""苟利国家生死以，岂因祸福避趋之""苟日新，日日新，又日新"等。中国共产党人将优秀传统文化中的家国情怀、英勇不屈、奉献牺牲、团结协作、勤劳勇敢、自强不息等民族精神提升到了一个崭新的高度。革命战争时期产生了井冈山精神、长征精神、延安精

---

① 《毛泽东选集》第4卷，人民出版社，1991，第1515页。
② 《毛泽东选集》第4卷，人民出版社，1991，第1516页。
③ 《毛泽东选集》第2卷，人民出版社，1991，第707页。

神、抗战精神、西柏坡精神；新中国成立后，社会主义建设时期产生了"两弹一星"精神、铁人精神、北大荒精神、雷锋精神；改革开放时期产生了改革创新精神、开放精神、载人航天精神、抗震救灾精神等。逐渐形成了以爱国主义为核心的民族精神和以改革创新为核心的时代精神，构成了社会主义核心价值体系的精髓，成为激励人们矢志不渝、开拓进取的强大精神支柱。

第三，红色文化是人民大众的文化。红色文化不是为少数人自娱自乐的文化，它来自人民，服务于人民，体现人民群众的根本利益，在不断提高人民群众科学文化素质和思想道德素养中，促进人的全面发展。1940 年 1 月，毛泽东在论述新民主主义文化时指出，"它应为全民族中百分之九十以上的工农劳苦民众服务，并逐渐成为他们的文化""须知民众就是革命文化的无限丰富的源泉"。① 1942 年 5 月，他指出，"为什么人的问题，是一个根本的问题，原则的问题""我们的文学艺术都是为人民大众的，首先是为工农兵的"。② 在这些光辉思想的指导下，大批深受广大群众欢迎的优秀文艺作品诞生了。在抗日战争和解放战争时期创作的《大刀进行曲》《白毛女》《黄河大合唱》《生产大合唱》《吕梁英雄传》等作品，发挥了鼓舞士气、同仇敌忾、消灭敌人的作用。新中国成立后创作的《铁道游击队》《五月端阳》《当红军的哥哥回来了》《红旗谱》《创业史》《山乡巨变》《青春之歌》《英雄儿女》等作品，塑造了一代又一代人的道德理想与价值追求，成为滋养中华民族的宝贵精神食粮。

第四，红色文化是自力更生、艰苦奋斗的文化。中国共产党成立 90 多年的历史，是一部自力更生、艰苦奋斗的历史，红色文化尽显了这种精神。早在民主革命时期，毛泽东就提出："人是要有一点精神的。"③ "我赞成这样的口号，叫做一不怕苦，二不怕死。"④ 各族人民群众、广大共产党员在异常艰险的情况下，以"革命理想高于天"的无私无畏精神战胜了各种艰难险阻。新中国成立后，在中国共产党领导下，人民群众满腔热情，以气壮山河的冲天干劲发展生产，各条战线取得了伟大成就。比如，获得诺贝尔奖的中国女医药学家屠呦呦，正是参与了 1967 年由毛主席确定的"523 任务"（防治抗药性恶性疟疾援外战备紧急军工项目）而取得了了不起的成就。还有像钱学森、邓稼先、孟泰、马恒昌、王进喜（宁可少活 20 年，也要拿下大油田）、焦裕禄、谷文昌、杨贵、孔繁森、吴金印、李国安、李素丽等，都是这方面的代表，他们为我们树立了学习的榜样。

访问者： 正如您所说，红色文化不是凭空产生的，而是中国共产党人在领导革命实践中继承民族优秀传统文化产生的。红色文化是自力更生、艰苦奋斗的文化。传承红色文化需要发扬不怕苦不怕死的斗争精神。那么，我可不可以把"敢于斗

---

① 《毛泽东选集》第 2 卷，人民出版社，1991，第 708 页。

② 《毛泽东选集》第 3 卷，人民出版社，1991，第 857 页、第 863 页。

③ 《毛泽东文集》第 7 卷，人民出版社，1999，第 162 页。

④ 《毛泽东年谱（一九四九——一九七六）》第 6 卷，中央文献出版社，2013，第 248 页。

争、善于斗争"作为红色文化的重要精神和中国共产党的内在精神特质来理解？

张全景： 可以这么理解。我上面说的，毛泽东提出人是要有一点精神的，这种精神也包含斗争的精神。不光毛泽东，马克思主义经典作家也一贯主张发扬斗争精神。在《共产党宣言》中"斗争"一词就使用了 32 处之多。恩格斯在评价马克思的一生说，"斗争是他的生命要素。很少有人像他那样满腔热情、坚韧不拔和卓有成效地进行斗争"。① 正是因为有这种斗争的精神，不仅诞生了世界上最伟大的无产阶级指导理论，还诞生了国际共产主义运动的伟大实践。正是继承了马克思主义经典作家的这种斗争精神，中国共产党才能领导中国人民进行革命斗争、社会革命和改革开放，才能赢得胜利，取得社会主义革命与建设、改革开放与社会主义现代化建设伟大成就。正是在这种斗争精神中奋勇开拓、砥砺前行，中国共产党才形成了敢于斗争、善于斗争的鲜明政治品格，凭借直面问题与挑战的斗争精神，取得了革命、建设和改革的伟大胜利。所以从这个意义上来讲，斗争精神丰富了中国共产党革命文化的内涵，是红色革命基因的身份标识，构成了中国共产党内在的精神特质。

毛泽东是敢于斗争、敢于胜利的光辉典范。他的一生，也像马克思一样，是斗争的一生，是与各种落后、黑暗、反动势力做斗争的一生。早在青年时期，他就提出"与天奋斗其乐无穷，与地奋斗其乐无穷，与人奋斗其乐无穷"。他从来不信邪、不怕"鬼"、不服"霸"，他身上有一股充斥于天地之间的阳刚之气、浩然正气。他说："鬼是怕不得的。越怕鬼就越有鬼，不怕鬼就没有鬼了。"② 他提出的"谁是我们的敌人？谁是我们的朋友？这个问题是革命的首要问题"③ "战略上要藐视敌人，战术上要重视敌人"④ "帝国主义和一切反动派也有两重性，它们是真老虎又是纸老虎"⑤ 等思想，教育了一代又一代共产党人，夺取了一个又一个伟大胜利。在美国等 17 国联军侵略朝鲜时，他高瞻远瞩，果断出兵，敢于与世界上最强大的敌人交手，以高超的战争艺术取得了抗美援朝战争的胜利，这是近代以来从来没有过的胜利，打出了新中国的国威，打出了全民族的自信，打出了几十年的和平局面。1962 年 1 月，毛泽东在七千人大会上发表重要讲话时指出："从现在起，五十年内外到一百年内外，是世界上社会制度彻底变化的伟大时代，是一个翻天覆地的时代，是过去任何一个历史时代都不能比拟的。处在这样一个时代，我们必须准备进行同过去时代的斗争形式有着许多不同特点的伟大的斗争。"⑥

光辉的毛泽东思想是在斗争中诞生并发展的，是"破"中求"立"，破的是反

---

① 《马克思恩格斯文集》第 3 卷，人民出版社，2009，第 602 页。

② 《毛泽东文集》第 8 卷，人民出版社，1999，第 51 页。

③ 《毛泽东选集》第 1 卷，人民出版社，1991，第 3 页。

④ 《改革开放三十年重要文献选编》（上），人民出版社，2008，第 207 页。

⑤ 《毛泽东文集》第 7 卷，人民出版社，1999，第 455 页。

⑥ 《毛泽东文集》第 8 卷，人民出版社，1991，第 302 页。

动、黑暗、错误，立的是大道、光明、正确，贯穿其中的是马克思主义的世界观方法论、坚定的理想信念和全心全意为人民服务的宗旨。在当前复杂的国内外形势下，我们要好好学习毛泽东思想，从中汲取解决问题的智慧，增添前进的精神动力；要大力发扬毛泽东敢于斗争、敢于胜利的革命精神，"敢同恶鬼争高下，不向霸王让寸分"。综观古今中外的历史，一个大国的崛起一定是斗争出来的，与"狼"打交道，就应该遵循"狼"的法则。当然，我们讲的斗争并不是蛮干，逞匹夫之勇，而是把政策和策略当作党的生命，什么时候都要坚持有理、有利、有节的斗争，善于抓住主要矛盾和矛盾的主要方面，找准突破点，但首要的是树立起敢于斗争、敢于胜利的精气神。毛泽东的一生是向各种黑暗、落后势力斗争的一生，任何魑魅魍魉在他面前最终都会"烟消云落"。这是一种骨气、自信和智慧，是中华民族精神的集中体现。毛泽东思想是一座高山仰止的丰碑，是一个巨大的宝库，值得我们认真学习，好好继承，从中汲取前进的动力和斗争的智慧。如果攻击、歪曲毛泽东思想，否定毛泽东的丰功伟绩，就会亡党亡国。我们对这些错误乃至反动的思想，不可等闲视之，必须坚决进行斗争。

习近平关于敢于斗争、善于斗争的思想也是一以贯之的。他明确提出"发展中国特色社会主义是一项长期的艰巨的历史任务，必须准备进行具有许多新的历史特点的伟大斗争"。① 在党的十九大报告中，习近平强调，"全党要充分认识这场伟大斗争的长期性、复杂性、艰巨性，发扬斗争精神，提高斗争本领，不断夺取伟大斗争新胜利"。② 2018 年 12 月召开的中共中央政治局民主生活会上，习近平再次指出，"要培养斗争精神，始终保持共产党人敢于斗争的风骨、气节、操守、胆魄"。③ 2019 年 1 月，习近平又一次强调，"领导干部要敢于担当、敢于斗争，保持斗争精神、增强斗争本领，年轻干部要到重大斗争中去真刀真枪干"。④ 2019 年 9 月在中青年干部培训班开班式上，他又全面系统地提出了要发扬斗争精神，增强斗争本领的要求。可见，习近平关于斗争精神的论述是一以贯之的。

习近平关于发扬斗争精神的重要论述是当代中国共产党人在新时代进行伟大斗争，应对国内外各种风险和考验的重要遵循和行动指南，我们必须深刻把握其思想内涵，在坚持和发展中国特色社会主义中提高斗争本领，抵御执政风险，维护执政安全。随着我国主要矛盾的变化，我们党领导中国人民进行的伟大社会革命，呈现了前所未有的"涵盖领域的广泛性、触及利益格局调整的深刻性、涉及矛盾和问题的尖锐性、突破体制机制障碍的艰巨性、进行伟大斗争形势的复杂性"⑤ 等显著特

① 《习近平谈治国理政》，外文出版社，2014，第 16～17 页。

② 《习近平谈治国理政》第 3 卷，外文出版社，2020，第 13 页。

③ 习近平：《树牢"四个意识"，坚定"四个自信"，坚决做到"两个维护"，勇于担当作为，以求真务实作风把党中央决策部署落到实处》，《人民日报》2018 年 12 月 27 日。

④ 《习近平谈治国理政》第 3 卷，外文出版社，2020，第 223 页。

⑤ 《习近平谈治国理政》第 3 卷，外文出版社，2020，第 516 页。

征，这些相互交织因子的叠加，带来的风险隐患给党的建设和长期执政提出了更高要求。基于此，如同党的十九大报告指出的，"我们党要团结带领人民有效应对重大挑战、抵御重大风险、克服重大阻力、解决重大矛盾，必须进行具有许多新的历史特点的伟大斗争，任何贪图享受、消极懈怠、回避矛盾的思想和行为都是错误的"。① 在新形势下，摆在眼前的是异常复杂的内外部环境，是比历史上任何时候都要复杂的内外因素，我们必须充分认识和准确把握这些新情况、新问题、新挑战，顺应时代大势，一如既往地发扬斗争精神，才能经受住风云变幻的世界形势的挑战，才能在各种风浪考验中得到革命性锻造，把党建设得更加坚强有力，实现长期执政，不断从胜利走向新的胜利。党的十九大号召全党要"永远把人民对美好生活的向往作为奋斗目标，以永不懈怠的精神状态和一往无前的奋斗姿态，继续朝着实现中华民族伟大复兴的宏伟目标奋勇前进"。② 我们必须清醒地认识到"中华民族伟大复兴，绝不是轻轻松松、敲锣打鼓就能实现的"，③ 正如习近平总书记所指出的，"我们还有许多'雪山'、'草地'需要跨越，还有许多'娄山关'、'腊子口'需要征服"。④ 特别是在全面建成小康社会进入决胜阶段，改革进入攻坚期和深水区的重要关头，实现中华民族伟大复兴的进程中，还面临艰巨繁重的改革发展稳定的任务。我们要充分认识到在新的长征路上，牢牢把握为实现中华民族伟大复兴中国梦而奋斗的时代主题，发扬逢山开路、遇水架桥的奋斗精神，坚持不懈接力奋斗，长期艰苦奋斗，共同努力奋斗，矢志顽强奋斗，永远为了真理、为了理想、为了事业而斗争，用过硬的斗争本领，壮大同困难风险斗争的力量，凝聚起同心共筑中国梦的磅礴力量。

访问者：习近平总书记关于发扬斗争精神的重要论述是当代中国共产党人在新时代进行伟大斗争，应对国内外各种风险和考验的重要遵循和行动指南，您认为新时代我们应该如何贯彻落实这一重要论述？

张全景：发扬斗争精神，就是要强化风险意识，增强忧患意识，保持高度警惕，未雨绸缪，全面增强驾驭风险本领，全面提高防范风险和处理各种复杂矛盾的能力。这要求我们每一位党员，特别是领导干部要做到四个"必须"：必须警惕躺在功劳簿上居功自傲、夜郎自大；必须常观大势、常思大局，对形势发展走势和隐藏其中的风险挑战加以及时研判；必须牢牢把握防范化解重大风险各项工作的主动权，"打好化险为夷、转危为机的战略主动战"；⑤ 必须自觉地参与"四个伟大"的

① 习近平：《决胜全面建成小康社会　夺取新时代中国特色社会主义伟大胜利——在中国共产党第十九次全国代表大会上的报告》，人民出版社，2017，第15页。

② 习近平：《决胜全面建成小康社会　夺取新时代中国特色社会主义伟大胜利——在中国共产党第十九次全国代表大会上的报告》，人民出版社，2017，第1页。

③ 习近平：《决胜全面建成小康社会　夺取新时代中国特色社会主义伟大胜利——在中国共产党第十九次全国代表大会上的报告》，人民出版社，2017，第15页。

④ 《习近平谈治国理政》第2卷，外文出版社，2017，第49页。

⑤ 《习近平谈治国理政》第3卷，外文出版社，2020，第73页。

实践。

展开来说，我认为习近平总书记关于发扬斗争精神的重要论述具体可以从五个方面贯彻落实。

第一，要突出抓好意识形态领域和金融领域的斗争。党的十八大以来，意识形态领域有了很大的改观，特别是国庆 70 周年纪念活动有声有色，受到党内和社会好评，但斗争仍然是艰巨、复杂和长期的。毛泽东说过："凡是要推翻一个政权，总要先造成舆论，总要先搞意识形态方面的工作。无论革命也好，反革命也好。"① 有些人歪曲篡改党的历史，污蔑党的领袖，污蔑英雄模范人物，为被打倒的反动阶级的代表人物歌功颂德，鼓吹"宪政民主"、新自由主义等错误思想。对此，我们要进行坚决斗争。对于一些敌对势力在我国策动"颜色革命"，向我们内部渗透、收买汉奸和叛徒的图谋，要保持高度的政治警觉，防患于未然，消灭其于萌芽状态。金融安全直接关系到国家安全，敌对势力在金融领域对我们的进攻一刻也没有停止过。苏联解体后，几十年积累的财富在很短的时间内被洗劫一空，代价是惨重的，教训是深刻的，我们万万不可麻痹大意。1997 年爆发的亚洲金融危机使东南亚新兴国家的迅猛发展势头中断，教训惨痛，殷鉴不远。由于我国处于社会主义初级阶段，与西方发达国家几百年发展金融的经验相比还有不小的差距，我们的薄弱环节必然是敌对势力战略布局、战术进攻的重点，而且从金融领域暴露的一些问题来看，不仅有敌对势力的进攻，也有内部人的策应；不仅有经验不足、人才缺乏的问题，也有敌情意识不强、预判能力不足的问题。应从国家层面搞好顶层设计，大力吸纳选拔优秀专业人才，建立"国家金融安全部队"，织密法律制度的防护网，储备好"杀手锏"，尽快筑起安全防线。

第二，必须始终保持忧患意识。经过 99 年艰苦卓绝的拼搏奋斗，中国共产党带领全国人民实现了从站起来到富起来强起来的伟大飞跃，前所未有地靠近世界舞台的中心，前所未有地接近实现中华民族伟大复兴的目标，前所未有地具有实现这个目标的能力和信心。我们在看到成绩的同时，也必须清醒地认识到面临的风险和挑战。帝国主义亡我之心不死，他们不甘心看到一个强大中国的崛起，他们最满意的中国是 1840 年的中国，一盘散沙，任人宰割。他们从政治、军事、经济、文化、科技、贸易、金融等全方位对我们进行围追堵截，步步紧逼。打压中兴、华为，搞贸易摩擦，插手台湾问题，策动香港暴乱，出台"香港人权与民主法案"粗暴干涉中国内政等，都是正在发生的事情。在国内他们千方百计培植代理人，收买汉奸、叛徒，这些伎俩与推翻苏联如出一辙。对此，我们必须丢掉幻想，准备斗争。习近平再三强调要树立忧患意识、危机意识，进行具有许多新的历史特点的伟大斗争。另外，我们通常讲的坚持马克思主义的立场、观点、方法，就是无产阶级的立场、无产阶级的观点和无产阶级的分析方法。恩格斯在马克思墓前的讲话中说，马克思

---

① 《毛泽东年谱（一九四九——一九七六）》第 5 卷，中央文献出版社，2013，第 153 页。

一生有两大发现，一是唯物史观，二是剩余价值学说，① 我们要深刻领会。一方面要充分肯定取得的伟大成就，这有助于我们牢固树立"四个自信"，而不会妄自菲薄；另一方面更要看到面临的问题，这令我们清醒警觉，而不会松懈麻痹。有风险、有问题不可怕，看不到问题才是最大的问题，意识不到风险才是最大的风险。一些领导干部尤其是高级领导干部被查处，说明党的自身建设任重而道远。贫富差距拉大，一些民生领域问题突出，一些地方爆发群体性事件，说明改革发展稳定任务繁重，国家治理体系和治理能力现代化建设还要下更大功夫。社会上出现的奢靡之风、浮躁之气、道德滑坡，说明在社会主义核心价值观、政绩观的教育上还要下很大功夫。古人讲"生于忧患，死于安乐"，"忧劳兴国，逸豫亡身"，现在更要这样讲。要深入学习习近平的思想，并结合各个领域的具体工作真正贯彻落实，首要的则是要从思想上筑起坚固的防线。

第三，在党内要发扬自我革命精神，敢于同错误思想做斗争，始终保持党的纯洁性和先进性。正如毛主席在《矛盾论》中所指出的，"党内不同思想的对立和斗争是经常发生的，这是社会的阶级矛盾和新旧事物的矛盾在党内的反映。党内如果没有矛盾和解决矛盾的思想斗争，党的生命也就停止了"。② 党内思想斗争是客观存在的，绝不能回避、躲闪，更不能当"你好，我好，大家好"的老好人，如果不讲原则，一团和气，就会削弱党的战斗力。必须严格党内的政治生活，严肃党的纪律，发扬延安整风精神，用好批评与自我批评的武器，坚决抵制和反对"个人主义""本位主义""自由主义"，特别是渗入党内的形形色色的封建主义、资本主义腐朽思想，绝不能"事不关己，高高挂起"。这是一个重大原则问题，关系到党的事业的兴旺发达，关系到广大群众的根本利益，关系到每一个同志的政治生命。要及时清除思想上的灰尘，正风肃纪，牢固树立"两个维护"意识。历史的经验告诉我们，堡垒最容易从内部攻破，敌我交战最危险的是"第五纵队"。苏联在付出巨大牺牲的卫国战争中没有垮台，却在成为超级大国之后解体，可见如果党的自身出了问题，就会丧失执政地位，宏伟的事业就会前功尽弃。党的十八大以来，习近平总书记以对党的无限忠诚和强烈的使命担当，敢于涉险滩，跨崎岖，敢于啃硬骨头，狠抓反腐败斗争，"打老虎""拍苍蝇"，以"不得罪成百上千的腐败分子就要得罪13亿人民"的无畏精神、为民情怀，持续推进反腐败斗争，取得了压倒性胜利。我们要以"咬定青山不放松"的韧劲一抓到底，保持党的肌体的健康。建党时所处的环境是非常恶劣的，外有"三座大山"压迫，内有不同思想的对立和斗争。在这种情况下，必须建立严格的党内政治生活，从党的一大制定的第一个纲领起就对党内政治生活做出了严格的规定。正是凭借严格的组织性、纪律性，虽然历经无数艰难险阻的考验，党组织都打不倒、压不垮、冲不散、砸不烂，不断发展壮大，

———————————

① 参见《毛泽东选集》第 1 卷，人民出版社，1991。
② 《毛泽东选集》第 1 卷，人民出版社，1991，第 306 页。

党员人数从 50 多名发展到如今 9000 多万名，在世界社会主义运动处于低潮的情况下，成为"赖以拄其间"的中流砥柱。实践证明，严格的党内政治生活是保持党的先进性、纯洁性、凝聚力、战斗力的重要保证，也是马克思主义政党区别于其他政党的鲜明特征，是解决党内矛盾和问题的"金钥匙"，广大党员锤炼党性的"大熔炉"，纯洁党风的"净化器"。每一名党员既然选择了加入中国共产党，就要接受纪律的刚性约束，这是无条件的，是不能讨价还价的，这也是每一名党员健康成长的根本保证。

第四，在国际上要与敌对势力进行坚决斗争。历史的经验告诉我们，越是在接近目标实现的时候，就越是会遇到阻力和困难，正所谓"行百里者半九十"。列宁曾经深刻指出，帝国主义是资本主义的最高阶段，是腐朽的资本主义，垄断的资本主义，垂死的资本主义。人类社会历史的发展证明这一论断是完全正确的。当然，这是一个历史过程。帝国主义的霸权、垄断、战争的本质是不会变的，资产阶级要按照自己的面貌改变世界的图谋是不会改变的。我们一定要丢掉幻想，准备斗争，要在构建人类命运共同体思想的指引下，在国际上建立起广泛的统一战线，既要立德又要树威，该出手时就出手。要在纷繁复杂的形势中抓住主要矛盾和矛盾的主要方面，制定相应的战略战术，找准克敌制胜的突破口。国际敌对势力不愿意看到中国的强大，他们在搞垮苏联后把目标对准了中国，对我们实行"和平演变""颜色革命"的图谋从来没有改变。第二次世界大战结束后，时任美国情报部门高级官员的艾伦·杜勒斯提出了"和平演变"社会主义国家的战略，1956 年后，约翰·杜勒斯进一步提出将"和平演变"的希望寄托在我们的第三代、第四代身上。奥巴马曾说过，如果让 13 亿中国人过上与他们一样的生活，那将是一种灾难，更不要说亚非拉等贫穷国家。特朗普把中国作为主要战略竞争对手，不仅搞贸易摩擦，还插手台湾问题，煽动香港暴乱。东欧剧变和苏联解体的教训很值得我们深思。我曾到俄罗斯与俄共领导人探讨过苏共失败的原因，发现既有政治原因又有经济原因，政治原因是主要的；既有内因又有外因，内因是主要的；既有主观原因又有客观原因，主观原因是主要的；既有历史原因又有现实原因，现实原因是主要的。外因不可忽视，内因起决定作用，经济原因与政治原因相比，政治原因是决定因素，"堡垒最容易从内部攻破"，如果党的自身出了问题就会丧失政权，宏伟的事业就会前功尽弃。正如毛泽东指出的，社会主义革命即使取得了胜利，也还会有失败的危险，"卫星上天，红旗落地""如果弄得不好，资本主义复辟将是随时可能的"。有风险、有问题并不可怕，看不到问题才是最大的问题，意识不到风险才是最大的风险。

第五，要强化人民战争观念。"战争的伟力之最深厚的根源，存在于民众之中"，[1] 这是一个颠扑不破的真理。我们党领导的事业为了人民，也必须紧紧依靠

---

① 《毛泽东选集》第 2 卷，人民出版社，1991，第 511 页。

人民。当年的"淮海战役是人民群众用小车推出来的",如今要取得新的伟大斗争的胜利同样需要人民群众的大力支持。当前一个突出的问题是一些党员干部严重脱离群众。他们与人民群众的关系是"油水关系"甚至是"水火关系",把人民群众当"刁民"或"麻烦的制造者",千方百计防着、躲着人民群众,甚至为了自己的政绩和私利强占农民土地,侵占人民群众的利益,这是非常危险的。贯彻群众路线要有切实可行的举措。要把"以人民为中心"的发展思想落实落细,让人民群众在日常生活中有更多的获得感、幸福感、安全感;要畅通下情上达的渠道,及时化解矛盾,防止"小事拖大,大事拖炸";要把人民群众的积极性调动起来,用适当的方式组织起来,使人民群众始终与党同心同德,始终团结在党的周围,万众一心,众志成城,共同抵御各种风险和考验。在我们前进的道路上,尽管存在这样那样的困难,但是我们共产党人是用特殊材料制成的,这种材料比铁还硬,比钢还强。在战争年代,我们冒着敌人的炮火前进,不怕砍头,不怕牺牲;和平建设时期,"工人阶级一声吼,敢叫地球抖三抖",农民兄弟勇斗穷山恶水,夺取农业丰收。今天,只要我们紧密团结在以习近平同志为核心的党中央周围,以人民为中心,不忘初心,牢记使命,敢于斗争、敢于胜利,就一定能够战胜一切艰难险阻,"两个一百年"的奋斗目标就一定能够实现。

论文

马克思主义文化研究　2020 年第 2 期　总第 6 期
第 15～26 页

马克思恩格斯文化思想的三维审视*

杨　威　闫　蕾**

【摘　要】马克思恩格斯文化思想作为马克思主义理论体系的重要组成部分，对新
时代中国文化建设具有重大指导意义。关于马克思恩格斯怎样理解文化
的内涵，为什么要重视马克思恩格斯文化思想的研究，以及怎样从中汲
取思想滋养以推动新时代中国农村文化建设这些重大的理论和实践问题，
可以从理论、价值、实践三个层面来展开分析。从理论维度把握马克思
恩格斯文化思想的内涵呈现，有助于深刻认识文化建设的理论基础；从
价值维度把握马克思恩格斯文化思想的实践进路，有利于深入理解其辩
证性、人民性和实践性的精神特质及其世界意义与中国价值；从实践维
度把握马克思恩格斯文化思想的现实启示，有益于新时代的中国农村文
化通过保持先进性、把握人民性、提升开放性三大举措实现繁荣和发展。

【关键词】马克思；恩格斯；文化思想；农村文化建设

马克思恩格斯文化思想既是当代中国马克思主义文化观的思想源头，也是新时
代中国文化建设的理论指引。马克思恩格斯的文化思想内容丰富，体系完备。因
此，我们要在全面理解和准确把握其理论精髓的前提下反观当前我国的文化建设实
践。同时，也要在深入阐释其辩证性、人民性和实践性精神特质的前提下，充分认
识马克思恩格斯文化思想对于新时代我国文化建设和马克思主义文化理论体系构建
的重大意义。在此基础上，我们还要立足于文化建设实践，深刻领会马克思恩格斯
文化思想对于新时代中国农村文化建设的诸多启示。

---

　* 本文为国家社科基金项目"鉴思唐宋文化对外传播方式拓展中华文化国际传播路径研究"
（17XKS008）的阶段性成果。

** 杨威，海南师范大学马克思主义学院教授、博士生导师，哲学博士，主要从事传统文化与思想政治
教育研究；闫蕾，海南师范大学马克思主义学院硕士研究生，从事马克思主义理论研究。

一　理论维度：马克思恩格斯文化思想的内涵呈现

众所周知，马克思恩格斯没有关于文化的专门系统的著作，但是《德意志意识形态》《共产党宣言》等经典著作所蕴含的对文化内涵的理解与运用、对文化本质的界定以及对文化的全球性交往现象的认识却充分展现了文化研究所要回答的三个基本问题，即什么是文化，文化的本质是什么，如何传承和发展文化。因此，准确把握马克思恩格斯文化思想中这三个方面的相关内容，也就大致能够从宏观上把握其基本内容。

（一）文化的内涵：物质生产与精神生产的统一体

关于文化的内涵，一般而言主要可以从四个角度来理解。第一，从词源学的角度来讲，文化主要来源于拉丁文 cultura，派生于自然的概念，本意是加工、照料、耕作、栽培，后来才逐渐引申为培养、教育、训练、发展等含义。由此可见，不管是其本意还是引申义都充分体现了人化的特点。第二，从中华传统文化的角度来讲，文化主要与"武功"相对应，寓意为文治教化，《易经》中就有"观乎天文，以察时变；观乎人文，以化成天下"，可见古人一般主张"以文化人"。第三，西方学者对文化内涵的理解多种多样，其中比较著名的是英国人类学家爱德华·伯内特·泰勒（Edward Burnett Tylor），他认为文化"包括知识、信仰、艺术、道德、法律、习俗以及人作为社会成员所获得的任何其他能力和习惯"。[①] 第四，当代中国学者各抒己见，分别从不同的层面和角度对文化的内涵进行了阐释。譬如，张岱年、程宜山先生在《中国文化精神》一书中认为，文化不仅包括人类活动所创造的一切成果，而且还必须包含这些成果对人自身的改造。[②] 可见，张、程二位先生是在过程的意义上对文化的内涵进行了理解和阐发。总之，以上有关文化内涵的诸多界定充分说明，文化确实是一个相当复杂的综合体系。历史上有关的概念表述就有数百种之多，而且马克思恩格斯也没有给文化下过准确的定义，这也从侧面说明了文化本身内涵的多义性和丰富性。

尽管马克思恩格斯对于"文化"一词的单独使用在其著作中不多见，但是他们对于文化内涵的理解是明确的，主要体现在以下四个方面。其一，为了与唯心主义的文化史观区别开来，一般多将文化等同于文明。例如，"文化初期"一词就多次出现在《资本论》中，主要指摩尔根的分期中所提到的蒙昧期和野蛮期的"文化时期"，基本上等同于文明，但实质上文明一词在马克思恩格斯那里暗含文化中积极的成分。其二，大多使用文化程度、文化素养、文化修养等词语，在知识能力和

---

① Edward Burnett Tylor, *The Origins of Culture*（New York：Harper and Row, 1958），p. 1.
② 张岱年、程宜山：《中国文化精神》，北京大学出版社，2015，第 13 页。

水平以及受教育程度的意义上使用文化。譬如，在《英国工人阶级状况》中，恩格斯认为"相当的文化程度"① 是做一切工作所必须具备的基本条件，此处"文化程度"就等同于知识能力和水平。其三，在非物质性的精神文化的意义上使用文化，如精神生产、精神生活、精神斗争、社会意识、意识形态等。譬如，恩格斯认为，自由报刊"是使物质斗争升华为精神斗争，并且把斗争的粗糙物质形式观念化的一种获得体现的文化"，② 此处的文化即与精神斗争相对应，寓意为非物质性的精神文化。其四，在物质生产和物质成果等物质文化的意义上使用文化。例如，恩格斯认为唯心主义历史观忽视了物质利益以及基于物质利益的阶级斗争，一切"生产和一切经济关系，在它那里只是被当作'文化史'的从属因素顺便提一下"，③ 而马克思恩格斯坚持唯物主义的文化观，认为文化应该包括一切生产和经济关系，事实上也就是认为文化应该包括一切物质生产过程及其产品，而不仅限于精神生产过程及其产品。总而言之，综观马克思恩格斯的诸多著作，对比人们关于文化的一般理解，马克思恩格斯对文化内涵的理解是明确的，不论是将文化基本等同于文明，还是将文化看作知识、教育的程度和水平，抑或是将文化理解为非物质性的精神文化以及一切物质生产过程及其产品，概括起来，文化就是物质生产和精神生产的统一体。其作为十分复杂的综合体系，不仅包括物质生产和精神生产的全过程以及在此过程中形成的全部社会关系，也包括生产形成的物质成果和精神成果的总和。

（二）文化的本质：人的本质力量的对象化

关于文化的本质问题，马克思恩格斯站在唯物主义的立场上进行了探究，认为文化实质上就是"人化"。马克思恩格斯在继承黑格尔的"劳动是文化的基础"观点的基础上，从人及其劳动出发界定了文化的本质。但是，他们所研究的人与费尔巴哈讲的抽象的人不同，是处于一定社会关系中、进行物质生产的人。马克思恩格斯在《德意志意识形态》中明确强调，人类的第一个历史活动就是生产物质生活本身。因而，他们从物质生产活动出发，即从劳动出发探究了文化的本质。"有意识的生命活动把人同动物的生命活动直接区别开来……正是在改造对象世界的过程中，人才真正地证明自己是类存在物。这种生产是人的能动的类生活。通过这种生产，自然界才表现为他的作品和他的现实"，④ 这里的"作品和现实"指的就是文化。由此可见，文化是在劳动的过程中产生的，是劳动的"对象化"和"外化"，而且正是劳动使人与动物区别开来，因而文化作为劳动的结果体现了人的类特性。此外，马克思恩格斯基于人与自然的关系界定了文化的本质。在劳动的过程中，自然界表现为人的创造物，并在此过程中逐步成为"社会的自然"。与此同时，自然

---

① 《马克思恩格斯全集》第 2 卷，人民出版社，1957，第 361 页。
② 《马克思恩格斯全集》第 1 卷，人民出版社，1995，第 179 页。
③ 《马克思恩格斯文集》第 3 卷，人民出版社，2009，第 544 页。
④ 《马克思恩格斯文集》第 1 卷，人民出版社，2009，第 162 ~ 163 页。

界也会日益成为社会的重要组成部分，成为"自然的社会"。总之，他们把文化的本质理解为劳动的"对象化"和"外化"，而劳动是人与动物的本质区别，体现了人的本质力量。因此，文化的本质就体现为人的本质力量的对象化。

此外，还需特别说明的是：人在有意识、有目的地改造客观世界的过程中所产生的人类造物——作为客体的文化，会反作用于文化主体——人，并转化为人的内在品质、素养和精神动力，进一步成为推动人改造客观世界的力量，这一过程被称为人的本质力量的非对象化。但是，非对象化的过程是由对象化的过程决定的，没有对象化的过程也就不会有非对象化的过程。因此，文化的本质即为人的本质力量的对象化，这一界定已经包含非对象化的过程。而且，马克思恩格斯在对文化的本质进行界定的基础上，还提出了要实现人的自由而全面的发展这一文化的最高本质。总而言之，他们从现实的人及其劳动出发来界定文化的本质，最终又落脚于人的自由解放和全面发展这一文化的最高本质，体现了强烈的人文关怀。

（三）文化的发展：以实践为动能的精神交往

在马克思恩格斯所处的时代，由于资本主义的迅猛发展，文化与文明世界化的现象就已出现，马克思恩格斯对文化的全球性交往现象有了较为深刻的认识，其理论基础主要为"世界历史"理论。他们认为文化的世界化从根本上来讲是由资本的全球化推动的，正是物质资料生产实践的不断发展，推动了文化的全球性交往。但是，马克思恩格斯并没有把世界历史简单地理解为世界上所有国家和民族的历史的简单相加，而是更强调各个孤立的国家和民族逐渐打破界限，越来越相互影响，从而逐步成为一个整体的过程。在提出这一理论之后，紧接着要思考的问题便是历史向世界历史转化对于文化与文明来说意味着什么？马克思恩格斯在《共产党宣言》中清楚地描述了当时的文化状态："过去那种地方的和民族的自给自足和闭关自守状态，被各民族的各方面的互相往来和各方面的互相依赖所代替了。物质的生产是如此，精神的生产也是如此。各民族的精神产品成了公共的财产。"① 这段论述充分表明，在历史向世界历史转化的过程中，人类文化与文明也开始世界化，当资本逐步撒落到全球各个角落时，其文化和文明也相应地开始传播到世界各地，以实践为动能的精神交往正在蓬勃发展。马克思恩格斯在《共产党宣言》中批判资本主义的同时，也肯定了其对提高生产力、促进世界精神交往所做出的巨大贡献。正是由于工业革命驱动的日益蓬勃发展的物质生产实践推动了资本在全球范围内的扩张，资本的全球化使文化的交往成为可能，人们才得以逐渐打破民族、地域的限制，才有机会吸收其他民族的优秀文明成果，实现自身文化的创新和发展，促进世界文明的繁荣。

---

① 《马克思恩格斯文集》第2卷，人民出版社，2009，第35页。

二 价值维度：马克思恩格斯文化思想的实践进路

近几十年来，马克思恩格斯文化思想之所以引起国内外学者的广泛关注，主要是因为其作为马克思主义文化理论的理论渊源具有普遍的世界意义和独特的中国价值。纵观马克思恩格斯思想的发展历程，可以发现其文化思想具有鲜明的辩证性、实践性、人民性的精神特质。而这三大精神特质表明，马克思恩格斯建立起了科学的文化研究方法，确立了其文化思想的唯物主义基础，找到了践行其文化思想的主体力量，并使得其文化思想始终统一于实现人的解放这一实践过程中。这对于引领人类文化研究和发展的未来方向具有重要现实意义，对于构建当代中国马克思主义文化理论体系具有重要价值。

（一）精神特质：辩证性、人民性和实践性相统一

马克思恩格斯文化思想的理论价值和实践意义是通过其辩证性、实践性和人民性这三大精神特质体现的。首先，辩证性展现了马克思恩格斯文化研究的视角和方法，是贯穿于其文化思想始终的精神特质。具体而言：其一，马克思恩格斯以社会存在决定社会意识的基本原理确立了文化研究的理论基础——唯物论；其二，通过精神生产和物质生产对立统一关系的基本原理揭示了文化建设和发展的基本规律；其三，利用经济基础和上层建筑相互作用关系原理分析了文化在阶级社会中的地位和作用问题。由此可知，文化是对社会存在的反映，是精神生产和物质生产的统一体，其作为上层建筑对经济基础具有反作用。其次，人民性是马克思恩格斯明确其文化思想实践主体的精神特质。他们承认文化的阶级性，认为统治阶级同时代表着占统治地位的物质力量和精神力量，并且同时支配着物质生产资料和精神生产资料。[①] 但是，马克思恩格斯所倡导的文化是无产阶级的文化，是维护无产阶级根本利益、反映资产阶级社会中备受压迫的大部分普通大众的文化。最后，实践性是体现马克思恩格斯文化思想价值理念的精神特质。马克思恩格斯在批判资产阶级文化以"价值中立"的立场赋予其文化以普遍性、人民性的虚伪性的过程中，揭露了资产阶级的文化理念，指明资产阶级用金钱拜物教取代了长期形成的复杂的人类情感，并确立了共产主义的文化价值理念，倡导无产阶级增强自身的阶级意识，主张通过宣传教育实现无产阶级的文化自觉，要求无产阶级通过革命实践实现全人类及其自身的解放，这充分反映了文化的最高本质，体现了强烈的实践性。

总体而言，无论是辩证性、实践性还是人民性，均体现了马克思恩格斯文化思想要求实现全人类解放这一价值旨归，恰好与世界文化建设的共同价值追求相融通，与当代马克思主义文化理论的发展目标相契合，与新时代中国特色社会主义文

---

① 《马克思恩格斯文集》第 1 卷，人民出版社，2009，第 550 页。

化的发展方向相一致。由此可见，马克思恩格斯文化思想价值维度的落脚点仍在于社会实践。

（二）世界意义：为人类文化研究及建设发展指明方向

美国学者阿尔温·托夫勒（Alvin Toffler）曾说："我们正进入一个文化比任何时候都更重要的时期。"[①] 无论是塞缪尔·亨廷顿（Samuel Phillips Huntington）的"文明冲突论"（Clash of Civilizations），还是约瑟夫·奈（Joseph Nye）的"软权力理论"（Soft Power），都足以证明文化研究和文化建设已成为人类无法回避的重要话题。反观马克思恩格斯文化思想及其体现的辩证性、实践性和人民性的精神特质，或许可以为我们解决当前世界范围内政治、经济等因素导致的不同文明和文化之间的交锋、交融和冲突提供理论参考，为人类文化建设和发展的未来道路指明方向，为促进世界和平发展、构建和谐世界提供思想指引。具体而言，体现在三个方面。第一，为人类文化研究提供了全新的理论框架。马克思恩格斯无论是表述观点还是阐发思想，始终都坚持站在辩证唯物主义的立场上。马克思恩格斯文化思想体现鲜明的辩证性和实践性，均说明他们确立了其文化研究的方法和唯物主义基础。他们正是站在唯物主义的立场上，运用辩证法观察研究并阐明了人类历史和文化现象，为人们理解文化的本质、弄清文化与经济社会的辩证关系等重要问题提供了全新的思路，从而为人类文化研究做出了巨大贡献。第二，为人类文化发展提供了广阔的空间。马克思恩格斯坚持的是辩证多元的文化发展观，正是因为人类物质生产实践活动的丰富性，人类文化才具有多样性，这是无法改变的基本事实。因此，马克思恩格斯认为不同文化之间的交往和交流是推动文化创新和发展的主要动力，而且不同文化之间的冲突具有历史阶段性，可以随着社会历史的发展逐渐消解，这对于推动人类文化的持续繁荣与和谐发展具有重大的现实意义。第三，为实现人类共同价值追求提供了理论指导。马克思恩格斯进行文化研究并不仅仅满足于文化理论层面的分析，譬如解释文化现象、阐发文化理论，就像他们批判德国古典哲学并不仅仅满足于确立自己的理论观点一样，他们进行文化研究的终极目的是要在实践层面上解决实际问题，即实现文化的最高本质——全人类的解放。马克思恩格斯从现实的人及其劳动出发，通过批判资本主义的文化逻辑及文化异化现象，确立了共产主义的文化价值理念，最终落脚于无产阶级，以革命的实践使现存的世界革命化，从而通过解放全人类使得其自身也得到解放，促进人的自由而全面发展。这充分体现了马克思恩格斯对人生存境遇的终极关怀，为当今实现人类的共同价值追求提供了坚实的理论基础。

[①] 〔美〕阿尔温·托夫勒：《预测与前提——托夫勒未来对话录》，粟旺等译，国际文化出版公司，1984，第160页。

（三）中国价值：为构建中国的马克思主义文化理论提供借鉴

中国共产党人一直坚持把马克思恩格斯文化思想与中国实际相结合。当下，虽然我们在文化理论构建和文化建设实践方面均取得了一定的成效，但仍然与构建完善的中国马克思主义文化理论体系以及推动新时代中国特色社会主义文化大发展、大繁荣的预期目标存在差距，因而亟须进一步从马克思恩格斯文化思想中挖掘宝贵资源。为此，萃取马克思恩格斯文化思想精华，并使之服务于当代中国马克思主义文化理论体系的构建和文化建设实践，必须始终坚持以下两点。其一，坚持辩证唯物主义的基本方法。马克思恩格斯文化思想的研究方法主要就是唯物辩证法。首先，体现在坚持"从最过硬的事实出发"，① 从现实的人及其劳动出发来进行文化研究。他们反对抽象思辨、单纯的逻辑推演以及文化研究的经验主义方法。其次，体现在他们采用的是科学抽象的方法，在文化研究中能在一定程度上搁置非本质的、偶然的因素，从而将主要精力放在把握各种文化现象中本质的、必然的因素上，从而揭示文化发展的规律。最后，体现在他们坚持社会整体性原则，具备历史思维，强调从社会有机体中阐明自己的文化观。他们认为思想进程的起点与历史的起点是一致的，因而"思想进程的进一步发展不过是历史过程在抽象的、理论上前后一贯的形式上的反映"。② 在社会历史发展的整体过程中，马克思恩格斯对文化进行研究并阐明了文化与经济、社会发展之间的辩证关系，进而对文化的社会价值予以肯定，即推动人的自由而全面的发展，正如恩格斯所言，"文化上的每一个进步，都是迈向自由的一步"。③ 其二，坚持以人为本的根本原则。马克思恩格斯文化思想中的人民性和实践性这两大精神特质，体现了他们在文化研究中对现实的人及其现实生活以及未来发展的深切关怀，而人民生活的根本改善不能寄希望于其他任何人，只能依靠自身——需要其通过接受教育实现文化自觉，从而采取革命的手段使现存的世界真正革命化。故而，以人为本是构建中国马克思主义文化理论的根本原则，必须毫不动摇地贯穿始终，正如毛泽东同志指出的："为什么人的问题，是一个根本的问题，原则的问题。"④ 唯有坚持以人为本这一根本原则，中国马克思主义文化理论才能顺利实现大众化。

三 实践维度：马克思恩格斯文化思想对新时代
中国农村文化建设的启示意义

我们之所以研究马克思恩格斯文化思想，不仅是为了了解他们关于文化的论

---

① 《马克思恩格斯文集》第 2 卷，人民出版社，2009，第 601 页。
② 《马克思恩格斯文集》第 2 卷，人民出版社，2009，第 603 页。
③ 《马克思恩格斯文集》第 9 卷，人民出版社，2009，第 120 页。
④ 《毛泽东选集》第 3 卷，人民出版社，1991，第 857 页。

述，还是为了掌握其研究文化问题的科学方法、坚定文化立场，从而为解决新时代中国农村文化建设面临的一系列复杂的文化问题提供理论支撑和实践指引。概括而言，马克思恩格斯文化思想对于当今中国农村文化建设的启示主要体现在以下三个方面。

（一）始终坚持新时代中国农村文化的先进性

鉴于马克思恩格斯坚持用辩证唯物主义的科学方法来研究文化问题，在新时代中国农村文化建设的过程中，要改变长期存在的"重经济而轻文化"的现象，处理好文化与经济社会发展的关系，就要坚持用唯物辩证法——既要认识到经济建设对文化发展的决定作用，也要合理利用文化发展对经济建设的反作用，充分发挥文化的社会功能，从而使新时代中国农村文化始终保持先进性。

第一，科学把握文化与社会发展的共生同进性与不平衡性并存这一基本事实。文化的发展与经济社会发展具有共生同进性，这一点可以通过马克思恩格斯关于人的文化发展及其形态依赖于现实的个人及其物质生产活动的观点得到证实。"在再生产的行为本身中，不但客观条件改变着，例如乡村变为城市，荒野变为开垦地等等，而且生产者也改变着，他炼出新的品质，通过生产而发展和改造着自身，造成新的力量和新的观念，造成新的交往方式，新的需要和新的语言。"① 这一论述充分说明生产力决定生产关系，影响生产者本人，能够创造新的交往方式，产生新的语言和意识形态等。马克思恩格斯运用唯物史观阐明了文化根源于社会生活的理论，这也就意味着文化与社会生活具有共生同进性。但是，仅看到这一点是不够全面和准确的，我们不能忘记马克思恩格斯在文化研究中坚持的是唯物辩证法。在肯定文化发展与经济社会发展的共生同进性的同时，马克思恩格斯也强调二者之间存在不平衡性。譬如，他们在文本中谈到艺术的发展与社会发展的关系时说道："关于艺术，大家知道，它的一定的繁盛时期决不是同社会的一般发展成比例的，因而也决不是同仿佛是社会组织的骨骼的物质基础的一般发展成比例的。"② 这就充分反映了二者之间的不平衡性。虽然经济社会发展决定着文化的发展，但是同时文化还受到其他因素的综合影响。总之，新时代的中国农村文化要保持先进性，就要在社会整体中把握文化建设的重要战略地位，尊重文化发展与经济社会发展既存在共生同进性又有不平衡性这一事实。在大的方向上要明确不是经济社会发展了文化就一定会繁荣，而是要在发展经济的同时，致力于提升农村的教育质量和水平，着力营造良好的文化氛围，要时刻注重阐明文化建设的重要价值和意义，在引领文化事业发展的同时也要推动文化产业的发展和繁荣，不能动摇农村文化建设的重要战略地位。

---

① 《马克思恩格斯文集》第8卷，人民出版社，2009，第145页。
② 《马克思恩格斯文集》第8卷，人民出版社，2009，第34页。

第二，充分发挥文化的社会功能，以推动农村经济社会发展与进步。虽然文化在本质上是由人类的物质生产活动决定的，但马克思恩格斯是在人类历史发展的整个进程中研究文化的，他们认为社会历史的发展是由经济、政治、文学、艺术等各要素相互作用的结果，而不能单纯地看到物质文化和精神文化的生产由物质生活的生产所决定这一方面。"政治、法、哲学、宗教、文学、艺术等等的发展是以经济发展为基础的。但是，它们又都互相作用并对经济基础发生作用"，[①] 也就是说文化对于经济社会的发展具有一定的反作用。因此，在新时代中国农村文化建设实践中，我们必须要充分发挥文化的社会功能，譬如教化培育功能、凝聚功能、调节控制功能、创新功能等，做到以文化人，并以此丰富农民群众的精神生活。总之，唯有充分发挥文化推动社会发展的作用，才能使农民群众认识到文化建设不是空中楼阁，而是与社会各方面的发展息息相关的实践活动，以提高其注重文化建设的意识，捍卫文化建设的重要战略地位。

（二）牢牢把握新时代中国农村文化的人民性

马克思恩格斯文化思想的价值旨归在于"实现人类解放"，他们正是在批判文化异化现象与资本主义文化逻辑的过程中确立了共产主义的文化价值理念。由于市场经济的繁荣和发展，新时代的农村文化建设也面临文化异化现象。与此同时，由于西方意识形态的渗透与日俱增，资本主义文化逻辑也会对农村文化价值理念产生消极影响。在此背景下，新时代的农村文化建设就要坚持立足于"实现人类解放"这一价值旨归，牢牢把握自身的人民性。

第一，扎根实践、指导实践并致力于为实践服务。首先，文化的本质表明，文化来源于实践。因此，我们若要加强农村文化建设、创作出更好更多的文艺作品，就要扎根到广大农村的生活实践中去。因为唯有扎根实践，搞清楚事情的来龙去脉，才有发言权，正如毛泽东同志所言："没有调查，没有发言权。"[②] 其次，文化尽管由物质生产活动决定，但又会反作用于物质生产活动。因此，真正优秀的文化都是经得起实践检验、人民检验和时间沉淀的。真正有助于指导人们的物质生产实践活动、凝聚人们精神力量的优秀文化，不管世事如何变迁都不会变质。故而，新时代中国农村文化建设要注重发挥优秀传统文化对于农村文化生活的促进作用，并致力于服务农民群众的社会实践活动。第二，增强广大农民群众文化建设的主体意识，进而促使其以实现文化自觉为目标。马克思恩格斯文化思想的实践性，主要体现在其主张通过宣传教育，实现人民群众的文化自觉进而使现存世界革命化，同时其本身也具有了鲜明的阶级性。因此，新时代中国农村文化建设要致力于增强农民群众文化建设的主体意识，进而推动其实现文化自觉。前面论述了新时代中国农村

---

① 《马克思恩格斯文集》第 10 卷，人民出版社，2009，第 668 页。
② 《毛泽东选集》第 1 卷，人民出版社，1991，第 109 页。

文化建设要通过注重实践走入大众、掌握大众的问题，而这里我们要强调的则是投身大众、提升大众的问题。若使农村文化建设真正利于民生，就要不断提高农民群众自身的文化素养、增强其主体意识，从而使其逐步实现文化自觉。正如欧阳康教授所指出的："人民大众是实践的主体，投身实践就是走入大众，引领实践就是掌握大众，实现自身要依靠大众，检验自身要反身大众，发展自身要提升大众。"①此外，马克思恩格斯认为，文化的最高本质在于人的自由而全面发展。因此，新时代中国农村文化建设要推动实现文化的最高本质，首先就要致力于实现人民群众的文化自觉。因为唯有使文化建设从群众中来，到群众中去，才有可能提升人民群众的文化自觉，并树立起文化自信；唯有人民群众具有文化自觉和文化自信，文化才能被有效地转化为物质力量，推动农民群众日常生活质量和水平的日益改善和提高，进而不断促进农民群众的全面发展。

（三）着力提升新时代中国农村文化的开放性

马克思恩格斯关于"世界历史"理论的相关论述表明，当资本主义成为一种全球性的现象，在人类历史向世界历史转化的过程中，人类文化与文明也逐步走向世界化。当城市化进程不断加快、中国大门逐渐向世界敞开，中国农村文化发展必然要面临一个问题，即要以何种态度对待城市文化的冲击，如何正确处理继承农村文化遗产与吸收城市优秀文化、世界优秀文化成果之间的关系。新时代的中国农村文化建设要处理好这一关系，并在坚持马克思恩格斯文化研究的基本方法——唯物辩证法的前提下，提升新时代中国农村文化的开放性。为此，需要明确以下三点。

第一，我国农村已有文化遗产作为新时代中国农村文化的重要源泉，应在批判继承的基础上被赋予时代内涵。"不忘本来才能开辟未来，善于继承才能更好创新"，② 中华优秀传统文化作为我国农村文化传承和发展的思想源头、文化根基和精神纽带，在新时代中国农村文化建设的过程中不能被丢弃，否则就会失去中国农村的特色和文化传统，因为"人们自己创造自己的历史……是在直接碰到的、既定的、从过去承继下来的条件下创造"。③ 优秀的传统文化遗产，在新时代的中国农村文化建设中发挥着不可替代的重要作用。继承优秀文化遗产是新时代中国农村文化建设的前提和基础。第二，吸收先进城市文化及世界优秀文化成果是城市化和全球化进程加快发展的必然要求。城市化进程不断加快以及经济全球化的迅猛发展，让城乡之间的文化交往以及全球性的精神交往成为不可阻挡的必然结果。马克思恩格斯在《德意志意识形态》一文中充分肯定了交往的持续发展对于保存先进生产力的重要作用，认为"某一个地域创造出来的生产力，特别是发明，在往后的发展中

①　欧阳康：《马克思主义的实践品格与大众化取向》，《湖北社会科学》2008 年第 2 期。
②　《习近平谈治国理政》，外文出版社，2014，第 164 页。
③　《马克思恩格斯文集》第 2 卷，人民出版社，2009，第 470 ~ 471 页。

是否会失传，完全取决于交往扩展的情况"。① 而人类生产力发展的必然产物——文化亦然，可以说某一个地域的文化在今后的发展中是否会停滞或中断，取决于其与其他地区、民族文化的交往、交流与传播的广度和深度。因此，必须着力提升新时代中国农村文化的开放性，加强农村文化的交流和传播，并在交流传播中实现创新，以更好地继承优秀传统农村文化。具体而言：一方面，要积极推动我国农村文化对内、对外传播；另一方面，也要敞开胸襟，迎接优秀城市文化和世界优秀文明成果——对于一切有利于我国农村文化、社会发展的优秀文明成果都要合理加以创造性转化，其中当然也包括资本主义的优秀文明成果。要化西为中，将西方的合理元素与当代中国农村价值观相融合，从而创造出新的与时俱进、具有强大吸引力的社会主义农村新文化。总之，在新时代背景下，城市化、经济全球化进程深入推进，城市与农村之间文化交流越来越频繁，世界精神交往的程度越来越深，范围也越来越广，这要求我们必须要善于吸收、借鉴城市优秀文化及世界优秀文明成果。

第三，继承农村文化遗产与吸收城市优秀文化、世界优秀文明成果二者不可偏废。推进新时代的中国农村文化建设还要正确处理好古今文化、中外文化之间的辩证关系。"按照立足中国、借鉴国外，挖掘历史、把握当代，关怀人类、面向未来的思路"，② 对历经 2000 多年形成的传统农村文化，既不能置之不理，也不能不假思索地全盘接受，而是要坚持"取精华而弃糟粕"的原则，在立足当下、把握当代的过程中合理地继承其中的优秀文化成果。要不畏艰难险阻，深入挖掘和整理中国传统文化的精华，使之不是仅陈列于高堂之上，而是逐渐融入人们的日常生活之中，并实现创造性转化和创新性发展；要在坚持批判继承我国农村文化遗产的基础上，有选择地吸收城市文化和世界优秀文化成果，不能照搬照抄、生搬硬套，而是要采取合理的方式将其融入我国农村本土文化价值之中，使其能够真正为广大农民群众所用，从而推动新时代中国农村文化的建设和发展进程。并且，继承农村文化遗产与吸收城市优秀文化、世界优秀文明成果二者不可偏废，必须正确处理好二者之间的关系，才能形成强大合力，推动新时代中国农村文化建设迈上新台阶。

综上所述，我们认为，马克思恩格斯文化思想不是死的教条、原则，而是活的方法。当下开展马克思主义文化理论研究、进行新时代中国农村文化建设，最重要的不是学其具体表述，而是要掌握其文化研究的基本方法，并将这一方法具体运用到新时代中国农村文化建设的实践中去，从而使得新时代的中国农村文化建设能够朝着正确的方向迈进。

---

① 《马克思恩格斯文集》第 1 卷，人民出版社，2009，第 559～560 页。
② 习近平：《在哲学社会科学工作座谈会上的讲话》，人民出版社，2016，第 15 页。

A Three-dimensional Review of Marx and Engels' Cultural Thoughts

YANG Wei, YAN Lei

Abstract: As an important part of Marxist theoretical system, Marx and Engels'cultural thoughts have great guiding significance for the construction of Chinese culture in the new era. How Marx and Engels understand the connotation of culture, why we should attach importance to the study of Marx and Engels'cultural thought, and how to draw ideological nourishment from it to promote the construction of rural culture in China in the new era can be analyzed from three levels: theory, value and practice. Grasping the connotation of Marx and Engels' cultural thoughts from the theory dimension helps to understand the theoretical basis of cultural construction; grasping the practical approach of Marx and Engels' cultural thoughts from the value dimension is conducive to a deep understanding of its dialectics, people nature and practicality, and these spiritual traits' world significance and Chinese values; grasping the realistic inspirations of Marx and Engels' cultural thoughts from the practical dimension is beneficial to the prosperity and development of Chinese rural culture in the new era through the three major measures: maintaining advanced nature, grasping people nature, and improving openness.

Keywords: Marx; Engels; Cultural Thoughts; Rural Cultural Construction

马克思主义文化研究 2020 年第 2 期 总第 6 期

第 27~37 页

列宁晚年文化建设思想及其启示*

吴　宁　秦雅楠**

【摘　要】列宁晚年在对国家治理的过程中，着重突出了文化建设在苏俄社会主义
　　　　　建设全局中所占的“重心”地位问题，体现了列宁对社会主义文化建设
　　　　　的高度重视。列宁以国民文化素质整体低下、国家机关工作人员文化水
　　　　　平不高导致官僚主义作风、合作化中断为着力点，阐明了文化建设的必
　　　　　要性。他认为只有对当时俄国落后的文化状态做出彻底的改变，俄国才
　　　　　能向前发展，提出了以发展教育为基石、以推进农村文化建设为核心、
　　　　　以坚持党的领导为关键、以遵循文化发展规律为原则的文化建设思想。
　　　　　列宁为文化建设指明了正确方向，不仅给当时俄国发展以重大支持，而
　　　　　且对我国现阶段的文化建设提供了重要启示。

【关键词】列宁；文化建设；文化遗产

　　列宁在带领俄国早期的发展进程中并没有重视文化建设，但在晚年意识到了文
化建设的紧迫性：“我们直到今天还没有摆脱半亚洲式的不文明状态，如果我们不
作重大的努力，是不能摆脱的。”① 列宁在晚年对文化建设做出了系统的思考，直
到今天这些思想都对我国的社会主义文化建设起着重要的作用。

一　列宁晚年文化建设思想的提出

　　列宁对俄国十月革命胜利后的经济发展和政治变革弊病进行了深入剖析，意识

---

　　* 本文系 2017 年教育部哲学社会科学研究重大项目“习近平总书记系列重要讲话精神和治国理政新理
　　　念新思想新战略研究”（批号 17JZD001）、2017 年国家社会科学基金后期资助项目“美国生态学马克
　　　思主义研究”（批号 17FZX030）的阶段性成果。
　　** 吴宁，上海师范大学马克思主义学院教授、博士生导师，哲学博士，研究方向为马克思主义基本理
　　　论；秦雅楠，上海师范大学马克思主义学院硕士生，研究方向为马克思主义基本理论。
　　① 《列宁选集》第 4 卷，人民出版社，2012，第 763 页。

到束缚国家发展的原因在于落后的文化状况，只有将文化建设提高到战略性地位，经济和政治发展才能进步，俄国才能继续走社会主义道路。

（一）列宁晚年文化建设思想的背景

十月革命胜利后，俄国进行文化建设的任务急不可待。列宁对其进行深度研究并实际领导，最终使得一系列文化建设的措施顺利推进。列宁提出文化建设思想是合乎逻辑的。首先，俄国落后的国内环境导致整个国家必须进行文化建设。当时俄国经济基础不好，技术水平低下，工业比重小，农业分散零碎。这种落后的国情导致国民文化素质水平低下，国内其他各项工作也难以开展。俄国农村人口占绝大多数，使得列宁提出应把文化建设的重点放在农村，如果农民的文化水平得到了提高，合作化就可以稳步推进。如果不能在农民中发起一场文化变革运动，那么合作化就无法实现。其次，俄国当时进行文化建设的紧迫程度可与经济建设和政治建设相比肩。只有在一定的文化发展基础上，经济政策和政治变革才能发挥成效。搞好文化建设是做好经济和政治工作的基础，也是社会主义思想在国内占据优势的必要条件。俄国在推行新经济政策时，就因为自身的文化发展水平落后而难以进行社会主义建设，新经济政策才不能很好地发挥成效。"新经济政策在经济上和政治上都充分保证我们有可能建立社会主义经济的基础。问题'只'在于无产阶级及其先锋队的文化力量。"[1] 从侧面表明新经济政策推行失败的另一原因是国家领导以及管理人员的文化素质水平低下，从而造成国家机关的运作效率不佳。作为领头羊的国家领导及管理人员自身必须具备过硬的文化素质，才有领导经济建设的本领。否则，就不能肩负起推行新经济政策的重任。

（二）列宁晚年文化建设思想的目的

列宁提出文化建设的目的是建成社会主义、加强农民的文化教育、促进合作化、提高国家机关工作人员的文化素质和工作效率。首先，为了建成社会主义，必须进行文化建设。建成社会主义社会是共产党和人民必须要完成的任务，这项任务的完成需要有强大的后援支撑，经济基础是保障，文化建设是推动力。不管是要加强物质基础设施的建设还是要增强国家的综合国力，都需要以文化建设作为助推器。只有推动文化建设向前发展，国家的各项事业才能持续发展。其次，加强农民的文化教育、促进合作化，必须进行文化建设。列宁认为，人们只有在思想觉悟和认知水平都充分发展的基础上，才可以正确理解新经济政策从而判断利弊。他强调完全合作化的重点是提高农民的文化素质水平，因为合作社的主要参与者就是广大农民，必须使他们都认识字，他们才能"懂得人人参加合作社的一切好处，并参加

---

① 《列宁全集》第43卷，人民出版社，2017，第67页。

进去"。① 农民势必要进行一场文化教育的改革，才可以确保合作化充满希望。最后，提高国家机关工作人员的文化素质和工作效率，必须进行文化建设。在新经济政策的推进过程中，国家机关工作人员的文化素质和文化水平低下，使得国家机关的运作效率也低下，不能有效指导新经济政策的运行。在新经济政策推行以后，党和国家机关内部出现了严重的官僚主义。列宁在分析国家机关工作的失误之处时，其落脚点都是国家公职人员的文化水平。他认为，国家公职人员没有较高的文化水平，对自身就无法进行反省和改进，这是导致官僚主义及其他问题的重要原因之一。为此列宁深刻论述了官僚主义和文化水平的关系，并提出只有进行文化建设才可以让人民真正地拥有监督政府和管理事务的能力。

二 列宁晚年文化建设思想的主要内容

文化滞后不仅严重阻碍了新经济政策的顺利实施，而且影响着民主政治进程。为了摆脱当时的困境，列宁指出俄国必须大力开展文化建设，并思考了俄国如何进行文化建设的问题。

（一）大力推进国民教育，奠定文化建设基石

俄国沙皇统治时期的偏见思想深重、教育条件极端落后，列宁决定以提高国民教育文化水平为抓手来摆脱国家文化建设的落后状态，力求创建新的教育发展模式。

列宁以尊重教师来促进文化建设。沙皇统治时期，教师的社会地位极低，几乎谈不上拥有权利和尊严，无法得到人们的尊重，甚至连最基本的生活保障都没有。警察总是随意地对他们进行搜身检查，任何国家机关都有权对其教学工作进行干扰和破坏。教师在整个国家当中既保障不了基本人权，也失去了最起码的自尊。苏维埃政权建立之后，列宁把提高教师的主体地位当作文化建设中最为重要的事情。首先，重视教师主体地位。文化的发展离不开教育，而教育的发展又与教师密切相关，教师是社会主义教育事业的促进者与领路人。曾有中央负责教育工作的同志在电话中用"施克拉勃"来称呼教师，列宁听到后愤怒地说道："他们有自己的光荣称号——人民教师。这个称号应保持不变。"② 列宁在晚年认识到教育工作者的重要性，把提高教师的主体地位看成是提高国民教育的重要环节之一。其次，提高教师工作待遇，改善其物质生活。沙皇统治时期的教师地位卑下、收入极少、物质生活条件不达标，使得教师的工作得不到人们的尊重。而在十月革命以后，列宁针对这方面的问题做出了改进。"人民教师"不仅是称呼上的一种改变，更是意味着教

---

① 《列宁全集》第 43 卷，人民出版社，2017，第 368 页。
② 《回忆列宁》第 4 卷，上海外国语学院列宁著作翻译研究室译，人民出版社，1982，第 210 页。

师在物质生活条件和工作待遇方面的很大改善。就算是在困难时期，国家粮食供应也根据列宁的指示，并未降低对教师粮食的发放标准。这不仅提高了教师的主体地位，还让教师对工作充满了积极性和上进心。

列宁以加大教育投资来促进文化建设。教育是文化建设的基础，必须大幅增加对教育的财政预算，为文化建设提供有力保证。首先，列宁认为俄国提高文化水平的重要途径之一是加大对教育事业的投资比例。当时的苏维埃不仅在国家机关编制方面存在一些问题，而且工作人员太多，国家机构庞大导致开销过多、国家财务负担过重。在这种情况下，一方面，列宁提出可以适当削减一部分部门经费，撤销一些形同虚设的国家机构，避免不必要的浪费，用裁减所得的经费来发展教育事业。其间也曾遭到过强烈阻挠和反对，但是最终这些提议都得以通过并实行了起来。另一方面，列宁力求把修造大型船只的数量减少 1/3，节省的经费用来支持教育事业的发展，在发展教育事业上做出了巨大贡献。其次，列宁主张动员社会各方面的力量来进行教育投资，推动教育事业的发展。只是用削减开支来达到发展教育的目的，其所用经费和认识程度是远远不够的。为了从根本上改善学校的经济条件，让教师不挨饿，农民必须有更多的物质条件来支持学校的发展，总的来说，需要社会各方面的共同努力为发展教育提供物质层面的保障。

列宁以培养共产主义新人来促进文化建设。列宁认为在社会主义社会建成时期，学校的重点任务应该包括推进文化建设、培养共产主义新人。首先，共产主义新人要拥有共产主义的坚定理想信念。列宁提出，教育不可以与政治脱轨。教育反映的是统治阶级的意识形态，实现共产主义需要加强对学生的思想政治教育，深化青年学生以及人民大众的共产主义信念，这也是对马克思恩格斯提出的无产阶级道德教育思想的继承和发展。其次，教育要与生产劳动相结合。列宁认为，青少年的教育不可脱离生产劳动而单独发展，在教育过程中，要将生产劳动加进去，使青少年了解社会现实，更好地将自己融入实现共产主义事业中去。教育与生产劳动相结合既可以实现教育目标，也能培养出合格的共产主义新人。

（二）重点发展农村文化，护卫文化建设核心

十月革命以前，俄国的生产力和经济发展极为落后，农村人口比重在80%以上，且绝大多数不识字的人都集中生活在农村。在这样一个落后的农业国进行文化建设，必须重点推进农村文化改革，这是当时苏维埃俄国迫切的历史任务，也是建成社会主义的前提。在列宁晚年的著作中有很多关于农村文化建设的思想，其中一些举措就是为了提高农民的素质和文化水平而制定的。

列宁认为在农村开展文化工作建设最基础的一项任务是在农村进行广泛的宣传教育活动，使农民可以逐步接受社会主义思想。针对俄国农村中普遍的文化贫困现象，列宁提出应该开展基础教育，教农民识字，提高他们的识字率，做到可以读书、看报。为此，列宁主张通过各种形式的文化运动来帮助农民学习文化知识。一

是在农村实行普遍义务教育，创办成人学校、讲习所等教育机构，让农民通过自主学习的形式来保证自己受教育的权利。二是提高农村教育投放比例，提高农村教师的待遇。在列宁看来，让教师去争取农民会更有说服力，但前提是要提高教师的主体地位，让他们成为争取农民的主干力量。列宁这一系列举措的最终目的是使教师可以放心、安心地留在农村对农民进行文化教育，让农民摆脱文盲状态。俄国落后的小农意识根深蒂固，只有宣传活动才能逐步改变农民思想觉悟低的状况，让他们接受社会主义思想。这就要求教师和当时的鼓动员在农村用通俗易懂的语言对农民进行宣传，同时还有报纸、电影等一系列可以宣传的途径对农民进行文化教育，使农民摆脱俄国原来腐朽文化思想的束缚。

列宁十分重视农村文化建设，并结合俄国当时的实际情况制定了具体的应对措施，其中就包括让工人团体下农村来建立城乡间的交往。这不仅继承和发展了马克思恩格斯城乡融合思想，而且为农村文化建设提供了强大的理论支撑。为了让文化水平较高的城市居民帮助农村居民学习文化，让城市更好地带动农村发展，列宁提出了两条具体措施。首先，建立城乡之间的交往，让工人集体下农村。只有深入农村，才可以了解具体情况，与农民开展文化交流，体会农民的思想状况，针对其中的问题制定相应的政策措施，从而更有效地进行文化建设。列宁反对盲目地到农村去传播"共产主义"概念及其内涵，因为如果不在农村建立牢固的共产主义物质基础，那么农民不会贸然接受共产主义，还会带来一些不必要的危害。正确的做法就是让教师和工人团体经常到农村，下基层工作，与农民进行必要的文化交流。并且苏维埃政府要为工人团体下农村工作提供支持和资金援助，既要注重工人团体下农村的形式和过程，更要看重下农村工作能否取得文化建设的实际效果。城乡之间建立新型的互助合作关系可以建成农村文化，工人可以更好地在农村传播共产主义思想，农民的文化水平和政治素养也会不断得到提升。其次，要加强城市和农村党支部之间的密切联系和有机结合。列宁提出，城乡党支部之间的关系应该发展得像兄弟关系，可以相互利用资源来满足自己以及对方支部的各种需求。这种一对一的互助帮扶体系有利于增强城乡之间的交流和交往，促进城乡关系融洽发展。运用这个方法加强农村文化建设，为当时苏维埃建设提供了重大帮助。

列宁提倡农民积极参加合作社。在十月革命之前，合作社就已经在俄国农村发展起来，成为农民较为熟悉的经济组织形式。但是国内战争时期实施的战时共产主义政策，给广大农民带来了利益损失，也沉重打击了农民的生产积极性，导致国内很多地方出现农民暴动，合作社的发展变得艰难起来。俄国农民固有僵化的小生产者私有观念使他们并不能充分理解合作社的作用，再加上农村环境比较闭塞，人们眼界不够宽广，自发性较强，难以提高农民生产积极性，农民无法接受工人的领导。列宁在晚年鼓励农民积极参加合作社，尤其是在新经济政策实施以后，为了实现完全合作化的目标，摸索出农民走向合作社的主要路径。首先，农民要提高自身的文化水平和文化素养来肯定与支持合作社的发展。人人都识字、读书、看报，才能实际了解合作社的根本意义和所在用途。有了这些文化保障，农民才会自觉自愿地加入合作社。其次，农民应该学着文明经商。当时的俄国合作社在经营方式上过于传统，按照小商品的经济方式做买卖，反映出了"亚洲方式"做买卖的许多弊端（环节太多、统价过死、摊派众多、社员消极懒散、买卖不够灵活），给农民带来了很大的利益损失。农民应该研究并学习欧洲方式做买卖，成为文明商人。"欧洲方式"做买卖讲求的是在社会化大生产的基础上，既追求利润最大化又注重商业道德，要求市场经济规律发挥有效作用，有序参与市场竞争，增长经济效益。总之，农民要想成为文明商人，就要懂得并运作这种商业流通的基本原理和定律，减免一些中间环节和不必要的浪费，学会文明经商为自身带来切实的优惠。农民通过提高自身的文化发展水平，认识到加入合作社的好处，争做文明商人来推动社会的发展。

（三）坚持和完善党的领导，重视文化建设关键环节

布尔什维克党建立了苏维埃国家政权以后，成为国家建设的领导核心力量，把控国家的经济和政治。在列宁晚年领导国家发展时期，苏维埃俄国面临进行文化建设的紧要任务。列宁将文化建设作为重心，认为社会主义文化建设成功的关键取决于党对文化工作的领导以及对自身的文化建设。

列宁肯定党对文化建设的领导权，重视和改善党自身的文化建设。他深刻认识到俄国只有在坚持无产阶级政党的领导下，才能更好地调动各方面的因素搞好文化建设。首先，必须坚持无产阶级政党对文化事业的领导权。列宁指示"对于应该有共产党的领导这一点，我们不能有任何怀疑"。[①] 作为文化建设的领导核心力量，无产阶级政党必须具备很高的思想觉悟和过硬的科学文化知识。但当时的俄国文化发展状况极为糟糕，文盲人数占全国一半以上，普及文化知识的任务紧张而艰巨。为了让无产阶级政党作为学习的表率，让党员干部的文化水平得到切实有效的提高并真正起到模范带头作用，列宁提出了要坚持学习的革命口号，还要加强党内马克思主义理论的宣传和教育，杜绝官僚腐朽之风盛行。其次，在无产阶级内部开展学习经济、提高党的组织和管理国家的能力。俄国国内战争的结束使无产阶级政党也需要具备管理经济工作的能力，但执政党对于经济工作的经验不足，缺乏领导才能。列宁向共产党员提出了"学会经商"的要求，号召党应该从基本的经济工作做起，对党内一些不具备经济管理能力且不愿学习的党员进行了批评。他指出，如果执政党不具备此项能力，会对文化建设造成阻碍。而无产阶级政党的文化建设将是当时俄国以及今后国家向前发展的重点，学习经济也是为了更好地进行文化建设。

列宁主张提高国家机关工作者的科学文化知识和文化教育水平。十月革命胜利后，布尔什维克党取得了执政权，但党员对国家进行管理的工作并未取得太大成

---

① 《列宁全集》第39卷，人民出版社，2017，第446页。

效，直接原因就在于他们缺乏过硬的科学文化知识和系统的工作方法。为了从根本上让党内人员学习文化知识，不受官僚主义思想的影响，列宁提出："我们一定要给自己提出这样的任务：第一是学习，第二是学习，第三还是学习。"① 首先，国家机关工作人员要加强学习，掌握一些管理方面的技能和经验，提高办事效率。因为在当时不仅是一般的党员文化素质较低，高层领导也是如此；还有一些工作人员是从旧的国家机关接收过来的，文化水平低下且还带有官僚主义作风。面对这些情况，列宁建议采取强力措施加强学习，组织党员进预备班重新学习，掌握必备的科学文化知识和管理技能，做到学以致用。列宁还提出一些具体建议组织国家机关工作者去学习，比如编写教科书，到英国、德国去搜集资料做研究以及学习国外的先进管理经验等。其次，选拔优秀的工作人员进入国家机关，优化党员队伍，遏制官僚主义作风滋长蔓延。面对国家机关中出现的不良工作作风，列宁指出选拔人才的一条关键原则就是坚持宁肯少些但要好些。宁肯在数量上面少一些，也要在质量上面好一些，从源头上杜绝一切不良之风的出现。工人因文化水平低下、文化素养不够而难以进入国家机关，拥有专业管理技能的人员数量又过少，因此需要选拔优秀人才进入国家机关工作，杜绝党内官僚资本主义之风盛行，为文化建设做出贡献。

（四）批判继承文化遗产，遵循文化建设基本规律

文化是人类社会的特有现象，任何时代以及任何国家的文化都承载着历史发展的烙印。在落后的俄国进行文化建设，其中一项重要工作就是要做到批判地继承人类优秀文化遗产，取其精华、去其糟粕，从而更好地发展自己时代的文化。

列宁提出要科学对待资本主义文化遗产。鉴于俄国当时落后的环境条件，如果硬是要谈怎样发展无产阶级文化，那将是一件不可能做到的事情。只有对俄国的历史优秀文化进行传承并实现创新，才可以做到真正的发展。这里的优秀文化成果主要是指资本主义的文化成果。列宁一直重视对资本主义的学习，在晚年时把科学对待并吸收资本主义文化遗产放在了更加重要的位置。俄国在当时虽然遭遇文化困境，但也继承了本国的优秀传统文化。注重精神信仰、虔诚对待宗教、追求民主平等、宣扬革命精神、发展民族理想、加强民族使命感等是俄国遗留下来的传统文化的精髓。列宁十分重视对于这些优秀传统文化的汲取和改造，并教育他人要自主选择性地继承本国优秀传统文化。针对俄国有些人反对继承优秀传统文化的错误态度，列宁指出不在原有基础上来发展无产阶级文化是不现实的。俄国的文化建设是长期而艰巨的工作，要懂得循序渐进、坚持实事求是、不必急于求成，在立足于文化发展规律的基础上进行社会主义文化建设。

列宁重视学习并吸收外国的先进文化。文化在人类历史发展阶段上会衍生出不同的内容，各个国家都分别创造了属于自己的优秀文化。列宁强调，推动社会主义

---

① 《列宁选集》第 4 卷，人民出版社，2012，第 786 页。

文化的发展要在对本国传统文化批判继承的前提下，再去汲取外国优秀文化的营养，做到相互促进。也就是说，发展社会主义文化需要汲取本国优秀传统文化的营养，也需要接受外来优秀文化的熏陶，以此来巩固自身文化的发展并加强同各国之间的文化交流。列宁在晚年对这一点深有体会，他认为应该善于吸收外国的好东西，把世界先进资本主义国家的经济、政治、文化等各方面的优秀经验吸收起来，然后结合本国的实际情况更好地推进社会主义建设。吸收外国优秀文化要把马克思主义理论作为前提和基础，强化无产阶级思想，发展巩固无产阶级的领导地位，才能与外国文化做到深入交流。同时也要向外国宣传无产阶级的优秀文化思想，以此来扩大其影响和魅力。世界文化的发展离不开各国优秀文化的交流融合，列宁提出的学习外国先进文化与继承文化遗产都是对无产阶级文化的传承和发展。

三 列宁晚年文化建设思想对我国的启示

列宁晚年把重点放在文化建设上，意识到文化建设是关系国家能否永续发展的问题，文化不断创新发展，国家才能永远朝气蓬勃。列宁的文化建设思想对我国具有重要指导意义。

（一）贯彻科教兴国战略，推进文化建设

列宁晚年高度重视国民教育、大力发展教育的思想对我国进行文化建设具有现实意义。"当前，我国人口多，底子薄的国情导致了教育事业相对落后，发展不平衡"，[①] 只有发展科学技术、增强科技软实力、贯彻落实科教兴国战略，才能促进人的全面发展和文化建设的进步。首先，要加强师资队伍建设，提高教育整体水平。教育是科教兴国战略的紧要环节，教师是教育的本源，提升教师的教学能力成为文化建设的关键。制定和执行教学方案、实施人才培养方案、细化落实教学环节、推进产学研教学结构、拓展教学实践能力都要依赖于广大教师。启用优质师资，可以针对性地对学生进行相关知识的传授。加强对师资队伍的培训，可以扎实推进教学研究工作，实现理论与实践相结合的教学理念，加大培养各类技术应用型人才，为建设文化事业保驾护航。其次，党和政府要加大对教育事业的投入，推进文化建设快速发展。教育事业牵动着社会主义现代化建设全局，各级政府应动员社会各方面力量加大教育投资比例，以巩固基础教育，加强职业技术教育，培养更多的高素质人才。

（二）培育新型人才，加快新农村文化建设

列宁晚年的文化思想，将推进农村文化建设作为核心工作，符合当时的文化发

---

① 蒲建彬：《列宁晚年文化建设思想及其对我国社会主义文化建设的启示》，《湖北省社会主义学院学报》2006年第3期。

展需求。我国是一个农村人口比例大的农业大国，进行社会主义文化建设必须改革农村文化，因此培养新型人才就成为中心环节。首先，改进和创新农村文化体制机制。农村文化已经制约农村经济发展、威胁农村的政治稳定。第一要建立农村文化人才组织领导机制。面对以往农村文化建设中的不良风气，党和政府要认识到优秀人才领导农村文化建设的重要性。要让新农村文化建设在阳光下运行，废除过时的农村领导机制，成立领导小组，组建农村文化学习队伍，对优秀农村文化传统进行保留，改革农村文化的腐朽、落后部分。第二要建立新农村文化队伍建设机制。针对我国广大农村地区文化发展相对落后的状况，在农村开展各类文化活动，丰富农民学习文化的形式，逐渐加强农民对于文化知识的学习。其次，做好新农村文化人才的引进和培养。人才是当今世界竞争的一个制高点，更是发展新农村文化建设的关键。第一要制定科学合理的人才引进机制。新农村文化建设要吸引优秀的文化工作人员，对他们的专业知识和特长技能等进行综合考试，经测验合格后才可录用。在相对公平的工作环境中，对新进人才进行合适的岗位配置，充分调动他们自身的积极性和创造性为建设新农村文化贡献力量。第二要加强对农村人才以及新进人才的培训和培养。对农村本土文化人才进行培训，培养一批本土专家为本地农村文化建设出谋划策，让引进人才学习关于农村文化建设的专业知识，因地制宜地提高实践技能，从而将更多的文化创新成果运用于新农村文化建设中。

（三）坚持马克思主义的指导，坚持党对文化建设的领导

列宁晚年重点发展农村文化，坚持以马克思主义为指导，其最终目的是实现人的全面发展。列宁晚年领导俄国进行文化建设的过程，也是对马克思主义唯物史观的继承发展过程。他指出，落后的俄国进行文化建设的关键就是以马克思主义为指导，这是发展社会主义先进文化的基点。因为马克思主义在改造世界的过程中，一直提供着客观科学的理论指导。在当时俄国贫困的文化氛围下，更强调的是文化或意识形态对于经济和政治的反作用，这对于当前我国的文化发展也具有启示意义。中国共产党历来重视马克思主义的指导地位，文化发展和创新的聚焦点都在于坚持马克思主义理论的科学指导地位。文化的来源是人民群众，最终也是为了人民群众，这是社会主义先进文化的本质特征。在当前我国社会主义先进文化建设中，必须吸取俄国当时广大人民群众开展学习的经验教训，"充分尊重和发挥人民在文化建设中的主体地位和首创精神"，[①] 把满足人民群众日益增长的精神文化需要作为价值评判标准，实现人的全面发展。

列宁晚年重视党对文化建设的领导作用，是因为只有坚持党的领导，才可以沿着正确的方向取得最终胜利。他指出，党自身出现的一些问题以及党领导的各项工作遇到瓶颈都是缺乏文化知识造成的。为此，列宁提出一系列措施来提升党员的文

---

① 刘旺旺：《列宁晚年探索苏俄文化建设的基本经验与中国的文化强国梦》，《信阳师范学院学报》（哲学社会科学版）2015 年第 6 期。

化水平，从而提高党在文化建设方面的领导能力。我国必须坚持党对文化建设的领导地位不动摇。首先，要不断提高党对文化建设的水平。共产党始终坚持把文化建设摆在发展全局的位置，是因为文化建设的发展有利于社会主义事业的成功。无产阶级政党要严格督促自己做好党内文化建设，落实好党内文化发展的每一项具体工作，确保人民群众充分发挥自己的主动性和创造性，积极配合无产阶级执政党做好文化建设工作。要充分协调好各部门之间的关系，制定出科学合理的文化政策和纲领，使领导文化建设的工作更加行之有效。制定严格的党内工作机制和惩罚机制，定期对自身进行反思和自省，避免党内腐朽思想的出现。其次，共产党必须提高自身的文化学习强度。党必须擅长学习、勇于实践，掌握更多的学习本领，推动建设学习强国。党要不断学习进取，主动接受先进文化思想的熏陶，从根本上提高自身的思想觉悟，从而提高执政能力。先进的科学文化知识永不过时，不断学习也成为党永葆执政之源的根本方法。不管是列宁所处的落后的俄国时代还是我们当今的中国特色社会主义新时代，建设学习型政党都是进行文化建设的必然要求。我们党对文化建设工作的领导还需要进一步加强，只有不断学习才可以长足进步。

（四）继承和创新文化

列宁晚年提到要科学对待历史文化遗产，并选择性地吸收外国优秀文化以促进自身文化建设。他批判了反对继承优秀传统文化的态度，指出文化发展是有规律可循的，绝不能采取急躁冒进的态度。文化在当今世界的发展变革中占据着关键地位，增强中华文化影响力是紧迫而必要的任务。当前我国要推进社会主义文化强国建设，必须遵循文化发展规律。首先，要继承和弘扬中华民族优秀传统文化。面对中华民族文化复杂的构成成分，要取其精华、去其糟粕，对健康文化继承发展，对糟粕思想及时丢弃。大力宣传和弘扬促进社会和国家发展的先进文化，为社会发展传递更多正能量。充分发扬民族文化中的有益思想，为社会主义文化建设提供强大的理论支持，使社会主义思想更加深入人心；及时剔除阻碍社会发展和国家进步的消极文化，避免给我们的民族带来一些实质性危害。其次，借鉴外国优秀文化，主动融入世界文化。故步自封的道路必将是狭隘的，我国应站在世界文化的角度来看待中国文化，"借鉴世界各国的文化成果，使自己具有世界性"。[①] 中华文化是吸收了许多其他文化营养综合形成的，这是我们民族文化历经数千年却一直延续下来的根本。我国建设社会主义文化必须秉承继承和创新的原则，别人可以学习我们，我们也可以学习别人，这种学习的过程成为国家之间文化交流的过程。

俄国当时恶劣的环境条件使列宁提出了把文化建设放在首要位置的思想，传承并创新了马克思和恩格斯的文化理论。我们应继续传承和发扬列宁晚年的文化建设思想，将其应用于当代中国社会主义文化建设中。

---

① 涂岩：《列宁晚年文化建设思想对我国当前文化建设的启示》，《企业导报》2010年第3期。

Lenin's Cultural Construction Thought in His Later Years and Its Enlightenment

WU Ning, QIN Yanan

(Shanghai Normal University, Shanghai 200234)

Abstract: Lenin emphasized the momentous position of cultural construction in the overall socialist construction of Soviet-Russia in his later years and exemplified Lenin's great emphasis on socialist cultural construction. Based on the overall low cultural quality of the people, the bureaucratic style caused by low cultural level of state functionaries and the interruption of cooperation, Lenin expounded the necessity of cultural construction. Lenin believed that only when the backward cultural state of Russia was completely changed, Russia society could move forward. Therefore, he put forward the cultural construction idea including taking the development of education as the cornerstone, promoting the rural cultural construction as the core, adhering to the leadership of the party as the key, and following the law of cultural development as the principle. Lenin pointed out the correct direction for the national cultural construction, not only gave great support to the development of Russia at that time, but also provided important enlightenment for the current cultural construction in China.

Keywords: Lenin; Cultural Construction; Cultural Heritage

马克思主义文化研究　2020 年第 2 期　总第 6 期
第 38~50 页

中国共产党与中医药的百年传承创新

欧阳雪梅*

【摘　要】中医药是中华民族的伟大创造，是中华优秀传统文化的重要组成部分，为中华民族繁衍生息做出了巨大贡献，对世界文明进步产生了积极影响。百年来，中国共产党一直保护、传承和发展传统中医药，坚持不懈地推动中医药与时俱进，为保障人民群众生命安全和身体健康服务，坚持辩证法，中西医并重，推动中西医优势互补、融合发展；对中医文化充满自信与自觉，传承精华、守正创新，推动中医药为世界医学发展和人类健康做出贡献。

【关键词】中国共产党；中医药；传统文化

中医药是中华民族的伟大创造，是中华文明瑰宝，是中华优秀传统文化的重要组成部分，为中华民族繁衍生息做出了巨大贡献，对世界文明进步产生了积极影响。百年来，中国共产党一直高度重视祖国的医学遗产，努力保护、传承和发展传统中医药，坚持不懈地推动中医药与时俱进，保障人民群众生命健康安全。

一　革命战争年代：团结中医、推动中西医结合

中医药学历史悠久，内容丰富，自成体系，自远古时代"神农尝百草""药食同源"，到春秋战国扁鹊的"望、闻、问、切"四诊合参，成书于战国至秦汉时期《黄帝内经》《伤寒论》《本草纲目》《金匮要略》《温病条辨》等，是历历可数的家珍，历千年护佑着中华民族，一直在中国医学界占据主流地位。近代以来，西医因诊疗技术特别是眼科与外科等手术治疗所表现的显著疗效有别于传统医学的经验，被称为"科学医学"，中医药学遭到怀疑和否定。民国时期，医政制度基本仿照西方，传统中医被斥为"落后、迷信、不科学"，废止中医之争开始。1912 年，

---

* 欧阳雪梅，中国社会科学院当代中国研究所第三研究室主任、研究员。

北洋政府的"教育系统漏列中医案",即改革学制时把中医排斥在正规教育之外。
1913 年,当时的教育总长汪大燮公开提出废除中医中药。新文化运动中,中医阴阳
五行等医理基础被批判为伪科学、玄学,削弱了它的文化基础。1929 年发生了轰动
一时的"废止中医案",禁止中医中药开业,禁止中医办医院、办学校,取缔中医
书刊。1936 年,国民政府又提出"国医在科学上无根据",一律不许执业的谬论。
中医在中国医学界逐渐丧失了主流地位,演变为"西医在朝,中医在野"的格局。

在中西医之争中,青年毛泽东认为中西医学各有所长、各有所偏,医理各有特
点。1913 年,他在读书笔记《讲堂录》中写道:"医道中西,各有所长。中言气
脉,西言实验。然言气脉者,理太微妙,常人难识,故常失之虚。言实验者,求专
质而气则离矣,故常失其本。则二者又各有所偏矣。"① 在井冈山革命根据地,医
生和药源都极为缺乏,毛泽东及时指导医院"用中西两法治疗"。②

1944 年 5 月,在延安大学开学典礼上,毛泽东进一步强调中西医要讲统一战
线。他说:"我们边区政府的副主席李鼎铭同志是中医,还有些人学的是西医,这
两种医生历来就不大讲统一战线。我们大家来研究一下,到底要不要讲统一战线?
我不懂中医,也不懂西医,不管是中医还是西医,作用都是要治好病。治不好病还
有医术问题,不能因为治不好病就不赞成中医或者不赞成西医。能把娃娃养大,把
生病的人治好,中医我们奖励,西医我们也奖励。我们提出这样的口号:这两种医
生要合作。"③ 次年 3 月,陕甘宁边区成立了中西医药研究会等,为中西医结合方针
的确立做了可贵的探索。中医中药在革命战争年代担负医疗救护、控制传染病等任
务,为保证军民卫生健康发挥了重要作用。

二 新中国成立后:纠正错误、促进传承医学遗产

旧中国疾病丛生、缺医少药,据不完全统计,每年约有 1 亿人口患各种轻重不
同的疾病,死亡 500 多万人,各种传染病、地方病危害人民健康,"根据乡村的一
般调查,其中有 80% 的患者得不到合理的治疗"。④ 中国人被西方称为"东亚病
夫"。面对十分严峻的卫生形势,让中西医务人员团结起来,为人民健康服务,是
新中国初期中国共产党的举措。1949 年 9 月,毛泽东接见第一届全国卫生行政会议
代表时指出:"必须很好团结中医,提高中医,搞好中医工作,才能担负起几亿人
口艰巨的卫生工作任务"。1950 年 8 月,第一届全国卫生会议在北京召开,毛泽东
为会议题词:"团结新老中西各部分医药卫生工作人员,组成巩固的统一战线,为

① 转引自林国标《毛泽东的中西文化比较及其抉择》,《毛泽东思想研究》2005 年第 4 期。
② 参见《毛泽东选集》第 1 卷,人民出版社,1991,第 65 页。
③ 《毛泽东文集》第 3 卷,人民出版社,1996,第 154 页。
④ 张伯礼:《百年中医史》(上),上海科学技术出版社,2016,第 350 页。

开展伟大的人民卫生工作而奋斗。"① 中医文化中预防疾病是第一位的，治疗疾病是第二位的。会议确立了方针，将"面向工农兵""预防为主""团结中西医"作为新中国的三大卫生工作原则。1951年春，彭真鼓励乐松生试办中药提炼厂改进中药。1952年，乐松生邀请了北大药学系郑启栋教授在达仁堂成立国药改进研究室。1953年，银翘解毒片、香莲片、女金片、牛黄上清丸等四种产品试制成功，完成了中药到中成药的发展。1957年达仁堂以文献记载为依据研制的人工牛黄，当年就开始出口。

但是，由于社会上歧视中医已久，观念绝非一日所能消除，中央关于团结中西医的指示并未被完全贯彻。如当时中医主要靠家传、师授、私人办学，甚或自学成才。1951年，卫生部公布的《中医师暂行条例》和《中医考试办法》，要求过于苛刻、不合实际，中医师资格考试的内容多是西医的，使得大多数中医师被淘汰。1953年全国92个大中城市和165个县登记、审查合格的中医只有1.4万多人。由卫生部直接领导的中医师资格审查，华北地区68个县有90%以上的中医师被认为是"不合格"的。天津市中医水平是比较高的，但参加考试的530多个中医只有55个合格。

针对上述情况，毛泽东多次做出批示和指示，要求从现实出发、从辩证唯物主义的高度来理解中西医之间的关系。他认为，中医、西医各有所长，各有所短，因此绝对肯定或绝对否定，都是错误的。他指出："我们的西医少，广大人民迫切需要，在目前是依靠中医。对中西医要有正确的认识。中医是在农业与手工业的基础上产生出来的。这是一大笔遗产，必须批判地接受，把其积极的一面吸收过来加以发挥，使它科学化；另一面，对不合理的要研究，分析批判。"② 他对几千年来为保障人民生命健康做出巨大贡献的中医药学给予充分肯定，指出，中西医比较起来，中医有几千年的历史，中医的贡献与功劳是很大的。祖国医学遗产若干年来，不仅未被发扬，反而受到轻视与排斥，这是错误的，这个问题一定要解决，错误一定要纠正。首先各级卫生行政部门思想上要改变。

1954年6月5日，毛泽东同北京医院院长周泽昭谈中医发展时指出："对中医问题，不只是给几个人看好病的问题，而是文化遗产问题。要把中医提高到对全世界有贡献的高度。对新来的外国东西重视了，对自己本国的东西倒轻视了。看不起本国的东西，看不起中医，这种思想作风是很坏的"。"西医要向中医学习。第一，思想作风上要转变。要尊重我国有悠久历史的文化遗产，看得起中医，也才能学得进去。第二，要建立研究机构。不尊重，不学习，就谈不上研究。不研究，就不能提高。总是有精华和糟粕的嘛。这项工作，卫生部没有人干，我来干。"③

---

① 《毛泽东年谱（一九四九——九七六）》第1卷，中央文献出版社，2013，第182～183页。

② 《毛泽东年谱（一九四九——九七六）》第2卷，中央文献出版社，2013，第205页。

③ 《毛泽东年谱（一九四九——九七六）》第2卷，中央文献出版社，2013，第245页。

7月9日,刘少奇受毛泽东委托召集会议,传达毛泽东关于中医工作的指示。在指示中,毛泽东强调:"中西医团结问题没有做好,主要是西医有宗派作风。西医传到中国来以后,有很大一部分人就把中医忽视了。必须把中医重视起来"。"中医问题,关系到几亿劳动人民防治疾病的问题,是关系到我们中华民族的尊严、独立和提高民族自信心的一部分工作。我们中国的医学,历史是最久的,有丰富的内容,当然也有糟粕。在医学上,我们是有条件创造自己的新医学的。中国人口能达到六亿,这里面中医就有一部分功劳嘛。西医到中国来,也不过百把年。当然,西医是近代的,有好的东西。但什么都是'舶来品'好,这是奴化思想的影响。"①实践是检验真理的唯一标准。中医对中华民族人口繁衍的实际作用、疑难杂症治疗中的优势作用是被历史证明了的。他强调:"对中医的'汤头'不能单从化学上研究,要与临床上的研究结合起来,才能提高中医。"② 关于中医基础理论中阴阳五行学说,他认为,目前没法用现代术语解释清楚的,是因为"没有把自己的东西研究透",但也不能因此就"轻易加以否定。"③ 中医是医人之医,从整体上为人服务之医:"中国古书上这样说'上医医国,中医医人,下医医病。'这意思就是强调人的整体性,和巴甫洛夫学说是一致的。"④ 医之上者,不仅能治病救人,而且能以医理论国事,治病与治国、治人,融会贯通,一脉相承。

中医是临床实践医学,中医理论是对数千年亿万次临床实践经验的理论总结,中医与西医是两种完全不同的医学体系,但二者之间有共性存在,有相通之处。评判中医理论是否科学,不能以西医理论为标准,要从整体上分析、从临床疗效上分析。所以,"当前最重要的事情,是要大力号召和组织西医学习中医,鼓励那些具有现代科学知识的西医,采取适当的态度同中医合作,向中医学习,整理祖国的医学遗产。只有这样,才能使我国固有的医药知识得到发展,并提高到现代科学的水平"。⑤ 7月,中央成立了由中宣部、文化中央教育委员会、卫生部指定人员组成的中医问题临时工作组,传达中共中央关于中医问题的指示;召开中西医座谈会,讨论研究相关问题。1956年,毛泽东提出"要以西方的近代科学来研究中国的传统医学的规律,发展中国的新医学"。⑥ 在毛泽东眼中,中医药是中国传统文化的重要载体,具有实用和科学价值,能够创新发展造福人民,医人医病,遵循和而不同之道,所以不遗余力地推动它的传承发展。

在毛泽东等中央领导的推动下,有效地纠正了对待中医的武断态度和宗派主义情绪,推动了中医药事业发展。1954年11月,中共中央批转中央文委党组《关于

---

① 《毛泽东年谱(一九四九——一九七六)》第 2 卷,中央文献出版社,2013,第 258 页。
② 《毛泽东年谱(一九四九——一九七六)》第 2 卷,中央文献出版社,2013,第 259 页。
③ 《毛泽东文集》第 7 卷,人民出版社,1999,第 76 页。
④ 《毛泽东年谱(一九四九——一九七六)》第 2 卷,中央文献出版社,2013,第 259 页。
⑤ 《中共中央文件选集(一九四九年十月——一九六六年五月)》第 17 册,人民出版社,2013,第 332 ~ 333 页。
⑥ 《毛泽东文集》第 7 卷,人民出版社,1999,第 81 页。

改进中医工作问题给中央的报告》，进一步阐明了党的中医政策，要求巩固地建立中西医之间相互尊重和团结的关系，提出了应扩大中医业务、改善中医的进修、出版中医书籍、改进和加强对中药的管理等项工作的具体措施。同月，卫生部正式成立中医司（1952年成立了中医科）。1955年12月成立中医研究院。一些省、市、自治区也相继成立了中医研究所。同时，卫生部举办了全国第一届西医离职学习中医研究班。积极培养中医壮大卫生队伍，一方面，"中医带徒弟"工作，为中国培养了一大批基层中医药人才；另一方面，开办中医学院，将中医教育纳入正规学历教育体系。1956年，卫生部会同高等教育部在北京、上海、广州、成都筹建四所中医学院，同年招生，学制6年，每所中医学院规模为2400人。[①] 开设课程主要有中国医学史、医经、中药学、中医诊断学、方剂学、伤寒论、金匮要略、温病学、针灸学、中医内科学、伤科学、妇科学、儿科学、眼科、喉科学与各家学说等。卫生部还发布文件，取消原来限制中医行医的规定。即使是在三年困难时期，国家对各个行业进行了精简，除了河南洛阳正骨学院和河北中医学院因省里坚持下马，23所中医学院中的21所保留下来。1962年至1965年，全国各中医学院的毕业生，累计有5600余名；截至1965年，各地共培养中医学徒5.9万余名，[②] 为中医队伍增添了新生力量，大力吸收中医参加大医院工作。据统计，1952年，全国有中医院19所，中医院床位224张；1960年，全国中医院发展到330所，床位14199张。[③] 绝大部分综合医院和专科医院都设立了中医科。

1958年，中国掀起了西医学习中医运动，中医学院举办了二至三年西医离职学习中医班。毛泽东肯定了西医离职学习中医的做法，并批示："中国医药学是一个伟大的宝库，应当努力发掘，加以提高"。[④] 他殷切地希望培养出一批中西医结合高级医生，出几个高明的理论家。从1955年到1966年，共培养了4700多名"西学中"人员，他们成为全国各地、各医学学科中西医结合研究的开拓者和权威人物。屠呦呦是其中的典型代表，于1959年到1962年在卫生部举办的"全国第三期西医离职学习中医班"学习。1958年，卫生部发出《关于继承老中医学术经验的紧急通知》，各地组织大批中医工作者对古典医籍和老中医的经验进行了整理、总结、研究工作，整理民间秘方、验方。

1965年毛泽东发布"六·二六"指示，要求"把医疗卫生的重点放到农村去"，以解决七亿农民的防病治病问题。办法是因陋就简，培养采用中西医结合的方式培训赤脚医生，而"安全、有效、廉价"的中医药充分发挥了作用，依靠一根银针、一把中草药基本上实现了广大农村"小病不出村、大病不出乡"的目标。中

---

① 《壮丽70年·党领导中医药发展历程③：中医研究院和"老四所"中医学院成立始末》，http://www.satcm.gov.cn/hudongjiaoliu/guanfangweixin/2019 - 04 - 28/9668.html.

② 《当代中国的卫生事业》（下），当代中国出版社，2009，第59页。

③ 《当代中国的卫生事业》（下），当代中国出版社，2009，第61页。

④ 《毛泽东文集》第7卷，人民出版社，1999，第423页。

草药知识的普及，中医药适用技术在农村推广，加速了民间土单验方的整理与出版，带动了中草药种植与加工，促进了当时中医药事业的发展。1971 年中药品种由 2600 种增加到 5000 种以上。① 1974 年，全国中药材种植面积达到 226 万亩，中药材销售 9 亿 9000 余万元，比 1965 年增加了 1 倍，出口 1 亿 1000 余万美元。到 20 世纪 70 年代中期，赤脚医生发展到了鼎盛时期，全国约有 180 万人。②

中医治疗适用于流行性乙型脑炎、痢疾、急性阑尾炎、关节炎、神经痛、烧伤、骨折、脱臼、多种皮肤病，疗效显著；对于高血压、晚期血吸虫病、肝硬化、慢性肾炎、再生不良性贫血，也有一定的疗效。全球疟疾肆虐时，1967 年 5 月 23 日，中国启动对抗疟疾中药的研制。39 岁的屠呦呦临危受命，成为课题攻关的组长。她从中国古代药典《肘后备急方》中发掘出青蒿素。1971 年，经过近 200 次的反复试验，得出了青蒿素对疟疾抑制率达到 100% 的结果。她深有感触地说："西学中的序曲为我从事青蒿素研究提供了良好的准备。"她引用了毛泽东关于中医药学是一个伟大宝库的论述，明确指出："青蒿素正是从这一宝库中发掘出来的"。③

中国成为现代医疗体制国家里唯一两种传统迥异的医学"同唱主角，争唱主角"的国家，在当时中国经济文化发展水平较低的情形下，在构建以人民为主体、农村为重点、积极防治为内容、人民健康为根本的新型人民卫生事业中发挥了关键作用，获得了世界卫生组织所赞誉的"以最少的投入获得了最大的健康收益"。人民健康水平和身体素质有了根本提高：1949 年到 1976 年，全国人口由 54167 万人增长到 93717 万人；④ 死亡率从 20‰ 下降到 7.25‰；人均预期寿命，1949 年为 35 岁，1975 年提高到 68.8 岁。⑤ 中国人口再生产类型较快实现了转变，进入了高出生率、低死亡率、高自然增长率的过渡型阶段，这远远超过同期发展中国家的水平。

"文化大革命"的十年，和许多其他事业一样，中医药事业遭到严重的破坏，中医药从业人员人数减少 1/3，全国中医医院从 1966 年的 330 所减少到 1977 年 129 所，中医学院由 21 所减少到 11 所。⑥

三　改革开放以来：中西医并重、提倡长期并存

"文化大革命"结束后，中医药事业逐步恢复发展。1978 年，中共中央转发卫生部党组《关于认真贯彻党的中医政策，解决中医队伍后继乏人问题的报告》，重

---

① 《当代中国的卫生事业》（下），当代中国出版社，2009，第 69 页。
② 黄蓓：《壮丽 70 年·党领导中医药发展历程⑦：跑出中西医结合"加速度"》，http://www.satcm.gov.cn/xinxifabu/meitibaodao/2019-09-02/10735.html。
③ 《屠呦呦在瑞典卡罗林斯卡医学院发表演讲》，《人民日报》2015 年 12 月 8 日。
④ 《新中国六十年统计资料汇编》，中国统计出版社，2010，第 6 页。
⑤ 《中国近现代史纲要》，高等教育出版社，2018，第 276 页。
⑥ 《当代中国的卫生事业》（下），当代中国出版社，2009，第 62 页。

申了党的中医药政策，对办好中医院校、培养中医药人才、办好中医医院、加强中医药研究机构建设、组织西医学习中医等提出了明确要求和措施。邓小平批示，"这个问题应该重视，特别是要为中医创造良好的发展与提高的物质条件"。① 1979年5月，中华全国中医学会（后改为中华中医药学会）成立。

1980年3月，卫生部召开中医和中西医结合工作会议。会议全面总结新中国成立以来30年的经验教训，明确提出了中医、西医、中西医结合三支力量都要大力发展、长期并存的方针。这一年成立了中医古籍出版社。1982年《中华人民共和国宪法》第21条规定"发展现代医药和我国传统医药"，确立了中医药等传统医药的法律地位。面对当时出现运用经济手段管理卫生事业，西医西药的立竿见影迅速走俏，中医日益边缘化的格局，1985年中央书记处要求"把中医和西医摆在同等重要地位"，中医不能丢，必须保存和发展。同时，要求中医必须积极利用先进的科学技术和现代化手段，促进中医药事业的发展。1986年，卫生部制定了《中医事业"七五"发展规划》，中医药的发展思路是"以机构建设为基础，以人才培养为重点，以学术提高为依靠"。同年，成立国家中医药管理局。1991年4月，在全国人大通过的《国民经济和社会发展的十年规划和第八个五年计划纲要》中，"中西医并重"被列为卫生工作的基本方针之一。1993年11月，国家中医药管理局重点试验室兴建。1996年12月9日，江泽民在全国卫生工作会议中指出："要加强对中医药事业的领导，要正确处理继承与创新的关系，既要继承中医药的特色和优势，又要勇于创新，积极利用现代科学技术，促进中医药理论和实践的发展，实现中医药现代化，更好地保护和增进人民健康"。② 1997年《中共中央、国务院关于卫生改革与发展的决定》进一步明确了"中西医并重"的方针，同时提出要"积极利用科学技术，促进中医药理论与实践的发展，实现中医药现代化"。2001年9月颁布了第一个《中医药事业"十五"计划》。这期间，1998年成立国家食品药品监督管理总局。2002年，出台《中药现代化发展纲要（2002—2010）》。2003年，中国"非典"流行，广州中医药大学一附院收治SARS病毒感染者，中医药介入治疗，获得"零感染、零死亡和零后遗症"的良效，引起国际社会关注。中药筛选被列入"十五"期间的"863"计划"非典型肺炎防治关键技术及产品研究"重大专项。2003年，《中华人民共和国中医药条例》出台，明确国家保护、支持、发展中医药事业，实行中西医并重的方针，鼓励中西医互相学习、互相补充、共同提高，推动中医、西医两种医学体系的有机结合，全面发展我国中医药事业。2005年，科技部在"973"计划中设立中医理论基础研究专项，用于对中医理论的整理、研究和创新。2007年党的十七大召开，坚持"中西医并重""扶持中医药和民族医药事业发展"等方针政策，首次写入党的全国代表大会报告。2010年11月16日，中国

---

① 《邓小平年谱（一九七五——一九九七）》（上），中央文献出版社，2004，第370页。
② 《江泽民文选》第1卷，人民出版社，2006，第602页。

申报项目"中医针灸"被列入"人类非物质文化遗产代表作名录"。

这一时期,中西医并重很大程度上尚未能很好地实现。和西医的造影、化验、超声波等诊断手段与对病症讲究精准的学理分析相比,中医拿不出"人体数据",而依靠个案经验的累积很难得到广义上的认可,这些"短板"造成中医发展较慢,中医人才大量流失,即便在一些大型中医院,看病也以西医为主;且又将中药的开发、研制完全置于西医方法和标准之下,给中药发展带来了严重危机。院校教育也存在中医教育西化、中医思维薄弱、中医技能缺失等问题,没有按照自身的规律发展、完善。

四 新时代:守正创新、遵循中医药发展规律

党的十八大以来,以习近平同志为核心的党中央强调中医药是中华民族的瑰宝,把中医药工作摆在更加突出的位置。习近平提出:"中医药学凝聚着深邃的哲学智慧和中华民族几千年的健康养生理念及其实践经验,是中国古代科学的瑰宝,也是打开中华文明宝库的钥匙。"[1] 2015 年 12 月 18 日,他为中国中医科学院成立 60 周年致贺信:希望广大中医药工作者增强民族自信,勇攀医学高峰,深入发掘中医药宝库中的精华,充分发挥中医药的独特优势,推进中医药现代化,推动中医药走向世界,切实把中医药这一祖先留给我们的宝贵财富继承好、发展好、利用好,在建设健康中国、实现中国梦的伟大征程中谱写新的篇章。[2] 2016 年,国务院印发《中医药发展战略规划纲要》(2016~2030 年)把发展中医药上升为国家战略。2017 年 10 月,党的十九大报告提出,坚持中西医并重,传承发展中医药事业。2017 年,首部《中华人民共和国中医药法》实施,为继承和弘扬中医药,扶持和促进中医药事业发展确立了法律依据。2019 年 10 月,习近平在全国中医药大会上强调:"要遵循中医药发展规律,传承精华,守正创新,加快推进中医药现代化、产业化,坚持中西医并重,推动中医药和西医药相互补充、协调发展,推动中医药事业和产业高质量发展,推动中医药走向世界,充分发挥中医药防病治病的独特优势和作用"。[3] 10 月 20 日,中共中央国务院专门下发《关于促进中医药传承创新发展的意见》,内容包括健全中医药服务体系、发挥中医药在维护和促进人民健康中的独特作用、大力推动中药质量提升和产业高质量发展、加强中医药人才队伍建设、促进中医药传承与开放创新发展、改革完善中医药管理体制机制,明确了中医药传承创新发展的目标方向、重点任务和具体举措,是指导新时代中医药工作的纲领性文件,进一步彰显了党中央、国务院对中医药事业与中医药文化的高度重视。

---

[1] 《习近平出席皇家墨尔本理工大学中医孔子学院授牌仪式》,《人民日报》2010 年 6 月 21 日。
[2] 《习近平致中国中医科学院成立 60 周年贺信》,《人民日报》2015 年 12 月 23 日。
[3] 《传承精华 守正创新 为建设健康中国贡献力量》,《人民日报》2019 年 10 月 26 日。

新时代强调中医"守正创新",一是增强文化自觉文化自信,用"东方科学"为中医正名,破除中医药不科学、不正规、不标准的紧箍咒。"守正"要改变"以西律中"。中医被要求用西医的标准来验证,中药有效性需要按西药的方法来评价;中药西管,逼退了不少灵丹妙药;中医西化,难倒了不少能看好病的民间中医,在一定程度上导致了我国中医的传承困境。传承是中医药发展的根基,离开传承谈创新,会成为无源之水、无本之木。二是中医药传承发展要坚持中医药主体发展,遵循中医药发展规律,发挥好中医药原创优势,发挥中医药在防病治病中的独特优势和作用;要挖掘中医药宝库中的精髓内涵,传承精华,不断丰富发展中医药理论与实践,丰富现代医学内涵,提高现代医学发展水平,提高防病治病能力,创新中医药医疗保健服务模式,努力实现中医药健康养生文化的创造性转化、创新性发展。中医的现代化不需要改造我们的医和药,只是改进我们的医药方式和古老手段,让中医药与现代科技结合,如把中国人自己的经典名方,转化为品质高、疗效好的中医药,造福百姓健康。2007 年版的《中国中医古籍总目》收录的中医类古籍图书及其版本情况,记载中医典籍总数是 13455 种。中医的经典医案经典处方进行梳理输入和纳入病症检索系统,2018 年 4 月,《古代经典名方目录》(第一批)发布,收录方剂 100 首。① 《中医药珍善本古籍多媒体数据库》对 320 种中医珍善本古籍进行了数字化处理。中药的现代化已在颗粒剂上迈出了一小步,颗粒剂以物理方法煎煮浓缩,以光谱与原料药的一致性作为测试标准,依传统的处方进行调剂,大大提高中草药的利用率,方便中成药的配制。

中医是"大中医"理念,即中医是包括汉医、藏医、蒙医、维医、傣医、壮医、苗医、回医等中国各民族传统医药在内的中国传统医学,中国各民族传统医学是扎根中华优秀传统文化,在中国传统哲学思维启迪下,在相关地域原初医疗经验和用药习惯基础上激荡发蒙而产生的,植根中华文明土壤的交融互通,中医是集成创新。中医各种学派、各家学说的不断发展,汇集成一个独具中国特色的学术巨流,对现代医学的发展大有借鉴之处。2018 年,联合国教科文组织批准中国申报的"藏医药浴法"列入人类非物质文化遗产代表作名录。民间传承是中医培养人的主要形式,截至 2018 年年底,建设了 1413 个全国名老中医药专家传承工作室、851个基层名老中医药专家传承工作室、64 个中医学术流派传承工作室,② 为中医药事业传承发展奠定了坚实的基础。

中国卫生事业最为薄弱的环节就是基层和农村建设。为提升基层中医药服务能力,2016 年实施《基层中医药服务能力提升工程"十三五"行动计划》,致力社区卫生服务中心和乡镇卫生院的中医药技术服务。截至 2018 年年底,全国已有98.5% 的社区卫生服务中心、97.0% 的乡镇卫生院、87.2% 的社区卫生服务站、

---

① 《首批古代经典名方目录发布》,《人民日报》2018 年 4 月 19 日。
② 徐婧:《重教育人传承中医薪火》,《中国中医药报》2019 年 6 月 14 日。

69.0%的村卫生室能够提供中医药服务，较 2012 年分别提高了 21.9%、27.8%、31.7%、5.3%。县以下基层中医药事业迅速发展。截至 2018 年年底，我国中医药卫生人员总数达 71.5 万人，年诊疗人次约 10.7 亿；全国中医类医疗卫生机构总数达 60738 个，全国中医类医疗机构床位 123.4 万张。① 中医药学包含中华民族几千年的健康养生理念及其实践经验，是中华文明的一个瑰宝，凝聚着中国人民和中华民族的博大智慧。与健康中国理念相适应，提供医疗、预防、康复、养生等多种服务的中医馆发展，为建设"健康中国 2030"贡献力量。

中医药作为成熟的传统医药体系，不仅曾影响周边国家，还通过移民漂洋过海走向世界。中医药进入朝鲜半岛，与当地医学结合，形成东/韩医；传入日本，明治维新前称为皇汉医学，今为"汉方医学"。在元代，中医药传到马来西亚、新加坡。伴随"丝绸之路"的驼铃声，中医药进入中亚。北宋时，中医和针灸传入俄罗斯。明代郑和下西洋，最远到达东非，其中五次到达马六甲，名医匡愚随访，带去大黄等中药材。新中国初期，毛泽东肯定了对中医对世界的贡献。他说："中国如果说有东西对贡献全世界，我看中医是一项。"② 他把中医放到中国对世界的一大贡献的高度，既是肯定中医药对世界的历史性贡献，更是立足于其发扬光大，为人类做新贡献。

1951 年，苏联医师团 17 人，赴中国学习针灸 6 年。1956 年，中苏两国签署保健合作协定，3 名苏联专家到中医研究院针灸研究所考察学习针灸疗法。中国派出中医专家特别是针灸专家为外国政要，如也门国王艾哈迈德·伊本、印度尼西亚总统苏加诺等治病。1975 年，中国中医研究院举办首次国际医师针灸学习班。非政府性针灸团体国际联合组织"世界针灸学会联合会"于 1987 年 11 月 22 日成立。经国务院批准，2003 年 9 月 25 日，世界中医药学会联合会在北京正式成立。如今，中医针灸已走向世界，全世界已有 183 个国家和地区应用中医针灸防治疾病及康复保健等，并在全世界兴起了针刺疗法研究热。

中国著名的药学家屠呦呦教授领导的团队发现的青蒿素，不仅保障了中国人民健康，而且为人类健康做出伟大贡献，有效降低了疟疾患者的死亡率："屠呦呦的这一发现，缓解了亿万人的疼痛和苦恼，在 100 多个国家拯救了无数人的生命，尤其是儿童的生命。"③ 屠呦呦因此于 2011 年获得拉斯克医学奖，2015 年荣获诺贝尔生理学或医学奖。

党的十八大以来，"推进中医药产业化、现代化，让中医药走向世界"。④ 中国

———————————

① 李娜：《壮丽 70 年·党领导中医药发展历程：让中医药常青树扎根基层》，http：//www.satcm.gov.cn/xinxifabu/meitibaodao/2019－09－02/10745.html。

② 《毛泽东年谱（一九四九——一九七六）》第 2 卷，中央文献出版社，2013，第 205 页。

③ 《屠呦呦昨领"美国诺奖"》，《东南商报》2011 年 9 月 25 日。

④ 《习近平在广东考察时强调 高举新时代改革开放旗帜 把改革开放不断推向深入》，中国日报网，http：//www.chinadaily.com.cn/interface/360/1143901/2018－10－26/cd_37139401.html。

传统医药是优秀传统文化的重要载体，在促进文明互鉴、维护人民健康等方面发挥着重要作用。2016 年，国家中医药管理局、国家发展改革委印发《中医药"一带一路"发展规划（2016—2020 年）》。中国向亚非拉近 70 个国家派遣的援外医疗队，几乎每个医疗队中都有中医药医务人员，约占医务人员总数的 10%。中医药以其在疾病预防、治疗、康复等方面的独特优势受到许多国家民众广泛认可。"深化卫生健康领域交流合作，推进各方传统医药互学互鉴，携手应对公共卫生挑战，为保障人民健康作出贡献"① 成为时代要求。国家促进中西医结合及中医药在海外发展，推动更多中国生产的医药产品进入国际市场。

据不完全统计，中医药已传播到 183 个国家和地区，中医药服务已扩大到 140 多个国家，103 个世界卫生组织会员国认可使用针灸；中国已与 40 余个外国政府、地区主管机构签订了专门的中医药合作协议。有 30 多个国家和地区开办了数百所中医药院校，培养本土化中医药人才。中医药海外中心和国内基地合作国家达 88 个，累计服务外宾约 13.4 万人次，其中外籍患者约 12 万人次。② 以中医药为代表的传统医学 2018 年首次纳入世界卫生组织国际疾病分类代码（ICD – 11），国际标准化组织成立中医药技术委员会（ISO/TC249），已颁布 29 项、正在制定 46 项中医药国际标准；不少国家立法认可中医的合法地位，澳大利亚第一个为中医全面立法，18 个国家在医疗保险体系中纳入针灸；在俄罗斯、古巴、越南、新加坡和阿联酋等国，中药已成功以药品形式注册。③ 中医药不仅是中华民族的宝贵财富，更是维护世界人民健康的重要力量。中医药在流感、埃博拉、出血热等传染病的防控中发挥了作用。三氧化二砷治疗白血病的突破均源于中医药，中医药治疗慢性病、病毒性疾病、代谢性疾病等，都彰显了创新的优势。

2020 年初，新冠肺炎疫情在湖北暴发，习近平总书记强调，坚持中西医并重，组织优势医疗力量，在降低感染率和病亡率上拿出更多有效治疗方案。4900 余名从全国各地调集而来的中医药人驰援湖北，约占援鄂医护人员总数的 13%。1 月 27 日，中医药介入治疗。2 月 6 日，国家卫健委、国家中医药管理局联合发文向全国推荐使用清肺排毒汤。2 月 13 日，中央应对新冠肺炎疫情工作，要求强化中西医结合，促进中医药深度介入诊疗全过程，及时推广有效方药和中成药。截至 4 月中旬，在全国新冠肺炎确诊病例中，有 74187 人使用了中医药，占 91.5%，其中湖北省有 61449 人使用了中医药，占 90.6%。临床疗效观察显示，中医药总有效率在 90% 以上，能够有效缓解症状，减少轻型、普通型向重型发展，能够提高治愈率、降低病亡率，促进恢复期人群机体康复。④ 在一线担任中央指导组组长的孙春兰副

---

① 《习近平致信祝贺金砖国家卫生部长会暨传统医药高级别会议召开》，《人民日报》2017 年 7 月 7 日。

② 方碧陶：《坚实脚步踏出中医药国际化之路》，《中国医药报》2019 年 8 月 30 日。

③ 《2018 年我国卫生健康事业发展统计公报》，http：//www. nhc. gov. cn/guihuaxxs/s10748/201905/9b8d52727cf346049de8acce25ffcbd0. shtml？tdsourcetag = s_ pcqq_ aiomsg。

④ 《专访张伯礼：中医药参与武汉抗疫将被载入史册》，《中国中医药报》2020 年 4 月 18 日。

总理在总结疫情防控工作时指出："中医药是这次疫情防控的一大特色和亮点。在没有特效药和疫苗的情况下，注重发挥中医药治未病、辨证施治、多靶点干预的独特优势，首次大范围有组织实施早期干预，首次全面管理一个医院，首次整建制接管病区，首次中西医全程联合巡诊和查房，首次在重型、危重型患者救治中深度介入，探索形成了以中医药为特色、中西医结合救治患者的系统方案，成为中医药传承创新的一次生动实践。"①

在世界抗击新冠肺炎疫情的时候，中国政府派出的援外医疗队中大都有中医师参加，中国有关组织和机构向伊朗、泰国、法国、俄罗斯等十多个国家和港澳地区等捐赠了中成药、中药饮片、针灸针等药品和器械。张伯礼和全小林院士等专家也和法国、菲律宾、意大利、韩国、日本、澳大利亚、美国等十多个国家医务工作者分享中医药经验，提供中医验方等。3月26日，世界中联组织的中医药参与全球抗疫支持行动向国际分享了"中西医结合救治新冠肺炎——中国方案的亮点"，全程共计64个国家地区数十万人参与。由中国中医科学院、北京中医药大学、江西中医药大学、清华大学长庚医院知名专家组成研究团队发布了《面向国际的中西医结合防治新型冠状病毒传染病（COVID-19）诊疗建议方案（1.0）》。国际社会高度评价，"中西医结合的方式是抗击疫情的重要方案，正为全球抗疫作出贡献"。②

五　启示

百年来，中国共产党始终重视保护、传承和发展传统中医药，把推动中医药事业发展作为社会主义事业的重要组成部分，推动中医药事业发展，有如下启示。

一是为保障人民群众生命安全和身体健康服务。毛泽东关注中医药、重视中医药，是为人民防病、治病服务，不是为少数人服务，而是要为广大人民群众服务。1965年6月26日，毛泽东同身边医务人员谈话，认为医生放到农村去，要像华佗、李时珍那样在实践中提高医疗本领，为广大农民服务。新时代面向基层增强中医药人才供给，提高中医药服务能力，在疫情防控中，把人民群众的生命安全和身体健康放在第一位，都坚持人民利益至上原则。二是坚持中西医各有长处与优点，中西医优势互补、融合发展。中国共产党坚持辩证法，既高度重视保护、传承中医药这个祖国医学遗产，扭转了近代以来中医受歧视的命运，又反对传统中医是"完美无缺"的观点，而是主张用科学方法把它整理起来，创造中国新医学。毛泽东认为中医和西医可以相互促进，"掌握中医中药，必须要有西医参加，也要吸收有经验的

---

① 孙春兰：《深入贯彻习近平总书记重要指示精神 全面加强疫情防控第一线工作指导督导》，《求是》2020年第7期。

② 转引自孙春兰《深入贯彻习近平总书记重要指示精神 全面加强疫情防控第一线工作指导督导》，《求是》2020年第7期。

中医，靠单方面是不够的，单有西医没有中医不行，有中医没有西医也不行。"①
他倡导中医要进大医院，要进医科大学，还要出国。他既肯定中医学习一点西医是
好的，又提出西医要跟中医学习，具备两套本领，以便中西医结合，有统一的中国
新医学、新药学。三是对中医文化充满自信与自觉，坚信传承精华、守正创新的中
医药能够为世界医学发展和人类健康做出更大贡献。中医讲究"中正平和"、生命
是天地之气达到和谐状态的中医文化，用"中"的概念来调整人体各种的不平衡、
不中正、不平和，是中医最核心的价值观、思维方式。所以，中医"治未病"，让
人能够保持身心的健康。"中正平和"是一种生命的动态平衡状态，这就是梁漱溟
先生所认为的，中西医学的观念来源于中西方不同的哲学本体论，中西医看待人体
生命的"根本观念"不同，西医是身体观，中医是生命观。中国共产党始终以高度
的文化自觉推动建设中国特色的健康和医药体系，发挥中医药的特长，护卫人民的
健康安全。建设健康中国，中医药特征适应由"治病"向"健康"理念转型的时
代要求。"安全、有效、廉价"的中医药不仅有助于提升人们的健康水平、最大限
度地减少医源药源性疾病，而且还能大幅度节约医药费用，对健康中国、健康世界
也将发挥独特作用。

Chinese Communist Party and 100 Years' Heritage and Innovation of Traditional Chinese Medicine

OUYANG Xuemei

Abstract：Traditional Chinese medicine is a great creation of the Chinese nation and an important part of China's excellent traditional culture. It has made great contributions to the prosperity of the Chinese nation and has had a positive impact on the progress of world civilization. For 100 years, Chinese Communist Party has always regarded the protection, inheritance and development of traditional Chinese medicine as an important part of socialism, perseveres in advancing Chinese medicine with the times to serve the people's lives and health; adheres to dialectics by giving equal importance to Chinese and Western medicine and promoting the complementary and integrated development of them; is confident and conscious in Chinese medicine culture, and promotes traditional Chinese medicine to contribute to the development of world medicine and human health through inheriting the essence and keeping innovation.

Keywords：Chinese Communist Party；Chinese Medicine；Traditional Culture

---

① 《毛泽东年谱（一九四九——一九七六）》第 2 卷，中央文献出版社，2013，第 258 页。

马克思主义文化研究　2020 年第 2 期　总第 6 期
第 51 ~ 66 页

共产党人的民生幸福观综论

谢元态　李冬莲*

【摘　要】深入研究中国共产党人民生幸福观的"文化基因"和"文化内核",要同时融通马克思主义、中华优秀传统文化和国外哲学社会科学的三大资源。建设中国特色社会主义的民生幸福,既要继承并发展马克思主义的"幸福观",也要吸取历代先贤"幸福观"的精华。与资产阶级幸福观文化内核——"我占之"不同,马克思主义幸福观文化内核是"我为之"。马克思主义揭示了人类最崇高的民生幸福观:"为共产主义而奋斗",成为国际共产主义者共同的民生幸福观。"为人民服务"是中国共产党人民生幸福观的集中体现。"坚持以人民为中心"成为新时代"为人民服务"幸福观的升级版。新时代的民生幸福观,具有从人口素质、经济、政治、社会、文化、国际多维度的内涵。相应地,构建民生幸福评价指标体系也应该从六个维度展开。

【关键词】民生幸福;文化基因;共产党人;为人民服务;以人民为中心

　　进入新时代,习近平对于人文社会科学的研究要求达到全新的高度,特别强调要融入"最基本的文化基因",即要同时融通三种重要的资源:一是马克思主义的资源,二是中华优秀传统文化的资源,三是国外哲学社会科学的资源。研究中国共产党人的民生幸福观,同样需要深入研究民生幸福观的"文化基因"和"文化内核",需要阐述从马克思主义"我为之"的幸福观,到中国共产党人"为人民服务"幸福观,再到"以人民为中心"幸福观的升华过程,需要多维度解读其主要内涵,以期对共产党人的民生幸福观研究提供有价值的参考。

---

　　* 谢元态,江西农业大学经济学教授,主要研究方向为《资本论》与转型经济;李冬莲,江西农业大学 2019 级政治经济学专业硕士研究生。

一　文化基因：中西方"幸福"与"幸福观"的文化差异

（一）中国文化基因"幸福"与"幸福观"的文化渊源

在《说文解字》中，"幸福"的本义是受到他人的"护佑"。"幸""吉而免凶也"。师古曰："幸者，可慶倖也。故福善之事皆称为幸"；"福""祐也"。① 在《辞海》中，"幸福"被解释为"在生活过程中内心的需要得到实现和满足时较长时间都存在的快乐感受。"因而，有幸福感的人，必然会获得满足感。但每个人的幸福感都可能会随着心态、身体、生活、环境的变化而变化。

传说尧舜时期，皋陶作为尧帝的高参，向尧帝建言治国安邦的方略说，要管理好国家，只有"在知人，在安民"。② 儒家孔子认为主观上"乐"即幸福，"不患寡"和"不患贫"，而"患不均"和"患不安"，主张"悦"在内心，"乐"则见于外，重在"反省内求"。《礼记》中"生有所依、少有所教、老有所养、人人平等、亲如兄弟"，③ 其中包含"互助性"与"共生性"成分，因而是"大同"的幸福观。道家庄子认为幸福是"天福"，主张顺其自然、"安时而处顺"，蕴含"天人合一"思想。佛家慧能认为"人有七苦……此世间，众生皆苦，"④ 因而，人生只有历经了生死轮回而达到涅槃后，才有可能实现真正的幸福。以墨翟为主要代表人物的墨家学派认为幸福是建立在"爱人"基础之上的，当人与人之间有着平等且互动互利的爱时，就是幸福。管子的幸福观非常唯物实在，《管子·禁藏》中说，"夫民之所生，衣与食也"。宋朝陈敷在《农书·卷六》中说"勤劳乃逸乐之基也"，认为幸福是来自勤奋的劳动。孙中山认为，"民生"是三民主义的核心，其重中之重就是要平均和节制，土地权利平均，则能打破富贵贫贱的阶级观，资本节约，则能增加财富，只有二者兼顾，才能完全平等且幸福。特别值得称道的是，我国学者对"幸福"的理解逐渐地从个人角度上升到了社会角度的平等、大同和"天人合一"，这是超越"人道"的对"天道"的领悟。

综上，虽然朝代不断变换，但是中华民族历代学者、名人都偏重"格物"的"幸福观"，其主要的含义依然是围绕百姓生活的基本物质条件为中心而发展的，"幸福"首先是能够安居乐业，同时百姓拥有"生养之具"。

（二）西方文化基因：理性与感性的"幸福"与"幸福观"

亚里士多德认为，幸福是人在理智的思辨活动中所感受到的持久且神圣的自足

---

① ［汉］许慎：《说文解字》，中华书局，1963，第7页。
② 江灏、钱宗武：《今古文尚书全译》，贵州人民出版社，2009，第3页。
③ 戴圣：《礼记》，贾太宏译，西苑出版社，2016，第4页。
④ 周怡：《社会主义和谐社会视角下的幸福指数研究》，硕士学位论文，南昌大学，2008。

感。① 可见，对于理性主义者而言，幸福是至高的善，是符合德性的正义及其现实活动。边沁、爱尔维修、阿里斯底波、伊壁鸠鲁持感性主义幸福观，伊壁鸠鲁的幸福观最有代表性。他认为"幸福"主要是一种感觉，"如果抽掉了嗜好的快乐，抽掉了爱情的快乐以及听觉与视觉的快乐，我就不知道我还怎么能够想象善"。② 可见，对于感性主义而言，肉体和感官方面所获得的享受是幸福的唯一来源，个体幸福与否则主要体现在自己感觉活得是否开心、过得是否快乐。布伦诺·S.弗雷和阿洛伊斯·斯塔特勒进一步把"幸福"理解为"人类福祉"，认为个体是否幸福则表现在收入水平、健康状况等"福祉"方面。③

与他们不同，马克思、恩格斯在《共产党宣言》中提出了"人的全面自由发展"思想，这是"向社会的（即人的）人的复归"的幸福观，是对所谓"理性"与"感性"幸福、"主观幸福"与"客观幸福"的超越，是人类最高境界的幸福观。

综上，我国的历代先贤都比较偏重于"格物"的"幸福观"。西方学者则从所谓"理性"与"感性"的角度理解"幸福"，认为"幸福"是一种感受——是人们对某个目标得到实现时的愉悦、快乐的感受。人们对幸福的追求大多数重精神层面而非物质层面，都被认为是对某种需要得到满足时内心所获得的快乐之感。马克思主义的"幸福观"是彻底的唯物主义幸福观，使"幸福观"真正达到了科学的高度。马克思从"人学"的角度去理解幸福。"人的再发现"从真正意义上体现了以人民为中心、以人民为主体的"幸福"，在人类思想史上具有重大的意义。现时代，我们建设中国特色社会主义的民生幸福，既要继承并发展马克思的"幸福观"，也要汲取历代先贤"幸福观"的精华。

二 "文化内核"：不同幸福观之本质差异及其典型案例分析

（一）"文化内核"及"我为之""我占之"释义

不同的世界观和人生观会固化成不同的信仰，并逐步沉淀为不同的文化。在个性化信仰和文化主导下，幸福观也因人而异。需要强调的是，不同的人和群体、党派、政权组织，会有不同的幸福观，这种幸福观必然会"羽化"成为一种特定的幸福文化。

不同的人和群体、党派、政权组织，会有的不同的幸福观及其特定的幸福文化。就全社会而言，虽然幸福文化的内容可能是极其丰富多彩的，但是我们可以把

---

① 〔古希腊〕亚里士多德：《尼各马科伦理学》，邓安庆译，中国人民大学出版社，2003，第10～13页。
② 周辅成编《西方伦理学名著选辑》，商务印书馆，1987，第309、239、556页。
③ 〔瑞士〕布伦诺·S.弗雷、阿洛伊斯·斯塔特勒：《幸福与经济学——经济和制度对人类福祉的影响》，静也译，北京大学出版社，2006，第4～7页。

幸福文化抽象出"文化内核"截然不同的两种类型：一种是马克思主义以"我为之"为"文化内核"的幸福观，另一种是资产阶级以"我占之"为"文化内核"的幸福观。

马克思主义幸福观的"文化内核"是"我为之"，即"我"是将"为他人"创造幸福视为自己的幸福，并且因通过自己的奋斗而使他人或集体或社会或民族或人类获得幸福而为自身的幸福。这种具备"我为之"内核的幸福观是神圣的、伟大的，是非常值得尊敬的。

资产阶级幸福观的"文化内核"是"我占之"，即"我"是以"占有"权力或地位或金钱或荣誉作为自己的幸福。这是人格完全扭曲了的可耻的"幸福观"。

（二）"我为之"幸福观与"我占之"幸福观的本质差异

1. 古今中外，"我为之"是人类最优秀分子的人生幸福观

中国古代的最优秀分子认为，"我"之"福"是因"庇祐"他人而得到。如墨子认为"幸福"要建立在"爱人"的基础之上，当你懂得如何"爱人"，并且无论何时何处都能够以"爱人"作为行事准则，便是幸福。可见，在中国传统道德伦理中，最优秀的幸福观都是通过"我为之"使他人幸福，以他人幸福为幸福，是一种崇高的幸福观。马克思主义为人类解放而奋斗、中国传统追求"天下大同"、中国共产党人"为人民服务"和"以人民为中心"，都是"我为之"的最崇高的幸福观。

2. 有阶级以来，"我占之"是人格扭曲和异化了的人生幸福观

古今中外，自有阶级及阶级剥削以来，以"我占之"为幸福的观念被不少人所崇尚。尤其在进入资本主义社会以来，在"商品（货币、资本）拜物教"的经济社会环境中，在片面理解"经济人""利己心"的观念熏陶下，追逐个人利益最大化被认为"天经地义"，甚至不择手段唯利是图也被认为"可以理解"。于是，越来越多的人以占有（拥有）权力与地位、金钱与财富、声誉甚至虚荣为幸福。这是典型的资产阶级以"我占之"为"文化内核"的幸福观。这种"我占之"的幸福观一旦占统治地位，人的灵魂便充满铜臭，"人"的本质便彻底"异化"了。同理，一个组织、一个政党一旦被"我占之"的幸福观所统治，便会失去"人心"、失去群众，便会走向反动和堕落。

（三）典型案例：国民党幸福观从"我为之"向"我占之"的蜕变

中国革命的先行者孙中山先生具有强烈的"我为之"意识，起初选择当医师以治病救人，后来意识到只有唤醒同胞们的自尊，唤醒他们的精神，打击封建腐朽的统治者，这样才能拯救，让人民脱离苦海。他毕生都在为唤醒同胞而奋斗。20世纪初，孙中山投身革命，广泛宣传"天下大同"思想，希望"天下为公"，倡导人人平等，每个人都能主动愿意为同胞的幸福生活而努力劳动。孙中山先生提出资产阶级革命派政党国民党"我为之"的三民主义——民族主义、民权主义和民生主义，其本义是确定了国民党的宗旨就是要致力于建设一个"国富民强、人尽其才、物尽其用、公平平等"的社会状态。换言之，孙中山先生描绘了"我"（国民党）要为民族谋发展，为人民谋权利、为民生谋幸福的"我为之"的美好愿景。

但是，在孙中山先生去世后，蒋介石逐步篡取党政军大权，孙中山先生"我为之"的幸福愿景随之毁灭，国民党由一个"我为之"的资产阶级革命派政党，完全蜕变成为一个"我占之"的封建专制权和资产阶级统治权的混合体，蜕变成一个"我占之"的反动政党。蒋介石凭借其把持的政权进行法西斯独裁，以"我占之"作为幸福的"标准"。对外充当着帝国主义的爪牙，对内发动反革命政变。抗战取得胜利后，蒋介石忽视群众福祉，倚仗有美援作后盾，再次挑起内战，置中华民族于水深火热之中，彻底暴露了他反人民和反革命的丑恶嘴脸。

蒋家王朝将"民权"蜕变成为专制的工具和手段，"民生"成为亿万国人的"民不聊生"。从幸福观角度看，以蒋介石为代表的国民党是以"我占之"为其幸福文化"内核"的，是资产阶级追崇的极端价值观。而"权"与"利"对"我占之"的满足，只是"拜物教主义"魔化快感。历史也已证明，国民党在"我占之"观念支配下，失去"人心"，失去群众，走向反动和堕落，最终被人民所唾弃。

三 "我为之"：马克思主义民生幸福观的"文化内核"

（一）马克思主义揭示了人类最崇高的民生幸福观

马克思主义幸福观的"文化内核"是"我为之"——为全人类解放而奋斗终生。马克思在中学毕业论文中就指出："如果我们选择了最能为人类而工作的职业，那么，重担就不能把我们压倒，因为这是为大家作出的牺牲；那时我们所享受的就不是可怜的、有限的、自私的乐趣，我们的幸福将属于千百万人。"① 马克思主义不仅是科学的社会发展理论，而且还包括了非常系统而深刻的"人学"理论，社会发展理论与"人学"理论相互补充，构成极为庞大的理论体系——为全人类求解放的理论体系。全人类获得解放，就是每个人能得到"全面自由发展"——既摆脱了对"物"的依赖性，也摆脱了对"人"的依赖性，人人都拥有时间、空间、个性和精神的充分自由，人人都能获得"全面"的发展。这就是人类最高理想的"自由人联合体"——无压迫、无剥削、人人平等自由的幸福社会，这就是马克思主义为世人所揭示的最崇高的幸福观。

（二）"为共产主义而奋斗"成为国际共产主义者共同的民生幸福观

《国际歌》唱道："要创造人类的幸福，全靠我们自己！""这是最后的斗争，

---

① 《马克思恩格斯全集》第1卷，人民出版社，1995，第459页。

团结起来到明天，英特纳雄耐尔就一定要实现。"①《国际歌》蕴含的民生幸福观，是属于无产阶级奋斗不息的幸福观，是追求共产主义社会人人平等的人类共同理想的幸福观。在共产主义旗帜和《国际歌》的感召下，无论是在革命战争年代，还是在和平建设时期，都有许多国际共产主义战士值得我们敬仰。

白求恩大夫"把中国人民的解放事业当作自己的事业"。② 奥地利医生理查德·傅莱被称为"活着的白求恩"，他为中国人民默默耕耘了65个春秋，是中国研制使用初制青霉素的第一人，是开创中国医学信息现代化工程的功臣。德国白衣战士汉斯·米勒博士在中国工作长达55年，他到延安后立志"要像白求恩一样，为中国人民的抗战贡献一切"。后来他研制出我国第一套乙肝检测试剂盒和疫苗。

"切格瓦拉是一位阿根廷人，信仰的是马克思的共产主义，一生都在为了自己的信仰而努力奋斗。"（周恩来语）为古巴和拉丁美洲第三世界的解放斗争做出了杰出的贡献。苏联格里戈里·库里申科，率一支"达沙式"轰炸机队伍来帮助中国进行抗日。朝鲜共产党创始人之一的李铁夫，后来成为中共党员，在恶劣环境下从事党的工作，组织揭露日本侵略者妄图消灭中国的阴谋。印尼共产党员艾地五次访华，1965年10月在苏哈托掀起的大屠杀中不幸遇难，毛主席写下《卜算子·悼国际共产主义战士艾地同志》。

在抗美援朝战场上，被美军汽油弹击中而牺牲的毛岸英，为救落水儿童崔莹而牺牲的罗盛教，舍身堵枪眼的"特级战斗英雄"黄继光等，都是伟大的国际共产主义战士，他们的民生幸福观是中国乃至全人类民生幸福观的楷模。

四　"为人民服务"：中国共产党人民生幸福观的集中体现

"为人民服务"由毛泽东于1939年2月首次提出，此后便成为中国共产党人的行动指南，并被确定为党的宗旨。无论是战争年代还是和平时期，中国共产党始终坚守为人民谋幸福的初心和使命，既有非常丰富的论述，又有感人至深的身体力行。

（一）"为人民服务"是中国共产党人的初心

毛泽东等老一辈革命家将我国传统文化精神和马克思主义"解放全人类"的社会理想和"人的全面自由发展"的人文理想相结合，凝聚和升华成为完整的价值体系、理论体系及相关方法，他强调，"全心全意地为人民服务，一刻也不脱离群众；一切从人民的利益出发，而不是从个人或小集团的利益出发；向人民负责和向党的

---

① 《国际歌》，作词：欧仁·鲍狄埃，作曲：皮埃尔·狄盖特，翻译：萧三。
② 《毛泽东选集》第2卷，人民出版社，1991，第659页。

领导机关负责的一致性；这些就是我们的出发点"。① 习近平对新时代"为人民服务"做出了新的解读，提出了新的要求："为中国人民谋幸福，是中国共产党人的初心和使命"② "全心全意为人民服务"是中国共产党的宗旨，其理论基础是"人民是历史的创造者"，是"上帝"。习近平强调："不忘初心，方得始终。中国共产党人的初心和使命，就是为中国人民谋幸福，为中华民族谋复兴。这个初心和使命是激励中国共产党人不断前进的根本动力。全党同志一定要永远与人民同呼吸、共命运、心连心，永远把人民对美好生活的向往作为奋斗目标。"③

（二）"为人民服务"是中国共产党人的天职

在我国不同时期，中国共产党的领导者对于"幸福观"都有精辟的论断。在新中国成立初期，根据当时的基本国情，认为民生的主要内容就是所有群众的实际生活问题，其含义就在于群众的生产和生活都能够顺利进行下去，像盐、米、房子和衣物以及生小孩等这些基本的生活所需都没有问题。

周恩来是"人民勤务员"的典范，他说"我们的一切工作都是为了人民的"。④邓小平提出的"三个有利于"，使为人民谋利益成为衡量改革开放利弊得失的根本标准，建设中国特色社会主义的民生重点在于"民富"。江泽民根据当时的主要矛盾，强调民生的关键就是要千方百计地解决人民的就业和工作问题。胡锦涛认为民生重在科学发展，要贯穿"以人为本"理念，保障群众的受教育权，解决好群众就业、医疗和住房等问题。"我将无我，不负人民"，习近平以极高境界表达了中国共产党人的天职。"无我"是一种无私的"忘我"，夙夜在公、忘我治国理政，无私地服务于人民；"无我"是一种无畏的"舍我"，是无愧的"真我"。为人民服务不能只是嘴上喊喊口号，而是真心实意地为人民办事，为人民谋利益和幸福，以"大我"替代"小我""自我"，将人民放入心中，将创造人民幸福作为工作重中之重，真正做到"权为民所用，情为民所系，利为民所谋，事为民所为"。

（三）"为人民服务"是中国共产党人的幸福观

"为人民服务"在更高层次上充分体现了中华民族对施"福"于人才是"幸"，即"福善之事皆称为幸"。"为共产主义奋斗终身，随时准备为党和人民牺牲一切"，⑤ 这是中国共产党人极高境界的"幸福观"，并成为每一位党员身体力行的现实行为准则。毛泽东带领民众历经磨难求解放、谋幸福，为中国革命失去了六位亲

---

① 《毛泽东选集》第3卷，人民出版社，1991，第1094~1095页。

② 习近平：《在庆祝改革开放40周年大会上的讲话》，人民出版社，2018，第24页。

③ 习近平：《决胜全面建成小康社会 夺取新时代中国特色社会主义伟大胜利——在中国共产党第十九次全国代表大会上的报告》，人民出版社，2017，第1页。

④ 《周恩来选集》下卷，人民出版社，1984，第142页。

⑤ 《十二大以来重要文献选编》（上），人民出版社，1986，第71页。

人。他对人民群众无限忠诚，为了人民群众的彻底解放与幸福安康奉献了毕生精力。他生活简朴，心中却装着所有的百姓，"为人民服务"是毛泽东一生的追求和真实的写照。周恩来把党的宗旨化为自己的灵魂，用无悔无怨的具体行动奉献人民。他参与党的最高领导层工作时间长达49年，勤勤恳恳，任劳任怨，淡泊名利，"鞠躬尽瘁，死而后已"。他晚年在胸前一直佩戴一枚"为人民服务"的徽章，把"服役"精神上升为"全心全意为人民服务"的境界，是人民勤务员的光辉典范。方志敏"为人民服务"的信仰足以战胜敌人。只要是为了人民，哪怕是利刃断颈，哪怕是流血牺牲，也毫不畏惧，也心甘情愿。邓小平指出，"我们党是依靠劳动人民，替劳动人民谋幸福的。"江泽民、胡锦涛、习近平等党的领导人与人民同呼吸、共命运、心连心，持续关注最基层人民群众，倾听民众心声，他们都把"全心全意为人民服务"作为自己终身追求的幸福目标。

（四）中国共产党人践行"为人民服务""我为之"民生幸福观

1. 在战火纷飞的峥嵘岁月里，许多革命者践行"我为之"的幸福观

国民党发动"四·一二"和"七·一五"反革命政变的血腥大屠杀后，秋收起义和南昌起义的战火纷飞，井冈山革命根据地的星火燎原，二万五千里长征英雄史诗的惊天动地，抗日人民战争的汪洋大海，解放战争百万雄师的摧枯拉朽……无数的革命先烈"起来！不愿做奴隶的人们！"为中华民族的解放而英勇奋斗。

为了共产主义理想，为了人民的解放，中国人民前赴后继，万众一心，铸就我们伟大民族，接续中华灿烂文明。共和国领袖毛泽东的家庭率先垂范，六亲殉国，满门忠烈，有多少次的肝肠寸断化作倾盆泪雨。我们永远不会忘记，我党早期领导人李大钊铁肩担道义、瞿秋白微笑面对死亡和方志敏的《可爱的中国》、夏明翰写下的生命绝唱、龙潭三杰中的胡底和钱壮飞、战死在林海雪原的杨靖宇、新四军的大将彭雪枫，还有很多在敌后工作的先人。我们永远不会忘记，李白烈士那永不消失的电波、江竹筠在"渣滓洞"惨遭手指夹竹棍毒刑的坚贞不屈、15岁刘胡兰"生的伟大，死的光荣"、舍身炸碉堡的董存瑞、朝鲜战场上牺牲的毛岸英、堵枪眼壮烈牺牲的黄继光……他们都是中华民族的精英，是中国共产党践行"为人民服务"幸福观的杰出代表。

2. 在中华民族崛起的征途中，许多劳动者践行"为人民服务"的幸福观

在为中华民族崛起的科技战线，两弹一星功勋科学家钱学森、两弹元勋邓稼先、氢弹之父于敏、毕生奉献于核潜艇事业的黄旭华、月球探测工程总设计师孙家栋、太空公民杨利伟，还有陈景润、袁隆平等许多科学家，鞠躬尽瘁一辈子，有的隐姓埋名几十年，他们"活着的目的就是为人民服务"（钱学森语）和民族的振兴。

在经济建设的平凡岗位上，如我们时刻感受到"县委书记的榜样""人民的公仆"焦裕禄紧贴在群众脉搏上的心跳，目睹到孔繁森跋涉在雪域高原的脚步，领略到"全国优秀人民警察"任长霞深入虎穴、智斗歹徒的机警。又如退休的地委书记杨善洲把花了20多年心血种植起来的价值3亿多元的林场无偿捐给了国家，累立战功的李延年和张富清转业后仍然艰苦奋斗，将华西村建设成为"天下第一村"吴仁宝，将南街村建设成为"共产主义小社区"的王宏斌，农村妇女的杰出代表申纪兰，他们一生都在践行"为人民服务"的幸福观。

五 "以人民为中心"：从幸福观到民生幸福观的升华

在中国革命和经济建设初期，中国共产党人的幸福观主要针对百姓翻身解放、工作、生活与平等，是接地气的、大众化的偏重于"格物"的幸福观。进入新时代后，由于国内主要矛盾发生变化，为人民服务的内容、范围都有所变化，民生和幸福的重点也随之有所变化，"坚持以人民为中心"成为新时代"为人民服务"幸福观的升级版。

（一）"以人民为中心"民生幸福观的基本概念与深刻意蕴

1. "以人民为中心"民生幸福观的基本概念

"以人民为中心"的民生幸福观，以马克思主义幸福观为基础，继承和丰富发展"为人民服务"幸福观思想，强调以"人民为中心"、物质富裕与精神富有相统一的民生幸福观；是既有经济发展、人民富裕，也有制度保障、民主平等的幸福观；是既有发达的文化事业，也有社会公平正义、共同富裕的幸福观；是具有深邃文化基因特色的"天下大同"民生幸福观，是马克思主义中国化的"人的全面自由发展""人类命运共同体"最高理想境界的民生幸福观。

2. "以人民为中心"民生幸福观的深刻意蕴

实现对中西方幸福观传统基因的吸取与超越。"以人民为中心"民生幸福观是对传统"幸福观"的超越，充分吸取了中西方传统文化基因中对个体和群体"我为之"的幸福观，既超越西方当代学者的"主观幸福"和"客观幸福"的幸福观，也超越中国古代学者的"格物"的幸福观，特别是对中国传统文化中的最有价值的核心价值观——仁义礼智信、德与道、天人合一、世界大同等思想在现时代的发扬光大，因而是融合中西方文化基因"传统的创造性转化"的民生幸福观。

体现对"为人民服务"幸福观的继承和发展。"以人民为中心"民生幸福观，作为中国特色社会主义的基本方略，进一步丰富和发展了"为人民服务"幸福观的科学内涵。"以人民为中心"强调不忘初心、牢记使命，在坚持党和国家及其工作人员要继续以"为人民服务"为宗旨的基础上，人民主体地位和中心地位更加突出，为人民谋利益的要求更高更具体，复兴民族大业的目标更直接更明确，作为党的执政理念的意味更强。

体现对《共产党宣言》核心命题的遵循和实践。《共产党宣言》是国际共产主义的宣言书，其核心命题是号召全世界无产者联合起来，为全人类的解放和建立理想的共产主义社会而奋斗。"以人民为中心"民生幸福观，是"人的全面自由发展""我为之"的民生幸福观，是发挥公有制为主体的社会主义制度优势的民生幸福观，同时还是超越国界的"人类命运共同体"的民生幸福观，因而是当代马克思主义最高境界的国际主义民生幸福观。

（二）"以人民为中心"：大难见大爱的民生幸福观光耀世界

中华民族每当处于大灾大难的危急关头，如 1998 年长江特大洪水、2003 年初非典疫情和此后多次大地震等自然灾害来临，亿万人民都能团结一心共克时艰，许多人为了人民生命财产安全挺身而出，视死如归，冲锋在前。又如每次中国侨胞在国外遇到骚乱、战乱、地震等危难，中国政府都是以最快的速度通过海、陆、空甚至动用军事力量撤侨，充分体现中国共产党"以人民为中心"的执政理念，令世人为之惊羡和赞叹。

在 2020 年上半年新冠肺炎疫情阻击战中，涌现了许多舍生忘死的感人事迹。广大医护人员和人民解放军不讲条件、不计报酬、不畏生死、主动请战、冲锋在前，"我是医生，我有责任去救死扶伤""我是党员，我先上！"在党的领导下，全国人民众志成城，凝聚起全民族的力量，弘扬新时代的斗争精神，涌现了许多舍己为人的感人事迹。这次抗击疫情的实践闪耀着"以人民为中心"民生幸福观的熠熠光辉。一方面，所有的医疗保障举措、联防联控机制和生活保障措施，都充分体现了党和政府"人民至上"的立场和理念；另一方面，充分发挥人民群众并高度严密地组织群众参与疫情防控，形成了强大的"内生动力"，深刻印证了毛泽东的名言"人民是真正的英雄"。这次抗击疫情的实践，党中央"以人民为中心"的集中高效决策，全国统一行动展现的中国速度、中国规模、中国效率为世界所罕见，闪耀着新时代民生幸福观的熠熠光辉，赢得了世人的高度赞赏。中华民族自古具有"一方有难、八方支援"的人间大义观。逆行而上的广大的医护人员、人民子弟兵、最基层干部和志愿者就是这次疫情中最勇敢的人！这次抗击疫情的实践，堪称是一部"共产党员的示范引领""雷锋一样的利他主义""群众路线""社会化大协作"等汇聚成的协奏曲。党的统一领导、党的基层组织和群众路线、党领导的人民军队、医务工作者救死扶伤的白求恩精神，这些中国的制度优势是我们这次能够较快控制疫情的重要因素，而这些因素，都体现着"以人民为中心"的幸福观底色。

六　内涵揭示：民生幸福观的多维解读

过去人们最大的幸福莫过于吃饱穿暖、有遮风挡雨之处，随着时代的发展，生活在中国特色社会主义社会的人们对幸福的要求也不断提高，从满足基本的生活需要发展到对经济、政治和文化等各方面的需要。就个体而言，童年时以有好吃好穿、有家庭之爱为幸福；成人后以有理想的工作、有足够经济实力为幸福；年老后便改变为以身体健康、老有所养为幸福。新中国成立前我国公民以没有战乱、安居乐业为幸福；现在多数国民的幸福，是有房有车、孩子能接受好的教育、能呼吸新鲜空气。党中央提出新时代的"民生幸福观"，是从个人幸福上升到集体幸福的全民幸福，是奋力缩小贫富差距的公平幸福，是全社会乃至"天下大同"的幸福，具有人口素质、经济、政治、社会、文化、国际多维度的内涵。

（一）人口素质维度的民生幸福观：德智体美劳"全面自由"发展

1. 人口素质维度的民生幸福观体现在德智体美劳"全面发展"

民生幸福与否首先体现在全体国民的个体素质上，而全体国民的个体素质如何，又决定于家庭教育、学校教育和社会教育。青年强则国家强。要把全体国民培养成高素质人才，就应该使每一个受教育者获得德智体美劳全面的发展。马克思认为，生产劳动对于人的成长发展具有特别重要的意义，因而他在《资本论》中指出，"未来社会对人的培养教育，必须使生产劳动和智育、体育协调结合"。毛泽东和习近平遵循了马克思的基本观点，都强调教育要与生产劳动相结合，要使受教育者获得全面发展。培养高素质的接班人是家庭、学校和全社会的共同责任和使命。只有全国青少年都得到了全面发展，才具有全体国民幸福的起点和基础。

2. 人口素质维度的民生幸福观体现在德智体美劳"自由发展"

"人的自由解放"是马克思全部学说的主题。"人的自由解放"是指每个人都克服了人性的"异化"，既摆脱了"对物的依赖性"，又摆脱了"对人的依赖性"，实现了人本质的回归，成为真正的"自由人"。马克思同时又指出，"每个人的自由发展是一切人的自由发展的条件"。[①] 而每个人都能够得到"自由发展"，需要有非常发达的生产力和充裕的物质基础、良好的教育文化和先进社会制度等外部条件作保障。这是党和政府落实民生幸福观的战略性任务。

3. 人口素质维度的民生幸福观还体现在"我为之"。

微观角度是"我"对别人、对社会做出了贡献；宏观角度是有多少个体愿意对别人、对社会、对人类做出的贡献及其贡献多少。对"我为之"的考察，实际上对以下五个维度都是适用的。

（二）经济维度的民生幸福观：劳动创造与经济享受相统一

1. 经济维度的民生幸福观首先体现在"劳动创造幸福"

马克思认为，人类是通过劳动而不断进化的；而劳动可以让人类力量得到施展，因而劳动是人的根本的生存方式。人是从事自由自觉劳动的主体，只有通过劳

---

① 《马克思恩格斯选集》第1卷，人民出版社，1995，第294页。

动才能使自己身心得到解放，只有通过创造性的劳动才能实现自己的人生价值，因而只有劳动才是幸福的源泉。

2. 经济维度的民生幸福观还体现在切实的"格物"获得感

获得感主要体现在人民群众"格物"的获得与满足，如何分配经济发展成果将深刻地影响着国民的幸福感。因此，在成果分配的问题上，应让人人都能共享发展与改革的成果，让人们感受到"按劳分配、多劳多得"的劳动和收获成正比的获得感。

幸福感既可以来自"格物"的获得与满足，也可以来自感性和理性上的主观感受，更来自"人的全面自由发展"。我国大规模实施的众多民生工程、扶贫工程、广覆盖的养老保障和医疗保障等，不但使人民群众享受到"格物"客观获得的幸福感，也使人民群众在感性与理性上获得了主观感受的幸福感，更为"人的全面自由发展"提供了制度保障。

经济维度的民生幸福观还要体现在经济安全感上，即在不损害身体健康的前提下有足够的可支配收入，没有社会动乱，物价稳定，不受通货膨胀之扰，人人都能安居乐业，成为高安全感的幸福之人。

（三）政治维度的民生幸福观：责任权利相统一与德法规制相协调

1. 民生幸福观要体现责任与权利相统一

民生幸福观首先是公民的各项政治权利能够得到实现。宪法规定，公民拥有选举权和被选举权、言论权、批评和建议权、宗教自由、人身自由、受教育权和劳动者劳动和休息的权利等，公民在政治上的幸福感主要来自这些民主权利得到实现。同时，只有公民的责任与权利相统一，广大公民才能够以主人翁的姿态投入到建设国家的具体工作中去。

2. 民生幸福观要体现德治与法治规制相协调

我国千百年来奉行儒家以"德治"为先、"法治"为后的"德法"相辅相成的治理方式。"德治"体现的是"仁政"思想，注重以德化人、以德服人，重在事前预防和防范，具有正面、积极的治理作用；而"法治"则主要展示出"依法办事"的严明态度，是对不法行为的事后惩罚与打击，表现出消极的治理方式。西方发达国家被认为是"法治国家"，比较机械地遵循依法办事、依法管理的原则。但是在烦琐的法条和庞大的法律体系下，平民百姓并没有在政治上获得真正的幸福观。在我国德治与法治规制相协调治国模式下，民众既能感受到社会的"仁义"之爱，又有法律维护社会的公平正义，享受到"德法"协调的"民生幸福"。

（四）社会维度的民生幸福观：公平正义共享的和谐社会

1. 公平正义是民生幸福观的题中之义

现实中落实民生幸福观，要求贯彻"公平优先"原则，要求在经济社会资源利用和配置中，既要保证代内公平，又要保证代际公平；在管理者决策中，对于微观个体的获得和发展而言，既要保证机会均等，公平公正，还要保证起点、过程和结果公平公正。

就落实民生幸福观的具体内容而言，公平正义主要体现在教育、医疗与社会保障等民生基础不存在地域差异的城乡公平与区域公平上。公民拥有受教育及劳动、休息的权利，不论什么年龄、性别或是健康与否，每个人都能享受同等的社会资源，都拥有同等享受教育、医疗与社会保障的权利。

2. 和谐共享是民生幸福观的客观要求

就国内而言，民生幸福要体现全民共享和全面共享，即人人都能公平地全面享受到国家经济、文化、教育、科技、医疗与社会保障等成果。因此，只有全民共享和全面共享，才能共建和谐社会，这样的社会才是民生幸福的社会。

在世界经济一体化的大环境中，只有世界各国和谐共享的社会才是民生幸福的社会。我国倡导的"一带一路"，发展的机遇和成果属于世界，因此得到了许多国家的积极响应，到2019年10月底，共签署197份共建"一带一路"的合作文件。

（五）文化维度的民生幸福观：通俗与高雅并存和世界多种文明兼容并蓄

1. 文化维度的民生幸福观应当通俗与高雅并存

广义的文化涉及科教文体卫等多项内容，既包括各民族独具特色的文化，也包括"高大上"的经典国粹文化。我国不同民族、不同区域有着不同的文化底蕴，世代相传接受着该独特文化的洗礼，它们共同构成中华民族的文化百花园。例如，民间的剪纸文化和老北京的胡同，大众化、平民化而又不失对幸福生活的向往之情和对"乡愁"的记忆。而长城、大运河、氏族文化、景德镇陶瓷及京剧等，则形成我国高雅文化殿堂。它们凝聚了中华民族的顶级智慧，是值得国人骄傲与自豪、世界闻名的中华优秀文化的代表。因此，民生幸福不仅要包容自己独具特色的文化，还能弘扬文明时代的社会主义核心价值观。民生幸福观要求创作更多富含正能量、保质保量具有先进教育意义的文化产品，以传承本民族通俗与高雅并存的文明。

2. 文化维度的民生幸福观应当世界多种文明兼容并蓄

新时代文化维度的民生幸福观甚至超越国界。世界文明是个百花园，各国文明都有其独特魅力，都有其存在和发展的深厚土壤，我们应从璀璨夺目的世界文明中汲取文明智慧之果，让我国文明能在传承中国传统文化的基础上与世界各国文明取长补短，让人民从中华文化和世界文明互学互鉴中获得富含文明记忆的"民生幸福"。

（六）国际维度的民生幸福观：对人类较大贡献与人类命运共同体

1. 办好中国自己的事，争取对人类有较大贡献，是中国共产党人始终不渝的立场

中国素有"天下大同"理念，中国共产党人素有国际主义的胸怀，立足于办好自己的事，争取对人类有较大贡献。新中国坚持和平共处五项原则发展对外关系。恢复联合国的合法地位后，中国致力于维护世界和平。加入 WTO 后，致力于通过自理自力更生增强国力，从不掠夺侵略他国财富。我国扶贫已使 7 亿多人摆脱贫困，这是对世界人口减贫的贡献。快速成为世界第二大经济体后，更多地承担了国际主义义务，彰显了具有世界意义的社会主义制度的优越性。

2. 坚持共享共赢原则，共建人类命运共同体，是中国共产党人国际主义的伟大胸怀

世界各个国家组成"大家庭"。要使这个"大家庭"每一成员都过得幸福，必须将"人类命运共同体"作为行事准则，跨越国界，互同凉热，风月同天，守望相助。当一国受难，其余国家无国界地进行援助，伤他国之痛，乐他国之幸，助他国之难，向世界展示出国际民生幸福。通合作、创共赢是国际民生幸福的强力助推剂。中国在国际组织世界舞台维护世界和平，维护广大发展中国家的利益。

七　定量描述：民生幸福观的评价指标体系

根据上文民生幸福观的六个维度，本文构建了 19 项微观和宏观的"幸福指数"评价指标体系（见表 1）。

由于微观指标主要反映的是个体或家庭的实际获得感，而民生幸福观是反映群体或整体的概念，所以进行微观指标与宏观指标的比较，才能显示社会的公平正义程度，才能真实反映民生幸福感。

就此表做以下说明。

①表中第一个人口素质维度主要采用国家统计局目前的指标体系，体现了"以人为中心"的衡量标准。同时参考了联合国社会发展研究所、经济合作与发展组织、世界银行和中国社会科学院社会学所的社会指标体系，适当吸收日本的"国民纯福利"和法国的经济福利指标体系的有益内容。后四个维度的指标较多地借鉴王艺等建构的幸福指数的指标体系①一文中的指标并有所调整。

②具体评估测算时，各个具体指标可以参照国家统计局目前采用的指标体系中的细分指标及计算方法。

③生态环境状况指数来自环境保护部"生态环境状况评价技术规范"，生态环境状况指数 $= 0.25 \times$ 生物丰度指数 $+ 0.2 \times$ 植被覆盖指数 $+ 0.2 \times$ 水网密度指数 $+ 0.2 \times$ 土地退化指数 $+ 0.15 \times$ 环境质量指数。

---

① 王艺、程恩富：《马克思主义视野中的"幸福指数"探究》，《学术月刊》2013 年第 4 期。

表 1　"幸福指数"评价指标体系

六个维度	微观指标	宏观指标	反映主体的状况
人口素质维度	健康	健康保障	人口个体素质
	寿命	国民寿命	
	教育	国民教育	
	我为之	我为之贡献的个体及数量	对别人、社会、人类的贡献
经济维度	收入	可支配收入与分配结构	经济状况
	资产	国民资产与国民产值	
	住房	国民住房	
政治维度	自由	公民权利保障	生活区域的自然环境和公共安全环境
	民主	政治参与程度	
	安全	公共安全	
社会维度	环境	生态环境	人与自然、家庭关系、社会关系的和谐程度和社会保障水平
	性别平等	国民就业	
	家和	家庭稳定性	
	人和	社会和谐	
	社会保障	社会保障	
文化维度	闲暇	国民闲暇	广义文化精神需要的满足状况
	文娱	文娱消费	
	自我实现	发展机会	
国际维度	所得	外贸依存度	对国外物资与技术条件的获得和国际贡献状况
	贡献	国际贡献率	

④妇女发展指数由全国妇联妇女研究所、国务院妇女儿童工作委员办公室、国家统计局社科司合作研究课题组发布，由生命健康（0.2）、教育（0.2）、经济（0.2）、政治和决策参与（0.2）、家庭（0.1）、环境（0.1）六个分领域指数加权生成。

⑤社会保障发展总指数由中央财经大学中国社会保障中心设计，由养老保障指数、医疗保障指数、就业保障指数、贫困保障指数四项分指数加权计算得出，而每项分指数又由其下属的覆盖面指数、保障度指数、持续性指数、高效性指数加权计算得出。

⑥国际维度中的"所得"包括来自国外的个体生活品与工作条件；"贡献"指个体对国外的物品、劳动或技术贡献。

On the View of the People's Happiness of the Communist

XIE Yuantai, LI Donglian

Abstract: To thoroughly study the "cultural genes" and "cultural core" of the Chinese Communist Party's concept of people's happiness, it is necessary to integrate the three major resources of Marxism, Chinese excellent traditional culture and foreign philosophy and social sciences. To build the people's happiness of chinese socialism, we must not only inherit and develop Marx's "view of happiness", but also absorb the essence of the previous sages' "view of happiness". Unlike the bourgeois happiness concept, which core is "I occupy", the Marxist happiness concept is "I do it." Marxism revealed the noblest happiness view, which is "Struggle for communism". "Serving the people" is a concentrated expression of the Chinese Communist Party's view of people's happiness. "Adhere to people-center" has become an upgraded version of the happiness concept of "Serving the people" in the new era. The concept of people's happiness in the new era has connotations in terms of population quality, economy, politics, society, culture and international. Correspondingly, the construction of the evaluation index system of people's happiness should also be carried out in those six dimensions.

Keywords: People's Happiness; Cultural Genes; Communists; Serving the People; People-Center

马克思主义文化研究　2020 年第 2 期　总第 6 期
第 67~87 页

从抗战文化史到文化抗战史：
学术史、概念及范畴[*]
——以中国共产党文化抗战史为中心

王继平　杨晓晨[**]

【摘　要】文化领域的抗战研究是从抗战文化史研究开始的。自 20 世纪 80 年代末开始，以中国共产党为中心的抗战文化史研究取得丰硕成果。21 世纪初以来，出现了由抗战文化史到文化抗战史研究的转变。文化抗战史与抗战文化史是既有联系又相区别的两个概念。20 世纪 40 年代，郭沫若提出了"文化抗战"与"抗战文化"两个概念。文化抗战是指中国人民特别是文化界人士通过各种文化载体进行的抗日斗争，抗战文化则是文化抗战所形成的文化现象和文化形态。对其进行历史考察便构成文化抗战史和抗战文化史。文化抗战史和抗战文化史各有其研究范畴、范式。中国共产党领导的文化抗战是抗战时期文化抗战的主导，无产阶级领导的新民主主义抗战文化引领抗战文化的发展，凝聚了中华民族的精神。

【关键词】抗战文化；文化抗战；抗战文化史

　　文化领域的抗战，是中华民族伟大抗战的重要组成部分。20 世纪末到 21 世纪初，随着抗日战争研究的深入，文化领域的抗战开始进入研究者的视野。文化领域的抗战首先是从抗战文化的研究开始的，如抗战教育、文学、艺术、音乐、美术、出版、新闻等，都成为抗战文化研究的重点；区域抗战文化也成为研究的热点，除各抗日根据地之外，国统区特别是大后方的西南地区、西北地区成为研究重点，重庆、桂林、永安乃至"孤岛"时期的上海等抗战文化繁盛地区更是吸引了众多研究

---

　　* 本文为国家社科基金重点项目"中国共产党文化抗战史研究（1931~1945）"（18ADJ006）阶段性成果。

　　** 王继平，湘潭大学马克思主义学院教授、博士生导师，主要研究方向中国近现代史、中共党史；杨晓晨，湘潭大学马克思主义学院中共党史博士研究生。

者的目光，抗战文化研究的成果丰硕。近几年来，文化领域中的抗战研究开始引入"文化抗战"的概念。这是抗战文化研究的拓展与延伸，还是抗战史研究领域的拓展？本文拟从学术史梳理开始，探讨文化抗战的概念、范畴。

一

　　抗战文化史的研究是从地域抗战文化史开始的。抗日战争时期，桂林是著名的"文化城"，在国内外都有广泛的声誉。20世纪80年代起，对桂林抗战文化资料的收集和资料研究得以开始。1979年冬，《广西日报》副刊率先恢复了"桂林文化城忆旧"栏目。接着，自1980年起先后有《广西文艺》开辟了"烽火桂林"，桂林《漓江》开辟了"文化城忆昔"，《桂林文艺》开辟了"回顾文化城"，《桂林日报》开辟了"桂林文化城忆昔"等栏目；其后，广西社会科学院《学术论坛》开辟了"桂林抗日文化"，《广西社会科学》开辟了"桂林文化城研究"专栏。① 此外，四川作为抗战时期的大后方，也开展了对抗战文化的研究，四川省社会科学院文学研究所成立了抗战文艺课题组，并于1981年创刊了《抗战文艺研究》（季刊）。由此，抗战文化研究的热潮兴起，到21世纪初进入繁盛时期，取得了较为丰硕的成果。经中国知网和国家图书馆的检索后，发现历年来发表的论文近300余篇，出版的著作有100余部（含资料集及研究著作）。出版著作的特点：一是关于具体文化领域的研究较多，如《抗日战争时期延安及各抗日民主根据地文学运动资料》《抗日战争时期解放区高等教育》《中国抗战文艺史》《抗战时期的中国文化》《抗战中内迁西南的知识分子》《抗战音乐史》《抗战漫画》《抗战诗歌》《抗战电影》《抗战时期的中国戏剧》《抗战时期史学研究》等；二是关于区域抗战文化的论著较多，主要集中在桂林、延安及解放区、重庆、上海等地，如《桂林抗战文化史》《桂林抗战文艺概观》《桂林抗战文学史》《抗战时期的延安史学》《抗战时期的延安鲁艺》《山东抗战诗文选》《抗战时期的华北文学》《重庆抗战文学论稿》《抗战时期的重庆文化》《抗战时期重庆的科学技术》《重庆抗战文学论稿》《上海抗战时期的话剧》《抗战时期的上海文化》《浙江抗战文化》《粤港抗战文化史论稿》《保定抗战文化》，以及漓江出版社先后出版的《桂林抗战文化史料》和《抗战时期桂林出版史料》等；三是出版了系列研究集刊和书系，如《抗战文化研究》《桂林抗战文化研究文集》《中国抗日战争时期大后方文学书系》等。从发表的论文来看（包括学位论文），尽管所涉及的领域和区域相较研究著作更为广泛，但主要还是集中在上述方面，也有从整体上研究中国共产党的抗战文化思想、政策等论文，如《略论中国共产党的抗战文化思想》《中国共产党的抗战文化政策及其启示》《中国共产党在桂林抗战文化建构和传播中的作用研究》《中国共产党抗战文化理论与实

① 魏华龄：《近十几年来桂林抗战文化研究述评》，《抗日战争研究》1994年第3期。

践研究》《论抗战文化运动在抗日战争中的地位与作用》《毛泽东与陕甘宁边区的抗战文化》等。

以上抗战文化学术史梳理表明，学术界从抗战文化的视域对抗日战争期间文化领域的抗战有较为丰富的成果，在一些具体领域，如抗战音乐、抗战文学、抗战戏剧等，研究比较深入，成果丰富。

与此同时，文化领域的抗战研究也存在另一种研究范式，即文化抗战的研究。20 世纪末，袁丽容比较早地使用"文化抗战"来表述郭沫若在抗战时期文化领域的抗战活动。[1] 嗣后，间或有文化抗战的论文出现，如《吕振羽和湖南文化抗战》《郭沫若文化抗战的历史评价》《抗战全局视野下的桂林文化抗战》《论郭沫若文化抗战论与中日文化启蒙的话语关联》。近几年来，从文化抗战的视野研究文化领域的抗战活动的论著日渐增多。主要论文有：《郭沫若文化抗战思想述论》《南方局与重庆文化抗战》《商务印书馆的文化抗战》《中国共产党文化抗战述略》《重庆文化抗战运动发展述论》《抗战初期徐特立在湖南的文化抗战活动》《抗战时期郭沫若和茅盾的文化活动》等。在著作方面，则有：《历史不能忘记系列：文化抗战》《湖南〈力报〉（1936—1945）研究：基于文化抗战视角的考察》《中国东北角之文化抗战》《文化抗战珍档——抗战文化的崛起民族精神的呐喊》，以及长城出版社出版的《文化抗战：抗日战争期间先进军事文化探源》等。国家社科基金在这一领域立项也反映了这一趋势，如近几年关于文化抗战立项的项目有：中国共产党文化抗战史研究（2018）、生活书店与抗战时期国统区进步文学传播研究（2018）、抗战时期中国共产党在对日宣传战中的中流砥柱作用研究（2017）、文化抗战与西南联大散文研究（2017）、抗战时期的中国史学家群体研究（2016）、抗战时期中国图书馆界研究（2106）等。文化领域的抗战研究范式从抗战文化到文化抗战的转变，已然成为抗战研究的新发展。

二

作为学术研究类型的转换，文化领域中的抗战活动研究从抗战文化到文化抗战的研究转型，涉及概念、范畴以及研究范式等内容，也关联抗日战争历史研究的拓展，因此很有必要加以厘清。

关于"文化抗战"和"抗战文化"，郭沫若是提出这个概念的第一人。[2] 其实，

---

[1] 袁丽容：《郭沫若："文化抗战"的主将和旗帜》，《郭沫若学刊》1995 年第 3 期。

[2] "文化抗战作为一个术语，最初出现在郭沫若发表的《四年来之文化抗战与抗战文化》中。郭沫若文为三个部分，第一部分是对第一期抗战期间敌寇对我文化的侵略以及我文化抗战成绩的总结，第二部分是对第二期抗战期间敌寇对我文化侵略策略的改变以及我文化反攻的总结，第三部分是对今后文化运动的展望。郭沫若说：'四年来的文化抗战的阵容，和我们整个抗战阵容一样，确是愈战愈强了，四年来文化抗战的战绩，确实增加了我们无限自信。'"陈艳辉：《湖南〈力报〉（1936—1945）研究：基于文化抗战视角的考察》，湖南人民出版社，2014，第 13 页。

抗战初期，文化界人士即论述了文化与抗战的关系，如南迁四川出任四川大学文学院院长的朱光潜，入川不久，便提出了文化与抗战关系的问题。他在《在四川大学总理纪念周会的讲演》《国难期中我们应有的自信与自省》中明确提出了文化与抗战的思想："救国之道，不只是在注意物质方面，就可以了事的，还要特别注意精神方面的修养。在战争中交战两国所相互抗衡的不仅是枪炮，尤其是民族文化与民族精神。"笔者考察民国文献，也阅读到不少民国人士在抗战初期就阐释了文化与抗战的关系。如罗家伦在1939年出版的《抗战与文化》一书，也提出了抗战的国力与文化的整体性问题："近代的战争……不是单纯的武力战争，而是文化的战争。要看一国的胜败，不只是看他兵力的强弱，而且要看他国内文化水准的高下。"[①]1941年7月，陈立夫在《文化之战》一文中说："一民族文化之估价，往往因其经历有关存亡绝续之大战而确定。因为文化的力量，有时需要在战争中才能表现，而同时军事胜败的最终决定因素，还是文化而不是暴力。某一民族之文化而具有特种优点，亦即必为其制胜之道。"[②] 以毛泽东为代表的中国共产党人，也同样认识到文化与抗战的关系。特别是"九一八"事变以后，1931～1932年，中国共产党就先后颁发了《中国共产党为日本帝国主义强暴占领东三省事件宣言》《中央关于日本帝国主义强占满洲事变的决议》《为日本帝国主义强占东三省第二次宣言》等文件，是中国共产党动员和号召全国民众以民族革命战争来争取民族的解放与独立的宣言，也是中国共产党担当抗日救亡领导责任的宣言，同时也开启了中国共产党文化抗战的序幕。在《中央关于日本帝国主义强占满洲事变的决议》中，中国共产党号召："组织各色各种的反对帝国主义的公开组织，或者参加一切已经存在的反帝组织而夺取它们的领导。经过这些组织正确实行反帝运动中的下层统一战线，和吸收广大的小资产阶级的阶层参加争斗。在各大城市中公开的出版群众的反帝日报，抓住国内的重要工厂——尤其日本工厂进行组织反日的罢工、示威。同时各地党部团部也应该注意学生中的工作，使一部贫苦学生群众离开民族主义武断宣传的影响而作坚决革命争斗。"[③] 中央红军到达陕北以后，鉴于国际国内形势的变化，特别是社会主要矛盾的变化，中华民族与日本帝国主义的矛盾逐渐上升为主要矛盾，为了动员全国人力、财力、物力反对日本帝国主义，1935年12月中共中央在瓦窑堡召开了政治局扩大会议，确立了抗日民族统一战线方针。从此，中国共产党在文化战线上积极转变策略，开始由苏区工农民主文化向抗日民主文化的思想转变，并结合抗日战争的特殊形势，阐述了有关抗战文化的意义、抗战文化队伍的建设、抗战文化的任务以及如何开展抗战文化运动等一系列主张，逐步形成了独具抗战特色的文化思想体系。[④] 毛泽东明确提出了文化战线的抗日斗争问题："在我们为中国人

① 转引自孟丹青《罗家伦的教育思想及实践》，江西人民出版社，2012，第218页。
② 陈立夫：《文化之战》，《教育通讯（汉口）》第26/27期合刊，1941年7月12日。
③ 《建党以来重要文献选编（1921—1949）》第8册，中央文献出版社，2011，第568页。
④ 朱汉国、李小尉：《略论中国共产党的抗战文化思想》，《北京师范大学学报》2005年第4期。

民解放的斗争中，有各种的战线，就中也可以说有文武两个战线，这就是文化战线和军事战线。我们要战胜敌人，首先要依靠手里拿枪的军队。但是仅仅有这种军队是不够的，我们还要有文化的军队，这是团结自己、战胜敌人必不可少的一支军队。"① 可见，抗战初期，社会各界人士，尤其是文化界人士就深刻认识到文化与抗战的关系，认识到文化领域抗战的重要作用，尽管没有使用"文化抗战"一词。

郭沫若的《四年来之文化抗战与抗战文化》虽然没有对"文化抗战"和"抗战文化"这两个概念进行明确界定，但从标题看实际上就已经区分了这两个概念。从郭沫若在文中对文化抗战两个时期的叙述来看，他所指的文化抗战包括以下几个方面。①在思想上，严厉地打击了"投降"理论，如"唯武器论""三月亡国论"等谬论，提高了民族自尊心，坚定了对抗战胜利的自信心。②文化界各部门都直接动员起来，大部分文化工作者都离开了大都市，一批又一批的文艺工作者、新闻记者涌上了前线；工作队、宣传队、漫画队、孩子剧团、慰劳队、服务团等，一队复一队地走向军队，走向农村。兵营、战壕、广场、田野都成了课堂，抗战话剧、抗战电影、救亡歌曲，成了武装同志与人民大众生活的一部分。补习教育与识字运动也成为一时的潮流。文化运动得到了广泛的发展，普遍地提高了全国人民大众的文化水准与政治水准。③各种杂志、小册子、通俗读物等大量出版，阐发了抗战建国必胜必成及其可能遇到的各种困难与障碍的理论。同时，各地小城市的小型报纸也广泛发行，壁报贴满了街头与乡村，书报供应社、文化服务社等更努力于报纸杂志的流通与输送，大大地提高了一般人民对抗日战争的意义与任务的了解与认识。由此可知，郭沫若所说的文化抗战，是指文化机关、文化组织、文化人士运用各自的文化武器（形式）如文学、艺术、新闻、出版、科学研究等，在思想上文化上进行的反对日本帝国主义的文化侵略的活动以及配合军事、政治方面抗日斗争的文化运动。

从郭沫若"文化抗战"概念的考察入手，学者陈艳辉将"文化抗战"内涵界定为抗战时期各文化机关、组织或文化人以各种文化形式唤起民众、凝聚民族抗战精神以支持军事斗争进而达到抗战胜利，外延包括文学、教育、新闻出版、戏剧、电影、音乐、漫画及其他一切文化形式。② 这是目前学术界对"文化抗战"所作的比较全面的一个界定，但她将思想战、宣传战、舆论战、心理战排除在"文化抗战"内涵之外是值得商榷的。在其他有关文化抗战的著作中，如《历史不能忘记系列：文化抗战》《中国东北角之文化抗战》《文化抗战珍档》《文化抗战：抗日战争期间先进军事文化探源》等，都只是叙述了具体文化的领域、部门、地区的抗战活动，如歌曲、诗人与诗作、电影、延安文艺座谈会、上海"孤岛"、桂林"文化

① 《毛泽东选集》第3卷，人民出版社，1991，第847页。
② 陈艳辉：《湖南〈力报〉（1936—1945）研究：基于文化抗战视角的考察》，湖南人民出版社，2014，第18页。

城"、重庆、海外、教育、媒体、文化设施、文艺等的抗战活动。

至于抗战文化的概念，郭沫若的《四年来之文化抗战与抗战文化》在回顾了四年来的文化抗战以后，列举了"文化抗战的战绩"，即"文艺作家对于敌人惨绝人寰的种种残暴兽行的揭露，对于抗战将士们英勇杀敌的种种可歌可泣故事的宣扬，对于各方面艰苦奋斗努力抗战建国的种种情形的描写；新闻工作者出入枪林弹雨采集前方战报向国内外报道，同时还在前后方创立与支持大型小型的全国性的、地方性的报纸，致力于抗战的政治与督励；社会科学家勤奋地从事于革命理论与实际问题的研究与讨论，使国人对抗建事业有日益深刻的认识与了解，而且经常地对于妥协、投降、分裂、倒退等敌寇汉奸的有害言论作毫不放松的斗争，自然科学家埋头研究，从事抗战资源的考查与技术的探讨；教育家以及一般文化工作者努力于文盲的扫除，广泛的宣传与鼓动，普教方法的改进，专门人才的培养，工作干部的训练，文化娱乐的设施；出版界在极其困苦的条件下，亦曾不稍懈地努力全国文化食粮的产出与供给——所有这一切，我们的文化战士们，四年来种种支持抗战帮助建国的业绩，是数不胜数的四年来的文化抗战的阵容，和我们整个抗战阵容一样，确是愈战愈强了；四年来文化抗战的战绩，确实增加了我们无限自信。"[1] 可见，郭沫若所说"文化抗战的战绩"也就是所谓的"抗战文化"。

目前学术界虽然在抗战文化研究方面取得了很大成绩，但关于抗战文化的概念，也存在不同的意见。有学者认为，所谓抗战文化，是指 20 世纪三四十年代一切为抗战服务和于抗战有利的文化，它不是广义的文化，而是狭义的文化，不是指物质文化而是指精神文化，即作为哲学上层建筑重要组成部分的意识形态的文化，主要是指文学、艺术、新闻、出版、思想、理论、教育、社会科学等内容。[2] 有学者认为，抗战文化是指 20 世纪三四十年代一切为抗日战争服务和有利于抗战的文化。它"是一种以民族大义为前提，以多元政治为基础，以多种形式表现的文化，它既反映了中华民族、中华大地所经历的一场沉重的历史劫难，又铸就了一个英雄民族不屈不挠的伟大灵魂"。[3] 也有的学者将抗战文化与抗战文化运动联系起来考察，提出了抗战文化运动的概念。比如高向远就认为，"抗战文化运动是指抗日战争时期中国文化工作者用文学、戏剧、电影、音乐、美术、新闻及出版等形式，以反映抗战生活，促成抗战胜利为目的而进行的轰轰烈烈、丰富多彩的文化活动。抗战文化运动是抗日战争时期中国文化发展的主流和方向，它密切地配合着中国人民在政治战线和军事战线的抗日斗争，为全民族抗战的进行和争取抗战的最后胜利产生了巨大的积极作用和影响。"[4] 学者文天行则认为："抗战文化运动是反对日本帝

---

① 曾健戎编《郭沫若在重庆》，青海人民出版社，1982，第 323～324 页。

② 唐正芒：《近十年抗战文化研究述评》，《湘潭大学学报》（社会科学版）2007 年第 4 期。

③ 范松：《试论抗战文化遗产的定义分析及其他》，《贵州社会科学》2010 年第 8 期。

④ 高向远：《论抗战文化运动在抗日战争中的地位和作用》，《陕西师范大学学报》（哲学社会科学版）1997 年第 3 期。

国主义侵略的民族文化运动……以政治为基础、以群众为对象、以批判为武器，随时变而涌动。"[1] 张文认为，抗战文化运动可以界定为：20 世纪三四十年代，中华民族在文化阵线上为反抗日本帝国主义的侵略战争而兴起并发展起来的具有鲜明特色的民族文化运动。[2]

也有的学者在具体论述抗战文化的论著中加以定义。如王福琨主编的《中国共产党在桂林抗战文化形成和发展中的作用》一书中，在"绪论"中对桂林抗战文化的概念作了定义："桂林抗战文化中的'文化'有广义和狭义之分。广义文化，是社会发展到一定阶段的意识形态，它包括许多狭义的、不同表现形式的文化。而狭义文化，仅指文学艺术形式，是广义文化的一个组成部分。""为了叙述上的方便，且将广义文化称为大文化，将狭义文化称为小文化。大、小文化内容，既有区别又有联系。①大文化涵盖许多形式的小文化。②大文化，尤其是共产主义文化思想是小文化的理论基础，并决定小文化的发展方向。因此，我们谈论桂林文化城的文艺，就不能不谈其与广义文化，尤其是共产主义文化思想的联系。而共产主义文化思想和抗日文化，毛泽东在《新民主主义论》中指出：'所谓新民主主义的文化就是人民大众反帝反封建的文化；在今日，就是抗日统一战线的文化。这种文化，只能由无产阶级的文化思想即共产主义思想去领导，任何别的阶级的文化思想都是不能领导了的。'桂林文化城的文化，正是属于毛泽东指出的'今日'的'抗日统一战线的文化'。"[3] 中共保山市委党史地方志工作委员会编著的《保山掌故》对滇西抗战文化也有一个界定："'滇西抗战文化'的概念是近年来随着研究的深入形成的。其核心是战争中中国军民表现的爱国主义精神。作为文化形态，它的载件还包括以下几点。①至今遗留在滇西地区的各种珍贵的战时文献、照片、实物、遗址、墓葬陵园、纪念设施、专题展室等。这些史料和遗迹是侵略和反侵略的铁证，是感召和激励后人庄敬自强的直观教材和文化旅游资源。②多年来，有关滇西抗战研究的学术成果，相关论著至少有数百万字。③取材于滇西抗战的各类作品，如文学作品、画册、音像制品、舞台节目、影视产品等。"[4]

从以上学术界关于文化抗战与抗战文化概念的表述来看，抗战文化与文化抗战概念界定还是不够清晰。厘清这一概念，首先必须明了文化的概念。文化的概念是学术界至今众说纷纭、分歧颇大的问题。但学术界一般都认同文化有广义与狭义之分。广义的文化，是指"社会和人在历史上一定的发展水平，它表现为人们进行生活和活动的种种类型和形式，以及人们所创造的物质和精神财富"；狭义的文化则

① 文天行：《抗战文化运动的基本特征》，《中华文化论坛》2015 年第 7 期。
② 张文：《桂林抗战文化及其当代价值研究》，博士学位论文，山东大学，2018。
③ 王福琨主编《中国共产党在桂林抗战文化形成和发展中的作用》，广西人民出版社，2007，第 1 ~ 2 页。
④ 中共保山市委党史地方志工作委员会编著《保山掌故》，云南民族出版社，2007，第 194 页。

指"人们的精神生活领域"。① 目前学术界在讨论文化问题时，一般都使用狭义的文化概念，以区别于文明的概念。我们也倾向于从观念形态的角度来定义文化，即文化是人类在一定的物质生产条件下，在一定的历史时期和一定的区域内创造的反映一定民族特点的精神成果的总和。这些成果包括理论思维的成果，即知识系统和社会心理与民族精神系统，亦即思想理论、科学技术、哲学宗教、思维方式、文学艺术、道德规范、风俗习惯、社会心理状态、生活方式、价值观念和民族精神等。从本质上来说，"一定的文化是一定社会的政治和经济在观念形态上的反映"，②"人们的观念、观点和概念，一句话，人们的意识，随着人们的生活条件、人们的社会关系、人们的社会存在的改变而改变"。③ 从上述关于文化抗战和抗战文化的概念表述来看，学术界是认同从狭义文化即观念形态的角度来界定文化抗战与抗战文化的。如果从广义的文化来界定，那抗日的军事、政治、经济等就无所不包，显然混淆了各个具体学科的界限。人类社会的任何存在都无不附丽着文化的因素，体现人们的观念、意识乃至于审美情趣、风俗、习惯，但那并不等同于文化本身。因此，从观念形态来界定文化抗战、抗战文化、抗战文化运动是比较恰当的。但现有的研究成果，在抗战文化、抗战文化运动、文化抗战等核心概念上还是有些混淆和不确定的。

三

抗战文化、抗战文化运动、文化抗战是既有联系又有区别的概念。抗战文化是指抗日战争时期因抗战而形成的文化现象和文化形态，如抗战音乐、抗战戏剧、抗战文学、抗战漫画、抗战电影等，是文化抗战所形成的结果，是对抗战的经济、政治、军事的反映；文化抗战则是中华民族特别是文化领域或文化界的爱国人士以各种文化媒介（如报刊、电台、出版、音乐、美术、戏剧、电影、学校、教育等）为武器，展开对日本帝国主义的抵抗，以此凝聚民族精神，激励抗战斗志，以夺取抗战胜利的抗战形式之一。它与政治、经济、军事、外交等领域的抗战一样，是中华民族伟大抗日战争的重要组成部分，是鼓舞人民士气和激励民族精神的有力武器。文化抗战所形成的文化成果（现象、形态等）如抗战音乐、抗战戏剧、抗战文学、抗战漫画、抗战电影等便构成了抗战文化。至于抗战文化运动，它是文化抗战的表

---

① 《苏联大百科全书》《大英百科全书》将文化概念分为两类。第一类是"一般性"的定义，即文化是"总体的人类社会遗产"；第二类是"多元的相对的"文化概念，即"文化是一种渊源于历史的生活结构的体系，这种体系往往为集团的成员所共有"，它包括这一集团的"语言、传统、习惯和制度，包括有激励作用的思想、信仰和价值，以及它们在物质工具和制造物中的体现"。《辞海》的"文化"定义也区分广义与狭义，广义是指"人类在社会历史发展中所创造的物质财富和精神财富的总和"，"从狭义来说，指社会的意识形态，以及与之相适应的制度和组织机构"。

② 《毛泽东选集》第2卷，人民出版社，1991，第694页。

③ 《马克思恩格斯文集》第2卷，人民出版社，2009，第50~51页。

现形式之一。因此，抗战文化是文化抗战的结果，是文化抗战的研究范畴之一。

文化抗战是抗战时期中国人民反对日本帝国主义侵略的抗战形式之一，它的主体是文化界，包括思想理论、新闻舆论、文学艺术、教育科学、文物博物等领域。其抗战的形式是多种多样的，抗战文化运动是其表现形式之一，如抗战戏剧运动、抗战歌咏运动，乃至国民政府推进的新生活运动、国民精神总动员运动，都是以运动的形式推进的文化抗战活动。但更多的形式，是文化领域的爱国人士以自己熟悉的文化载体，如作家的小说创作、诗歌吟诵、散文创作，音乐家的高亢旋律，戏剧家的戏剧（戏曲）演出，歌唱家的激情高歌，漫画家的讽刺幽默，电影人的电影制作，科学家的学术创造，教师们的爱国教学等，进行的反对日本帝国主义的斗争。这些构成了中华民族伟大的抗日战争的重要组成部分，也就是毛泽东所说的"文武两个战线"的"文化战线"，而且"这是团结自己、战胜敌人必不可少的一支军队"。① 文化抗战对于唤醒民族意识、激励人民信心、凝聚民族精神具有重要的作用，伟大的抗战精神就是文化抗战所体现、所凝聚的中华民族的伟大精神。因此，所谓文化抗战史，就是研究抗战时期中国人民特别是文化领域的爱国人士以文化为媒介所进行的抗战的历史，以揭示文化抗战的成就——抗战文化以及它在抗战中的地位、作用和深远的影响。

文化抗战史的研究范畴，应从文化学的学科视角进行审视，包括文化抗战指导思想、文化抗战组织形式、文化抗战运动、文化抗战方式（文化各领域如文学、艺术包括音乐、戏剧、舞蹈、科学、新闻等抗战方式）以及文化抗战的成果即抗战文化。

文化抗战的指导思想，是指导文化抗战的纲领，是文化抗战政策、策略，包括文化抗战的意义、地位，文化抗战的队伍、任务、形式的指导性原则。1939 年 3 月 12 日，中国国民党以抗战之名发布的《国民精神总动员纲领及实施办法》，实际上是国民党文化抗战的重要指导思想，其中心口号是"国家至上，民族至上""军事第一，胜利第一""意志集中，力量集中"。所谓"国家至上，民族至上"，就是必须认定国家的利益应高于一切，国民"应牺牲一切私见、私心、私利、私益"，"牺牲个人之自由"；所谓"军事第一，胜利第一"，就是要"国民一切之思想行动，均应绝对受国家民族军事利益之支配"；所谓"意志集中，力量集中"，就是在抗战时期"要求国民全体的思想，绝对集中于国家至上民族至上与军事第一胜利第一要义之下，不容其分歧及怀疑，不容作其他之空想空论"。《国民精神总动员纲领及实施办法》要求确立的所谓"救国之道德"的"道德"就是"忠孝仁爱信义和平之八德"，而"八德之中，最根本者为忠孝"，要求国民"对国家尽其至忠，对民族行其大孝"，要求一切思想言论不能违反"三民主义"，不能"破坏军政军令及行政系统之统一"，否则就要"一体纠绳"。对此，中共中央先后发出《关于

———————————

① 《毛泽东选集》第 3 卷，人民出版社，1991，第 847 页。

精神总动员的指示》《关于精神总动员的第二次指示》，指出国民党政府公布《国民精神总动员纲领及实施办法》具有两面性：一方面是为抗日的，另一方面是防共的。对此中国共产党应采取的立场是：一方面运用与发挥其中一切积极的东西，来提高全民族的觉悟，振奋革命精神，为争取抗战建国的最后胜利而奋斗牺牲；另一方面要反对与打击一切反共防共阴谋和反民族分子的观点，号召全国为坚持抗战，为坚持统一战线，为坚持国共长期合作，争取民族最后胜利而奋斗。[1] 各地的党组织要利用精神总动员的形式，根据其中积极的东西，来实际解释与发挥中国共产党坚持抗战的正确路线，使这一动员成为中国共产党巩固抗日民族统一战线，坚持抗战，开展群众运动，反对防共要求民主的武器，以防止和打击顽固分子利用作为防共武器的企图。[2] 与《国民精神总动员纲领及实施办法》精神相反，中国共产党从坚持全面抗战、全民抗战的思想出发，确立了自己的文化抗战思想，指出文化战线的抗日斗争，文化抗日的"军队"的重要地位，这就是毛泽东表述的"我们要战胜敌人，首先要依靠手里拿枪的军队。但是仅仅有这种军队是不够的，我们还要有文化的军队，这是团结自己、战胜敌人必不可少的一支军队"。[3] 为此，中共中央多次发表文件、指示，要求积极开展文化领域的抗战运动，特别强调了文化抗战的四大任务。其一，团结一切抗日不反共的文化力量，建立文化运动上最广泛的统一战线，向着一个共同的目标：反对民族敌人——日本帝国主义，反对民族投降主义，反对黑暗复古主义。其二，发展进步的文化力量，发展民主思想，主张思想自由，研究各种学术，宣传科学的社会主义，推进中国的文化向前发展。其三，团结文化干部，培养文化干部，爱护文化干部，尤其在根据地内更应大批地吸收知识分子及各种专家学者参加一切抗战的工作。其四，参加国民教育，发展国民教育，这是文化运动最基层的工作。[4] 根据总任务的要求，中共中央还制定了一系列文化抗战的方针、政策，逐步形成了自己的文化抗战思想。

　　文化抗战的组织形式，是确保文化抗战发展和胜利的组织保障。中国共产党进行文化抗战的组织形式就是建立广泛的抗日民族文化统一战线。中国共产党在推动建立抗日民族统一战线时就表达了在文化界建立抗日民族文化统一战线的思想。[5] 1938年3月15日，《新中华报》明确提出了"确立全国文化界统一战线"的目标和任务。此后不久，在周恩来、郭沫若等人的领导下，中华全国文艺界抗敌协会在

① 李勇、张仲田：《统一战线大事记·抗日战争时期卷》，群言出版社，2014，第214页。
② 李勇、张仲田：《统一战线大事记·抗日战争时期卷》，群言出版社，2014，第215页。
③ 《毛泽东选集》第3卷，人民出版社，1991，第847页。
④ 《中共中央文件选集》第13册，中共中央党校出版社，1991，第135页。
⑤ 有学者认为，1936年8月25日，毛泽东指出：在文化界、科学界、艺术界、新闻界、实业界、妇女界、宗教界、医药界，尤其是在广大军队、国民党新旧党员和各级领导中，抗日民主力量迅速增加；"中国共产党人随时准备着同这些国民党人携手，组织坚固的民族统一战线，去反对全民族的最大敌人——日本帝国主义"。这表达了中国共产党团结文化界共同抗日的愿望。刘仓：《略论抗日战争时期我党的文化统一战线政策》，《石河子大学学报》2002年第3期。

武汉成立，标志着抗日战争时期中国文艺界结成了最广泛的统一战线。国民政府军事委员会第三厅成为共产党领导的文化界抗日统一战线组织。此后，毛泽东、周恩来、张闻天、陈毅等中共领导人多次就抗日民族文化统一战线进行了论述，指出要团结一切爱国的文化界人士，共同抗日。对此，毛泽东指出："今天中国政治的第一个根本问题是抗日，因此党的文艺工作者首先应该在抗日这一点上和党外的一切文学家艺术家（从党的同情分子、小资产阶级的文艺家到一切赞成抗日的资产阶级地主阶级的文艺家）团结起来。"① 张闻天在陕甘宁边区文化界救亡协会第一次代表大会上指出："一切文化人，只要他们赞成抗日，均应在抗日的目标下团结起来。不论他们在文化上所做的工作同抗日有无直接的关系。"② 陈毅在《关于文化运动的意见》中也指出："我们为了完成抗战建国的革命任务，在抗日高于一切的大前提之下，极愿意与一切抗日文化人文化团体或派别建立抗日的文化统一战线……只要是能打击日寇的力量，我们都主张联合。"③ 特别是毛泽东关于新民主主义文化的系统论述，成为抗日民族文化统一战线思想的理论纲领。中国共产党领导的文化抗战就是在这一组织形式下进行的。

文化抗战运动是文化抗战史研究的重要范畴。它是文化抗战的重要内容，是抗战时期反对日本帝国主义侵略的民族的、群众性的文化运动。七七事变以后，随着抗日战争的开始，群众性的文化运动即已展开，战地服务团、救亡演剧队、抗敌后援工作团、抗敌歌咏团、漫画宣传队等文化运动相继展开，形成了抗战时期文化运动的高潮。中国共产党十分重视文化抗战运动工作，1940 年 9 月 10 日，中共中央发出了《关于发展文化运动的指示》，强调："在国民党统治区域很可能广泛发展与极应该广泛发展的一项极端重要的工作，是抗日文化运动。这项工作的意义在目前有头等重要性，因为他不但是当前抗战的武器，而且是在思想上干部上准备未来变化与推动未来变化的武器。因此在国民党统治区域的党（敌占大城市亦然）应对发展文化运动问题特别提起注意，应把对文化运动的推动、发展及其策略与方式等问题经常放在自己的日程上。对于文化运动的进行，应该联合一切不反共的自由资产阶级（即民族资产阶级）与广大小资产阶级的知识分子共同去做，而不应使共产党员尖锐突出与陷于孤立。在反对复古，反对大资产阶级的文化专制政策，反对日寇汉奸的奴隶文化等方针之下（根据各地情况将口号具体化）是能够动员各阶层知识分子、各部门文化人与广大青年学生加入这一运动的。"④ 在抗日根据地，"我们有全部权力来推行全部文化运动。我各地党部与军队政治部应对全部宣传事业、教育事业与出版事业作有组织的计划与推行，用以普及与提高党内外干部的理论水平及政治水平，普及与提高抗日军队抗日人民的政治水平及文化水平，要使各根据地

① 《毛泽东选集》第 3 卷，人民出版社，1991，第 867 页。
② 《张闻天文集》第 3 卷，中共党史出版社，1994，第 57 页。
③ 陈毅：《关于文化运动的意见》，《江淮》1941 年第 5 期。
④ 《建党以来重要文献选编（1921—1949）》第 17 册，中央文献出版社，2011，第 526 页。

上干部军队与人民的理论政治及文化水平高于与广于全国各地。各根据地上的文化教育工作，不论是消灭文盲工作，学校教育工作，报纸刊物工作，文学艺术工作，除党校与党报外，均应与一切不反共的资产阶级知识分子及小资产阶级知识分子联合去做，而不应由共产党员包办。要注意收集一切不反共的知识分子与半知识分子，使他们参加在我们领导下的广大的革命文化战线，应反对在文化领域中的无原则的门户之见"。①

文化抗战方式是文化抗战史的重要范畴，也是文化抗战史研究的主要内容。建立文化抗战团体，是文化抗战的重要方式。以中国共产党领导的文化抗战团体为例，数量众多，分布在抗日根据地、国统区乃至海外华人社会。1937 年 8 月 12 日，第十八集团军西北战地服务团（简称"西战团"）在延安成立，丁玲为主任，吴奚如为副主任。1937 年 11 月 14 日，陕甘宁边区文艺界救亡协会（简称"边区文协"）成立，艾思奇任主任（后由吴玉章接任），柯仲平任副主任。它是陕甘宁边区抗日文艺运动的领导机构，也是一个广泛的群众性的文化组织。1938 年 1 月，陕甘宁边区音乐界救亡协会（简称"边区音协"）成立。1938 年 9 月 11 日，陕甘宁边区文艺界抗战联合会（简称"边区文联"）成立。1939 年 2 月 7 日，延安美术工作协会成立（后更名为陕甘宁边区美术工作者协会，简称"边区美协"）。1939 年 2 月 10 日，中华戏剧界抗战协会边区分会成立，潘汉年任理事长，沙可夫任副理事长。1939 年 5 月 14 日，中华全国文艺界抗敌协会延安分会（简称"边区文抗"）成立，周扬、萧三、沙可夫为常务理事。1940 年年底，延安文化俱乐部成立，萧三任主任。文化俱乐部既是一个群众性的文化场所，也是一个组织和推动抗战文艺运动的团体。② 在国统区，也成立了许多中共领导的或中共占主导地位的以及受中共影响的文化抗战团体。如在桂林一地，就有中华全国文艺界抗敌协会桂林分会、广西建设研究会、中华木刻界抗敌协会桂林分会、中华全国漫画家抗敌协会桂林分会、中华戏剧界抗敌协会西南分会、国际新闻社和文化供应社等众多文化抗战团体。在重庆，中共党员创办的重庆救国会，下属有重庆学生界救国联合会（简称"学救会"）、重庆职业青年救国联合会（简称"职救会"）、重庆文化界救国联合会（简称"文救会"）、重庆妇女界救国联合会（简称"妇救会"）以及重庆怒吼剧社、重庆市救亡歌咏协会、中华全国戏剧界抗敌协会重庆分会、重庆文化界抗敌支会。此外，全国各地也建立了许多文化抗战团体。如在成都，就成立了成都市妇女华北抗敌后援会、四川青年救国会、成都市文化界救亡协会、成都市回教抗敌后援会等，还有成都工人抗敌宣传团、星芒抗敌宣传团、大声抗敌宣传团、成都群力抗敌宣传团、大众壁报抗敌宣传团、四川省妇女抗敌后援会、成都学生抗敌宣传团、成都大众抗敌宣传团、成都少年抗敌宣传团、成都市工商抗日后援会、四川民众华北

---

① 《建党以来重要文献选编（1921—1949）》第 17 册，中央文献出版社，2011，第 527 页。

② 黄华文：《抗日战争史》，湖北人民出版社，2007，第 250 页。

抗敌后援会、成都市青年抗敌协会、四川旅外剧人抗敌演剧队、成都市记者抗敌后援会、成都天明歌咏团、成都四川妇女出征军人家属救济会、成都星芒通讯社、战时教育协会、成都战时学生社、救亡抗敌宣传社，等等。① 在西安，有西安文化界协会、西安编辑人协会、西北青年救国联合会、西北作家协会、陕西青年抗日决死队、西北民众抗战剧社、易俗社、西安新文艺促进会、新时代歌咏团、西安市世界语学会、西安市中等学校教职员联合会、中华民族解放先锋队西安队、西北教育界抗日救国大同盟等。在海外成立了很多华侨华人组织救亡团体。据统计，截至 1940年，海外华侨组织大型救国团体 649 个；抗战时期全球共有 3900 多个各类华侨社团，其中 900 多个专门从事抗战工作。② 在遍布全国的文化抗战团体的领导与组织下，戏剧、电影、文艺创作、教育、科学以及群众文化各领域开展了轰轰烈烈的文化抗战活动。

除了文化抗战团体有组织的文化抗战活动之外，爱国文化人士还以自己日常的工作方式进行着英勇的抗战，诚如郭沫若在《四年来之文化抗战与抗战文化》中描述的那样："文艺作家对于敌人惨绝人寰的种种残暴兽行的揭露，对于抗战将士们英勇杀敌的种种可歌可泣故事的宣扬，对于各方面艰苦奋斗努力抗战建国的种种情形的描写；新闻工作者出入枪林弹雨采集前方战报向国内外报道，同时还在前后方创立与支持了大型小型的全国性的、地方性的报纸，尽力于抗战的政治与督励；社会科学家勤奋地从事于革命理论与实际问题的研究与讨论，使国人对抗建事业有日益深刻的认识与了解，而且经常地对于妥协、投降、分裂、倒退等敌寇汉奸的有害言论作毫不放松的斗争，自然科学家埋头研究，从事抗战资源的考查与技术的探讨；教育家以及一般文化工作者努力于文盲的扫除，广泛的宣传与鼓动，普教方法的改进，专门人才的培养，工作干部的训练，文化娱乐的设施；出版界在极其困苦的条件下，亦曾不稍懈地努力全国文化食粮的产出与供给"。③ 在中国共产党领导的根据地，宣传、教育、出版、文艺创作、文化活动均围绕抗战展开。如文艺宣传通过组织文艺团体上前线深入部队，走上街头、田间，深入民众进行救亡文艺宣传。陕甘宁边区文协下属的"抗日文艺工作团"，曾先后组织 6 个小组分赴晋察冀、五台山、河北、晋东南、陇海等前线开展救亡文化宣传。边区文抗会下属的数十个文艺小组，则经常走进工厂、街头、田间，用各种文艺形式，向工人、市民、农民宣传抗日救亡。④ 戏剧创作与演出，美术创作与美术作品展览也是紧密联系全民抗战主题进行。抗战报纸杂志如雨后春笋般遍布各抗日根据地。通过戏剧活动、文学创作、音乐活动、美术宣传、秧歌运动等各种形式，抗日根据地的文化人士乃至士兵、普通民众都参与到文化抗战之中，激励广大人民的抗日斗志。

---

① 唐正芒：《中国西部抗战文化史》，中共党史出版社，2004，第 95 页。
② 〔澳〕彭小仕：《辛亥革命、抗日战争中的华侨》，《统一论坛》2018 年第 5 期。
③ 曾健戎编《郭沫若在重庆》，青海人民出版社，1982，第 324 页。
④ 黄华文：《抗日战争史》，湖北人民出版社，2007，第 251 页。

四

文化抗战的成果即抗战文化也是文化抗战研究的重要范畴，它包括抗战媒体、抗战文学、抗战艺术、抗战学术、抗战教育以及凝聚中华民族不屈不挠抵御外侮的抗战精神。

抗战媒体是指广义的传播媒体，包括抗战报纸、抗战刊物、抗战广播、博物馆、图书馆以及出版社（书局、书店）等宣传抗战和保存中华民族文化的媒介。抗战时期的大众传播媒体是非常繁荣的。仅以中国共产党建立的抗日根据地大众传播媒体为例，就可以反映根据地的文化抗战的迅猛发展及抗战文化的繁荣发达。在陕甘宁边区，除新华社及党报《解放日报》，还组建了广播委员会，建立了广播发射台，设立了延安新华广播电台。报刊更是如雨后春笋般诞生，主要报纸有《边区群众报》《生产报》《前进报》《冲锋报》《新文字报》《民先报》等近 30 种，主要刊物有《解放》《共产党人》《中国工人》《中国文化》《八路军军政杂志》《中国青年》《中国妇女》《文艺》《文艺战线》《新诗歌》《文艺月刊》《大众文艺》等 60 余种。其他根据地的大众传媒也获得发展。在晋察冀根据地，创办的报纸有《抗敌报》（后改名为《晋察冀日报》）、《战士报》、《子弟兵报》、《冀中抗敌报》、《冀中导报》、《救国报》、《边区导报》等 50 余种。创办的刊物有《抗战生活》《晋察冀文艺》《晋察冀艺术》《华北文艺》《华北文化》《新大众》《新长城》《群众》等。在晋察冀边区根据地，创办的报纸有《晋鲁豫日报》、《新华日报》（华北版）、《冀南日报》、《太岳日报》、《晋冀豫日报》、《战斗日报》、《黄河日报》、《抗战导报》、《新生报》等 30 多种，创办的刊物有《文化生活》《抗战生活》《华北文艺》等 38 种。在晋绥根据地，创办的报刊有《新西北报》《抗战日报》《晋绥大众报》《战地通讯》《前线月刊》《西北文艺》《战斗文艺》等。在华中根据地，创办了《抗敌报》《江淮日报》《新华报》《拂晓报》《抗日战报》《苏中报》《滨海时报》《淮南日报》《淮海报》《盐阜报》《挺进报》《大众报》等 100 多种报纸及几十种刊物。[①]在大后方，以《新华日报》为代表的抗战媒体，发挥了巨大的作用，引领着国统区文化抗战的前进方向。

抗战文学是文化抗战重要而又普遍的形式。以中国共产党领导的根据地为例，延安和陕甘宁边区的抗战文学，在中国共产党中央的直接领导下，得到了健康的发展，并推动着整个抗日根据地文学运动的发展。首先是抗战文学团体繁盛，有党和边区政府领导的，如中华全国文艺界抗敌协会延安分会、中华全国文艺界抗敌协会晋东南分会、中华全国文艺界抗敌协会晋西分会、中华全国文艺界抗敌协会晋察冀边区分会、中华全国戏剧界协会、中华全国戏剧界抗敌协会陕甘宁边区分会、中华

---

① 黄华文：《抗日战争史》，湖北人民出版社，2007，第 254 页。

全国戏剧界抗敌协会太行山分会、中华全国戏剧界抗敌协会晋察冀边区分会、中华全国戏剧界抗敌协会晋西分会、中华全国戏剧界抗敌协会晋冀鲁豫边区分会、山东文化界救亡协会筹备委员会、苏北文化协会等。由解放区作家自由结社建立的文艺团体，就有延安和陕甘宁边区的战歌社新诗歌会、山脉诗社、青年文艺学习会、延安诗会、怀安诗社、草叶社，晋察冀边区的燕赵诗社、战地社、铁流文艺社、晋察冀诗会，晋绥边区的根据地文社，晋冀鲁豫边区的太行诗社，华中地区的湖海诗文社等。① 文学团体促进了文学创作的繁荣，小说创作成绩更是喜人。短篇小说成就很大，代表性作品就有丁玲《一颗未出膛的枪弹》、吴奚如《土地在笑着》《老革命碰着新问题》、白浪《杨树下》、杜映《代耕》、刘御《儿子到前线去了》、张英《放了足干革命》、柳风《边区故事》、雷加《炮位周围》《一支三八式》、刘白羽《战斗着》、魏伯《我们跟下原弥熊师团》、李清泉《一颗石头》、孔厥《调查》等。写游击队活动的有刘白羽《总的突破》、雷加《三个人的阵地》、刘祖春《一个夜间的故事》、杜映《在火光里》等；写勇于与敌人斗争的有严文井《儿子与父亲》、金漫辉《铁蹄下》、刘白羽《在黄河一湾上》、李威深《火车司机》等；写后方生产及动态的有老宁《病》、师田手《劳动日记》、严文井《春天》《一家人》、刘白羽《突击运动》、白晓光《动员》、梁彦《战士的家》、莎寨《红五月的补充教材》、周而复《灾难里》《被炸毁的街市》、沙汀《勘察加小景》《联保主任的消遣》等。这些作品密切配合全民抗战，富有生活气息，起到了动员群众、鼓舞斗志的作用，思想倾向是健康的，人物形象也相当生动。② 涌现了丁玲、刘白羽、赵树理、孙犁等一大批作家。诗歌创作也获得丰收，朗诵诗、街头诗以其群众性、大众化在根据地获得发展，出现了《黄河大合唱》《生产大合唱》《八路军大合唱》等著名朗诵诗。延安文艺座谈会以后，民歌体、群众性诗歌创作也在根据地出现。抗战文学成为抗战文化最有成就的内涵。

抗战艺术是最能感染群众、激励士气的文化形式，包括抗战戏剧、抗战音乐、抗战美术和抗战电影等。在抗日根据地，抗战戏剧最初是以街头剧、活报剧、独幕剧的形式展开的，出现了《放下你的鞭子》《三江好》《最后一计》等著名的剧目。延安文艺座谈会以后，秧歌剧和新话剧获得发展。文艺工作者对古老的秧歌进行发掘和改造，创作了新的秧歌剧，服务于抗战。其中《兄妹开荒》成为新秧歌剧的起点和代表作。从此，秧歌剧在根据地特别是延安和陕北兴盛起来。"从一九四三年农历春节至一九四四年上半年，一年多的时间就创作并演出了三百多个秧歌剧，观众达八万人次。1944 年春节期间，由延安的街道、工厂、部队、机关、学校组织起来的业余秧歌队有 27 个之多，演出了 150 多个节目。"③ 新歌剧的代表作是《白毛

① 刘增杰主编《中国解放区文学史》，河南大学出版社，1988，第 29 页。
② 刘增杰主编《中国解放区文学史》，河南大学出版社，1988，第 131～132 页。
③ 刘增杰主编《中国解放区文学史》，河南大学出版社，1988，第 267 页。

女》。此剧获得巨大的成功，风靡各个抗日根据地。在它的带动下，出现了《刘胡兰》《王秀鸾》《赤叶河》《不要杀他》《孙大伯的儿子》《雄刘四虎》等一大批新歌剧。在大后方，出现了抗战话剧高潮。仅以重庆为例，话剧团体就有怒吼剧社、上海业余剧人协会、怒潮剧社、国立剧校、复旦剧社、青年剧社、教导剧团、孩子剧团、抗敌剧社等。中华全国戏剧界抗敌协会在重庆举办了两届戏剧节，演出了《我们的国旗》《死里求生》《抗战进行曲》《金玉满堂》《钦差大臣》《狐群狗党》《渡黄河》《冰天雪地》等剧。特别是郭沫若创作了一批历史剧，如《棠棣之花》《屈原》《虎符》《高渐离》《孔雀胆》《南冠草》等，产生了较为深远的影响。

抗战音乐自"九一八"事变后就在全国兴起，著名的如《松花江上》《义勇军进行曲》《大路歌》《新的女性》等都成为不朽的经典。全面抗战后，进步音乐界创作了大批反映抗战、鼓动群众的歌曲，如冼星海创作的《祖国的孩子们》《做棉衣》《到敌人后方去》《游击军》《在太行山上》等，以及张曙创作的《赶豺狼》《日落西山》《洪波曲》，麦新创作的《大刀进行曲》《游击队之歌》，贺绿汀创作的《游击队歌》，夏之秋的《歌八百壮士》《思乡曲》，陈田鹤的《巷战歌》，吕骥的《武装保卫山西》《抗日军政大学校歌》等歌曲，有力地推动了抗日救亡歌咏运动的深入开展，鼓舞着全国人民的抗日热情。中国共产党领导的抗日根据地的抗战音乐创作活动更是轰轰烈烈，特别是延安文艺座谈会之后，创作了一批优秀的歌曲，如《游击乐》《战斗进行曲》《抗日军政大学校歌》《八路军军歌》《八路军进行曲》《新四军军歌》《行军小唱》《歌唱二小放牛郎》《没有共产党就没有新中国》《纪念碑》《子弟兵进行曲》《团结就是力量》《红五月》《大生产》《南泥湾》《反攻》《兄妹开荒》《夫妻识字》《军民进行曲》《白毛女》等。

美术是富有感染力的直观艺术，抗战时期木刻、版画、漫画成为宣传抗战的有力武器。无论是抗日根据地还是大后方，抗战美术方兴未艾。在抗日根据地，美术成为宣传抗战的普遍形式，到处是宣传抗战的壁画、漫画，当时描述说："有人说延安城是标语和图画装成的，这是真话，一座不十分大的城里，无论大街小巷、墙壁上、门板上、土堆上，甚至一棵树上都贴满了……在延安城的每一个角落，也没有一处找不到抗战宣传画和木刻的痕迹。"① 在晋冀鲁豫边区，"墙头画的数量远过木刻，所起的作用也最大，在本区穷乡僻壤的村庄里，都满布着墙头画"。② 军队的宣传工作者，走到哪里画到哪里，"我们美术组带着这种标语筒，走到哪里，写到哪里，画到哪里，踏遍了太行山的山山岭岭。标语在内容上要紧密结合斗争形势，语言要通俗有力，这样才能产生鼓动和宣传的作用。在形式上，尽量美术化，做到鲜明、醒目、美观。有的用白色写字，红色勾边；有的红色字黑色边；有时也

---

① 黄宗贤：《大忧患时代的抉择》，重庆出版社，2000，第93页。
② 刘增杰主编《抗日战争时期延安及各抗日民主根据地文学运动资料》（中），山西人民出版社，1983，第276页。

用投影方法托字。壁画同样以三色组成，有条件时也适当配以其他颜色。山区大都是石屋石墙，平原则大部分是土屋土墙，不管墙壁的条件如何，我们尽量使所写的标语或壁画产生强烈醒目的效果"。①

抗战电影也获得了发展。1938 年 1 月 20 日，阳翰笙、罗刚号召建立全国电影界同人的抗敌组织。1 月 29 日，中华全国电影界抗敌协会在武汉宣告成立，并指出"要每一个电影从业员锻炼成民族革命战争中的勇敢的斗士，将自己献身祖国，将自己的工作献给神圣的抗战"，号召"要使每一张影片成为抗战的有力的武器，使它深入军队、工厂和农村去，作为训练民众的基本的工具"，表示"要建立一个新的电影的战场"。② 由沈西林、孙瑜、赵丹、白杨、魏鹤龄、王人美等优秀革命电影人士参与中央电影摄影场制片工作，在抗战期间拍摄了许多抗战新闻纪录片，发挥了重要的宣传抗战、鼓舞民众、纪录日本罪行的作用，如纪录"卢沟桥事变"的纪录片《卢沟桥事变》，纪录日军制造"重庆大轰炸"惨案的《二十八年一月十五日敌机轰炸重庆》《二十八年五月三、四日敌机滥炸重庆》，纪录淞沪空战的《空军战绩》《淞沪前线》等。中国共产党领导的延安革命根据地的抗战电影活动，虽然物质条件艰辛，抗战电影活动不如大后方繁盛，但是也在抗战中艰难起步，"以战斗的姿态，揭开了中国电影史上划时代的又一页，开拓了党和人民军队电影历史的新纪元"。③ 1938 年 4 月，中国共产党领导的抗日根据地延安根据地成立了第一个民间电影社团——陕甘宁边区抗敌电影社。虽然电影社受物资、人员条件所限，并没有开展拍片活动，但也积极地进行着电影抗战，如下乡深入群众中播放抗战电影。延安革命根据地做出突出贡献的抗战电影社团是延安电影团。1938 年春，袁牧之在周恩来的鼓励下，前往延安，团结延安的电影力量成立了八路军总政治部电影团即延安电影团。延安电影团被称为"人民电影机构的初创，人民电影的开端"。延安电影团的主要电影活动是拍摄纪录片。1938 年 10 月 1 日，大型纪录片《延安与八路军》在桥山黄帝陵开机拍摄，由袁牧之编导，吴印咸、徐晓冰摄影，历时一年多的艰辛，1940 年基本拍摄完成。以后又陆续拍摄了《延安庆祝百团大战胜利大会和追悼会》《国际青年节》《陕甘宁边区第二届参议会》《毛泽东同志在延安文艺座谈会上》《"九一"扩大运动会》《十月革命》《边区生产展览会》《刘志丹同志移灵》《南泥湾》等新闻纪录片。

抗战教育是文化抗战的重要成果。国民政府在抗战时期，将沦陷区的大学陆续内迁，使中国的高等教育得以延续，也改变了中国教育的布局，促进了西部地区教育的发展，取得了很大的成绩，特别是西南联合大学，堪称抗战高等教育的典范。中国共产党也十分重视抗战教育，中国共产党制定的《抗日救国十大纲领》第 8 条

① 《中国人民解放军文艺史料选编（抗日战争时期)》（第 2 册），解放军出版社，1988，第 295～296 页。
② 《中国新文学大系（1937—1949)》第 50 集，上海文艺出版社，1994，第 31 页。
③ 《中国人民解放军文艺史料选编（抗日战争时期)》（第 1 册），解放军出版社，1988，第 156 页。

"抗日的教育政策"中提出："改变教育的旧制度、旧课程，实行以抗日救国为目标的新制度、新课程。"① 1938 年 10 月，毛泽东在中共六届六中全会扩大会议上作的《论新阶段》的报告中提出："伟大的抗战必须有伟大的抗战教育运动与之相配合"，应该把"实行抗战教育政策，使教育为长期战争服务"作为全民族当时的紧急任务之一。报告还明确指出："第一，改订学制，废除不急需与不必要的课程，改变管理制度，以教授战争所必需之课程及发扬学生的学习积极性为原则。第二，创设并扩大增强各种干部学校，培养大批的抗日干部。第三，广泛发动民众教育，组织各种补习学校，识字运动，戏剧运动，歌咏运动，体育运动，创办敌前敌后各种地方通俗报纸，提高人民的民族文化和民族觉悟。第四，办理义务的小学教育，以民族精神教育后代。"② 在十分困难的条件下，各抗日根据地根据实际情况，有针对性地举办了干部、部队、群众和儿童等四个层次的抗战教育。干部的抗战教育主要通过干部学校、在职教育和短期训练班三种形式进行。干部教育最有名的抗日军政大学，培养了成千上万的军事、政治、文化、地方各类人才。对部队的教育是经常的，主要是爱国教育、政治思想教育、军事技术教育和文化知识教育。对民众的抗战教育是通过冬学、民众学校和民众教育馆来进行的。其中冬学是最主要的形式，"一般设在人口比较集中的村庄，学习时间为 3 个月（一般从 11 月到次年 1 月）。民众学校是冬学的延续，主要在巩固区和群众基础较好的游击区举办，它将教学时间从冬季农闲延长为全年"。③ 冬学开创了抗日根据地民众教育的新形式。

抗战学术同样是抗战文化的一部分。近代中国学术在民国时期有一定的发展，但遭到日本侵略的摧残。大学、科研机构被破坏，被迫西迁，科研人员流离失所。伴随大批科研机构内迁，战时大后方几乎聚集了中国科技界的全部精英。科研工作者在这种极端困难的情况下，为抵抗侵略、复兴民族，坚持科研工作。为了抗战需要，科研工作者中断了原有的科研项目，选择抗战急需的项目进行研究。研究方向主要集中在两大方面："一方面是结合抗日战争的实际需要，各学科特别注重科学在国防军事及工业生产方面的应用研究。如化学研究重心转向硝酸、纤维、木材、汽油、酒精、煤油、橡胶等方面的研究；物理学注重研究其在军事上的应用；气象学、生物学、天文学、数学、地质学、地理学等都十分重视将科学研究与现实结合。另一方面则是结合开发西南西北大后方各地资源，支援后方工农业建设的需要。"④ 在中国共产党领导下的抗日根据地，也十分重视自然科学工作。1940 年 2 月毛泽东在《在边区自然科学研究会成立大会上的讲话》中指出："自然科学是人

① 《毛泽东选集》第 2 卷，人民出版社，1991，第 356 页。
② 毛泽东：《论新阶段》，新华日报馆（重庆），1938，第 48 页。
③ 赵国娟：《简论中国共产党的抗战教育》，《军事历史》2011 年第 1 期。
④ 张瑾、张新华：《抗日战争时期大后方科技进步述评》，《抗日战争研究》1993 年第 6 期。

们争取自由的一种武器。"[1] 1940 年 2 月陕甘宁边区《自然科学研究会宣言》号召："加强自然科学运动，掌握与提高自然科学成为抗战中的战斗力量……我们要用自然科学的战线，来粉碎敌人的经济封锁，打击敌人的文化政策。"[2] 抗日根据地制定了优待科技人员的政策，设立了延安自然科学院、陕北通信学校、延安摩托学校、太行工业学校、延安药科学校、晋察冀边区白求恩卫生学校、晋绥军区卫生学校、延安农业学校等科研和科技教育机构以及延安光华农场、农事试验场等农业科研机构。在人文社会科学领域，抗战学术最大的贡献是中国马克思主义人文社会科学的成长。唯物史观的传播和马克思主义中国化的发展，使得人文社会科学工作者越来越自觉地运用马克思主义理论与观点研究哲学、历史、文学以及社会领域，从而产生和形成了中国马克思主义哲学与社会科学各学科。毛泽东的《矛盾论》《实践论》，李达的《社会学原理》等著作为中国马克思主义哲学奠定了基础；郭沫若、范文澜、翦伯赞、吕振羽、侯外庐开创了中国马克思主义史学；王亚南、许涤新、薛暮桥则为中国马克思主义政治经济学的创建做出了杰出贡献；周扬也为中国马克思主义文艺学的形成与发展开先河。因此，就中国马克思主义人文社会科学发展历史进程来看，抗战时期是一个关键的时期，伴随马克思主义中国化和大众化的进程，中国马克思主义人文社会科学开始建立，并伴随中国共产党领导的民族独立、人民解放事业的胜利而确立为 20 世纪后半期中国的主流学术形态。

抗战精神是抗战文化的核心成果，是文化抗战的核心范畴，是引领文化抗战发展的价值内核，是千百年来形成的中华民族在抗战时期的表现形态。抗战精神体现了"坚持国家和民族利益至上、誓死不当亡国奴的民族自尊品格；万众一心、共赴国难的民族团结意识；不畏强暴、敢于同敌人血战到底的民族英雄气概；百折不挠、勇于依靠自己的力量战胜侵略者的民族自强信念；开拓创新、善于在危难中开辟发展新路的民族创造精神；坚持正义、自觉为人类和平进步事业贡献力量的民族奉献精神"。[3] 在中国共产党的领导下，在新民主主义文化理论的引领下，抗战思想、抗战媒体、抗战文学、抗战艺术、抗战教育、抗战学术都起到了团结各民族人民、唤醒民族意识、抵御日本侵略，为实现民族独立和解放而斗争的巨大作用，共同凝聚起伟大的抗战精神。

抗战文化是中华民族文化光辉的一页，是文化抗战的辉煌成果，学术界的研究也取得了丰硕的成果，为文化抗战的研究奠定了坚实的基础。随着对中国共产党领导的抗日战争研究的深入，将会有更多涉及文化领域抗战的研究，总结文化领域抗战研究的成果，厘清文化抗战的概念、范畴是十分有必要的。

① 武衡：《抗日战争时期解放区科学技术发展史资料》（第 1 辑），中国学术出版社，1983，第 5 页。
② 何志平：《中国科学技术团体》，上海科学普及出版社，1990，第 388 页。
③ 胡锦涛：《在纪念中国人民抗日战争暨世界反法西斯战争胜利 60 周年大会上的讲话》，《人民日报》2005 年 9 月 3 日。

马克思主义文化研究　2020年第2期　总第6期

From Cultural History of Anti-Japanese War to Cultural Anti-Japanese War History: Academic History, Concepts and Categories——Centered on the Chinese Communist Party's Cultural Anti-Japanese War History

WANG Jiping, YANG Xiaochen

Abstract: The study of Anti-Japanese War in the field of culture starts from the study of the cultural history of Anti-Japanese War. Since the end of 1980s, the research on the cultural history of Anti-Japanese War centered on the Chinese Communist Party has achieved fruitful results. Since the beginning of this century, there has been a study change from the cultural history of Anti-Japanese War to cultural Anti-Japanese War history. The cultural history of Anti-Japanese War and the cultural Anti-Japanese War history are two concepts which are related and different. In the 1940s, Guo Moruo put forward two concepts: "Cultural Anti-Japanese War" and "Anti-Japanese War Culture". Cultural Anti-Japanese War refers to the Anti-Japanese struggle carried out by the Chinese people, especially the people in the cultural circle, through various cultural carriers. Anti-Japanese culture is the cultural phenomenon and form formed by cultural Anti-Japanese war. The cultural Anti-Japanese War history and the cultural history of Anti-Japanese War can be formed by historical investigation. They have their own research categories and paradigms. The cultural Anti-Japanese War led by the Chinese Communist Party is the leading cultural Anti-Japanese war in that period. The new democratic Anti-Japanese war culture led by the proletariat leads the development of the Anti-Japanese culture and embodies the spirit of the Chinese nation.

Keywords: Anti-Japanese War Culture; Cultural Anti-Japanese War; Cultural History of Anti-Japanese War

马克思主义文化研究　2020 年第 2 期　总第 6 期
第 87～99 页

马克思主义中国化进程中的儒学现代化[*]

郭　瑞^{**}

【摘　要】马克思主义中国化是近现代历史发展中的根本性事件。马克思主义传到
　　　　　中国后与儒学冲击、碰撞、交流，最终实现融合是马克思主义中国化的
　　　　　现实需要，也是儒学现代化的内在要求。马克思主义中国化与儒学现代
　　　　　化相互联系：儒学为马克思主义提供民族的形式与内容，促进马克思主
　　　　　义中国化，儒学在马克思主义中国化推动下实现现代转化。在革命、建
　　　　　设与改革各个阶段，马克思主义中国化有不同面相，批判继承是党在民
　　　　　主革命时期的文化方针，新中国成立后对儒学不断升级的意识形态批判
　　　　　表明党还未能处理好马克思主义中国化与儒学现代化的关系。改革开放
　　　　　之后的一段时间内，受错误思潮影响，马克思主义在意识形态指导地位
　　　　　弱化，儒学现代化与马克思主义中国化渐行渐远。新时代，马克思主义
　　　　　与传统文化深度融合，儒学不断实现创造性转化与创新性发展，21 世纪
　　　　　马克思主义中国化与儒学现代化进入新境界。

【关键词】马克思主义中国化；儒学现代化；儒学

　　儒学与中国传统社会联系密切：文化形态的儒学是中国传统文化的重要组成部
分，制度形态的儒学曾经是中国封建社会的官方意识形态，作为生活的儒学，内化
为中国人的价值准则、伦理习俗与心理偏好。作为封建意识形态与政治文化重要组
成部分的儒学，其政治功能已经终结，想要回到意识形态独尊的位置已经不可能，
但作为文化形态的儒学还在潜移默化地影响着国人并在现实中发挥着不可替代的作
用，优秀儒学传统是实现社会有效治理、推进国家治理现代化取之不尽、用之不竭
的宝藏。近代以来，围绕儒学传承与创新，推动儒学现代化的思考从未停止过。对

　＊　2019 山东社科规划青年学者重点培养计划研究专项"马克思主义中国化推动传统文化现代转化研
　　　究"（19CQXJ18）阶段性成果。
　＊＊　郭瑞，中共中央党校博士，济宁学院马克思主义学院副教授。研究方向为马克思主义中国化与中国
　　　文化。

儒学现代化的思考，不能越过中国近现代历史发展中的根本性事件——马克思主义中国化，只有将儒学现代化纳入马克思主义中国化的历史视野之中，才能准确把握马克思主义中国化的现实需要以及儒学现代化的内在要求，才能对二者关系有更为清晰的理解与认识。在革命、建设和改革各个阶段，马克思主义中国化有着不同的面相，决定了儒学现代化有不同的方向与任务。儒学现代化伴随着中国革命、建设和改革的进程，与社会的发展同步，同国家与民族的命运紧密联系在一起。在马克思主义不断中国化的进程中，儒学经历了一个被质疑、被否定、被批判但又迎来发展机遇并重新焕发生机的反复过程，在马克思主义中国化的推动下，儒学找到了现代化方向，成功实现现代性转化。

一　思想解放：五四新文化运动对儒学的批判与马克思主义传播

经过新文化运动科学与民主的资产阶级思想启蒙，以及对儒学为代表中国传统文化的批判，解放了思想，结束了儒学的意识形态独尊地位，解除了儒学与封建专制主义瓜葛，它所开创的思想解放局面为马克思主义正式引入及广泛传播奠定了思想基础。马克思主义在中国广泛传播促进中国人新觉醒，逐渐改变中国人在思想上的被动局面，直接推动了五四运动的发生以及中国共产党的成立。

（一）五四新文化运动对儒学的批判促进了思想解放

五四新文化对孔子及儒学的批判与当时社会尊孔复辟的环境有直接的关联。辛亥革命之后，整个社会呈现无序和混乱的状态，意识形态更是混乱不堪，尊孔复古的社会意识一度甚嚣尘上，并且尊孔与政治复辟结合在社会形成的逆流，严重背离时代潮流，不断冲击辛亥革命的成果。康有为等人认为政治败坏，缘于道德堕落，而道德的堕落则是由丢弃儒学造成的，如今当务之急就是从恢复儒学道统地位，建立儒教入手，解决社会道德伦理败坏与堕落的问题。"如果说在清末，倡孔教的人是与君主立宪的目标相关联的；那么，在民国初年倡孔教的人就大多数是基于道德救国和宗教救国的愿望了。"[①] 袁世凯窃取了辛亥革命的成果之后，为谋求当上皇帝，摆出一副尊孔的姿态，企图以儒学为招牌，为其行为提供合法性。袁世凯重弹尊孔的老调，亲自掀起的尊孔崇儒的复古之风，助推了社会上尊孔复古的风气。民国初年出现的尊孔复古逆流，主要是因为辛亥革命推翻清王朝结束了封建帝制，但是它只是赶跑了皇帝，封建专制的文化基础并没有发生根本性的变化，社会占统治地位的还是以传统儒学为代表的旧文化、旧思想、旧伦理、旧道德，并没有挖掉封建专制主义的老根，特别是在意识形态领域，旧的思想文化不可能随着一场政治风暴而消失。"中国二千余年尊孔之大秘密既揭破无余，然后推论孔子以何因缘被野

---

① 耿云志：《近代中国文化转型研究导论》，社会科学文献出版社，2016，第191页。

心家所利用，甘作滑稽之傀儡。"① 自近代以来，无论是改革、改良，还是革命，对以儒学为代表的封建文化都没有根本的触动，没有在思想文化上清除封建残余势力的影响。袁世凯复辟帝制的根本危害就在于"别尊卑、重阶级，主张人治，反对民权之思想之学说，实为制造专制帝王之根本恶因……不将此根本恶因铲除净尽，责有因必有果，无数废共和复帝制之袁世凯，当然接踵应运而生，毫不足怪"。② "要巩固共和，非先将国民脑子里所有反对共和的旧思想，一一洗刷干净不可"。③ 五四新文化运动发动者们认为，必须发动一场批孔的思想解放运动，清除国民脑袋里的"神物人物"，克服"一般国民依赖英雄，蔑却自我之心理"。④ 从思想文化入手，发动一场文化运动，要努力改变人们的思想，宣扬资产阶级民主思想；反对封建文化，从专制的、宗法的、家族的儒学束缚中解放出来，实现人的觉醒。五四新文化运动对"批孔"对孔子及儒家学说的彻底批判，是一次彻底的文化革命与思想革命，这既是资产阶级思想启蒙的需要，也是当时封建军阀借儒学进行复辟倒退的形势所迫。五四新文化运动对统治中国两千多年的儒学为代表的封建主义思想和传统观念进行了猛烈的冲击，使这个曾经享有绝对权威的思想开始崩溃，标志着中国人的思想革命与思想解放达到一个新的阶段。如果不反对这些老八股和老教条主义，中国人的思想就不会解放，"中国就不会有自由独立的希望"。⑤ 新儒家代表人物贺麟认为"五四时代的新文化运动，可以说是促进儒家思想新发展的一个大转机。"新文化运动对孔子及其学说批判的"最大的贡献在于破坏和扫除儒家的僵化部分的躯壳的形式末节，及束缚个性的传统腐化部分"。⑥ 五四新文化运动对儒学的批判为马克思主义的传播扫清了障碍，为儒学的现代转化引入先进的思想资源，儒学迎来新的转机。

（二）马克思主义在五四新文化运动期间的传播促进了中国人新觉醒

"自从一八四〇年鸦片战争失败那时起，先进的中国人，经过千辛万苦，向西方国家寻找真理。"⑦ 然而，近代先进中国人向西方寻求救国救民的真理总是以失败而告终。近代以来中国向西方学习不断失败的历史，使得中国先进的人物按照西方资产阶级国家的榜样来改造中国的企图逐渐变成一种不可能实现的梦想。多年失败的教训，加之第一次世界大战爆发后西方资本主义社会矛盾和危机，使得中国激进的民主主义者开始对中国走资本主义道路产生怀疑和失望。他们在号召人们向封建文化思想进行彻底斗争的同时，努力寻找新的出路。20世纪初资本主义国家的经

---

① 中国社会科学院近代史研究所编《五四运动文选》，三联书店，1959，第20页。

② 《陈独秀文集》第1卷，人民出版社，2013，第194页。

③ 《陈独秀文集》第1卷，人民出版社，2013，第233页。

④ 《李大钊文集》上册，人民出版社，1984，167页。

⑤ 《毛泽东选集》第3卷，人民出版社，1991，第832页。

⑥ 张学智编《贺麟选集》，吉林人民出版社，2010，第131页。

⑦ 《毛泽东选集》第4卷，人民出版社，1991，第1469页。

济危机以及随后第一次世界大战，引起中国人极大的震惊，进而对所谓的资本主义文明不断质疑，向西方寻求真理的脚步也逐渐停止了。

五四新文化运动在没有接受十月革命的影响之前，存在一些严重的缺点：在阶级觉悟上，五四新文化运动的倡导者们当时还不懂得，要彻底改变中国的现状，挽救中国的民族危亡，就必须推翻帝国主义和封建主义的反动统治，从根本上改造中国的社会制度。虽然他们在资产阶级思想宣传、反封建启蒙上做了不少工作，但是他们没有把对封建礼教的批判同对统治者的不满和反抗结合起来，缺乏敏锐的政治嗅觉，政治觉悟还不成熟。在势力范围上，五四新文化运动的参与者和影响范围主要集中在城市小资产阶级和资产阶级，广大劳动群众还没有参与。在思想指导上，新文化运动文化批判中没有唯物史观的指引，缺失辩证唯物主义的立场，沿用的是资产阶级形式主义那一套方法，充斥各种形而上学的思想与做法。正如毛泽东指出的那样："他们反对旧八股、旧教条，主张科学和民主，是很对的。但是他们对于现状，对于历史，对于外国事物，没有历史唯物主义的批判精神，所谓坏就是绝对的坏，一切皆坏；所谓好就是绝对的好，一切皆好。"[1]

十月革命一声炮响给中国送来了马克思主义。马克思主义的传播给处在黑暗与迷茫的中华大地带来光明与希望，俄国十月革命的成功经验给探索救亡道路的中国人指明了方向。俄国在十月革命之后的明显变化，对中国的知识分子来说，显得是如此亲切和易于理解，使得他们看到了中国未来的希望，他们便根据这种新的觉悟和认识重新考虑中国的问题。"中国有许多事情和十月革命以前的俄国相同，或者近似。封建主义的压迫，这是相同的。经济和文化落后，这是近似的。两个国家都落后，中国则更落后。"[2] 俄国十月革命回答了中国先进知识分子的问题，消除了他们内心的怀疑和困惑，在近代探寻真理道路上屡屡失败的中国人开始审视并最终选择了马克思主义。正如毛泽东指出的那样："十月革命帮助了全世界的也帮助了中国的先进分子，用无产阶级的宇宙观作为观察国家命运的工具，重新考虑自己的问题。走俄国人的路——这就是结论。"[3] 马克思主义的传播从而为中国的民主革命注入了全新的思想因素，五四新文化运动开始从文化领域扩展到政治领域，从思想文化革命向政治斗争转化，由资产阶级民主革命的范畴向无产阶级政治革命转变，中国人民反帝反封建革命斗争的坚决性和彻底性不断加强。

在十月革命以及世界革命高潮的带动下，五四新文化运动从文化领域扩展到现实斗争之中，从思想文化运动向政治革命转变，范围和深度较之于从前都极大地拓展了。他们开始有目的地介绍苏联革命经验，开始介绍与传播马克思主义。李大钊是新文化运动的旗手，是中国马克思主义宣传的第一人。1916年5月自日本回国以

---

① 《毛泽东选集》第3卷，人民出版社，1991，第832页。
② 《毛泽东选集》第4卷，人民出版社，1991，第1469页。
③ 《毛泽东选集》第4卷，人民出版社，1991，第1471页。

后，即参加了陈独秀领导的新文化运动，积极宣传马克思主义。1918 年先后发表
《法俄革命之比较观》《庶民的胜利》《布尔什维主义的胜利》。1919 年 9 月，发表
《我的马克思主义观》，系统介绍了马克思主义的三个组成部分，它是第一次比较系
统地介绍马克思主义的经典著作，也是推进中国马克思主义传播的最重要文献。五
四运动之后，李大钊继续介绍十月革命和国际共产主义运动的历史以及社会主义苏
联国内情况，继续进行马克思主义的宣传。李大钊在《俄罗斯革命之过去和将来》
《十月革命与中国人民》等文中，比较详细地介绍了俄国十月革命的历史和革命以
后的情况，着重介绍了列宁的生平事略，指明了中国人民要取得彻底的解放，就必
须走苏俄的道路。

中国先进知识分子在接触马克思主义以后，迅速接受了它并开始尝试用马克思
主义的立场、观点与方法观察，分析与解决中国实际问题。在李大钊的周围聚集了
一大批追求进步、向往真理志同道合的同事、学生，形成以北京大学为中心的马克
思主义传播中心，推动马克思主义在中国不断扩大影响力，让更多的积极分子投身
到马克思主义传播之中。《新青年》编辑了《马克思主义专号》并开始翻译与出版
《共产党宣言》等马克思主义经典著作；各地共产主义积极分子，如毛泽东在湖南，
周恩来在天津，李达、李汉俊在上海，在思想上完成马克思主义的转变，并立即投
身于工人阶级与爱国人士之中进行马克思主义的思想宣传，有力地推动了全国各地
马克思主义的传播与启蒙。

马克思主义的传播极大地促进了中国人民的新觉醒，中国人在精神上开始由被
动变为主动，推动了五四运动的发生与中国共产党的建立。随着马克思主义在中国
传播日益广泛，其影响也逐渐扩大，唤醒了更多人的阶级觉悟，不断加入马克思主
义思想阵营与宣传队伍中来。为进一步扩大本阶级的团结与组织，特别是迫切要求
成立本阶级利益的、能组织和领导工人斗争的政党组织，接受马克思主义的先进知
识分子也越来越感觉到建立自己的革命组织的必要了。1921 年 7 月 23 日，中国共
产党第一次全国代表大会在上海召开，标志着中国共产党的建立。中国共产党成
立，中国革命面貌焕然一新。

（三）马克思主义为传统文化引入新思想资源，推动儒学向前发展

意识形态的文化是上层建筑的重要组成部分，是随着经济基础的变化而更替。
从中国近代文化发展看，儒学作为封建时代文化是旧的意识形态代表，随着封建自
然经济瓦解以及专制主义政治制度的解体，儒学失去依托，衰败没落是必然的结
果。中国社会不断转型与不断涌进的西方资产阶级学说与思想，加快了儒学的没
落。五四新文化运动对统治中国两千多年的封建主义专制文化和等级观念进行了猛
烈的冲击，使儒学这个曾经享有绝对权威的思想体系开始解体。儒学不再是中国社
会意识形态的主流，不再是中国社会秩序的制定所依据的准则，不再是中国当政者
心目中治理国家必须遵循的大经与大法。儒学作为一整套的纲常、准则、宗旨，在

中国社会价值取向以及人的思想行为方面不再具有普遍的价值与规范作用，人们不再被强制自幼读经，不再以儒学为主业，以儒家伦理约束自己，孔子之言与儒家学说不再是真理的化身、圣人标准被顶礼膜拜。解除与政治的瓜葛，失去意识形态独尊地位的儒学，要生存就必须适应社会发展，以开放的胸襟吸收外来新文化、新思想实现现代转化。五四新文化运动之后，儒学发展出现两个不同的路径：作为文化保守主义代表的现代新儒家与中国化的马克思主义对儒学的借鉴与吸收。

马克思主义诞生于欧洲工人运动高涨时期，总结了工人运动的经验并批判、改造近代西方的思想文化和意识形态，是吸收了西方文明一切有价值元素的集大成者。十月革命给中国人送来马克思主义为中国文化发展注入了强大的动力，给儒学为主要代表的中国传统文化引入新的思想资源。马克思主义与儒学为重要代表的中国传统文化结合，是两种不同经济形态上的文化形态，二者之间的结合不仅是相互融合与相互借鉴的过程，而且还是先进文化改造落后文化，最终产生新文化的过程。在中西文化碰撞的历史背景下，"新的文化形态的建构必将寻求西方文化因子作参照，将西方的先进文化因子与中国文化相结合。"① 马克思主义对儒学进行批判继承、借鉴吸收，将儒学优秀文化基因融入马克思主义之中，马克思主义顺利实现中国化，是指导中国革命的现实要求；儒学因为马克思主义先进思想的引入，在与马克思主义借鉴与吸收中实现了现代转化，转化为新文化重要组成部分，传统儒学因而获得新生。科学、民主、大众的新民主主义文化诞生标志着马克思主义中国化与儒学为代表的中国文化的结合成功实现。

马克思主义为中国革命、建设和改革提供了强大思想武器，使中国这个古老的东方大国创造了人类历史上前所未有的发展奇迹。马克思主义不仅为中国文化发展注入强大动力，马克思主义与儒学结合的建构原则还确立了中国文化发展的基础与未来走向，推动中国文化不断向前发展。随着新时代中国文化建设实践的发展，马克思主义必将在中国特色社会主义文化建构中发挥主导作用，推动儒学重新焕发生机，为文化强国建设做出应有的贡献。

二　批判继承：马克思主义中国化推动儒学现代转化的路径开辟

儒学是封建农耕时代的文化形态，吸收外来先进文化实现现代转化，既是儒学自身发展的需要，也是外来文化本土化、民族化的需要。马克思主义传到中国以后，与儒学产生交集，二者相互冲击碰撞，最终实现交流与融合，推动马克思主义顺利实现中国化。马克思主义不仅为儒学引入先进思想，也为儒学发展注入强大的动力，成功实现现代化。

———————

① 赵剑英：《21世纪中国的马克思主义》，中国社会科学出版社，2018，第65页。

（一）批判继承是马克思主义中国化与儒学现代化的双向需要

批判继承传统文化是中国文化发展的需要。以儒家文化为代表的中国传统文化，积淀中华民族深沉的精神追求，代表中华民族的精神标识，为中华民族提供文化的滋养，成为中华民族的基因。中国自传统向现代转型以来，传统文化也应随中国社会的发展逐步现代化。中国要自立自强，就必须对传统文化进行彻底改造，积极吸纳世界上先进的思想与文化，对中国古代思想、文化加以改造，在此基础上产生新文化。

中国共产党在领导革命的历史进程中，以辩证唯物主义与历史唯物主义批判改造传统儒学，马克思主义中国化过程中注意借鉴儒学传统形式，吸收儒学积极合理成分，实现马克思主义与儒学有机融合。① 对于中国古代历史文化，以马克思主义为思想武器进行批判改造，取其精华，去其糟粕，推陈出新，反对无批判地兼收并蓄。"必须将古代封建统治阶级的一切腐朽的东西和古代优秀的人民文化即多少带有民主性和革命性的东西区别开来。"② "必须将马克思主义的普遍真理和中国革命的具体实践完全地恰当地统一起来，就是说，和民族的特点相结合，经过一定的民族形式，才有用处，决不能主观地公式地应用它。公式的马克思主义者，只是对于马克思主义和中国革命开玩笑，在中国革命队伍中是没有他们的位置的。中国文化应有自己的形式，这就是民族形式。"③

（二）马克思主义中国化推动儒学现代化

儒学随着封建社会的解体，以及新文化运动"批孔"，已经失去了昔日在意识形态上的"独尊"地位。近代中国各种思想、意识流派纷繁复杂，儒学作为非意识形态上的影响，仍然在潜移默化地发挥功效。在中国革命进程中完全丢弃传统文化是不可能的，像毛泽东指出的那样："对于中国古代文化，同样，既不是一概排斥，也不是盲目搬用，而是批判地接收它，以利于推进中国的新文化。"④ 必须有一种先进文化起到引领作用，在这种背景下，一种新文化的产生就成为时代的需要，成为迫切的革命需要了。

马克思主义作为一种产生于欧洲的思想文化传入到中国，就必然会对儒学产生巨大的冲击，二者之间的碰撞与融合是马克思主义中国化题中应有之义。同时，马克思主义要在一个经济基础、文化价值、思维方式等迥异的国度里被广泛接受并发挥效用，也必须与本国的实践、本国历史与文化相结合，实现民族化。

---

① 《毛泽东选集》第 3 卷，人民出版社，1991，第 1083 页。
② 《毛泽东选集》第 2 卷，人民出版社，1991，第 708 页。
③ 《毛泽东选集》第 2 卷，人民出版社，1991，第 707 页。
④ 《毛泽东选集》第 3 卷，人民出版社，1991，第 1083 页。

"马克思主义与中国传统文化结合的过程，实际上也是二者相得益彰的过程。"① 马克思主义对儒学的批判改造是先进文化改造、吸取传统文化的过程，在这个过程中马克思主义吸收儒学优秀成分而实现中国化，中国化的马克思主义具有鲜明的民族特色与中国风格。马克思主义必须和中国具体实际相结合，通过一定的民族形式才能实现。所谓的"中国具体实际"，包括当前中国社会的政治、经济与文化现实、中国革命的实践，以及中国几千年的历史文化。马克思主义对儒学的批判吸收内含马克思主义对中国文化批判改造与选择吸收的过程。对于中国悠久的历史文化，以马克思主义为思想武器进行批判改造，去其糟粕，取其精华，推陈出新，反对无批判地兼收并蓄。"必须将古代封建统治阶级的一切腐朽的东西和古代优秀的人民文化即多少带有民主性和革命性的东西区别开来。"②

只有具体的马克思主义，没有抽象的马克思主义，对于中国共产党来说，就是要学会把马克思列宁主义的理论应用于中国的具体的环境。"离开中国特点来谈马克思主义，只是抽象的空洞的马克思主义。"③ 中国共产党员应该成为马克思主义民族化的典范。将马克思主义在中国具体化，按照中国的实际特点应用，它是摆在中国共产党面前突出的任务，中国共产党在领导中国革命的历史进程中，以辩证唯物主义与历史唯物主义改造传统文化，借鉴儒学的形式，吸收其中积极与合理成分，促进儒学为代表的中国传统文化实现现代转化，产生新文化。

三 意识形态革命：新中国成立后对儒学 为代表传统文化的重新审视

民主革命时期，毛泽东在推进马克思主义中国化的进程中对儒学文化批判继承，从中吸收有益的成分，借鉴传统形式赋予全新的内涵，促进马克思主义与儒学的结合，使马克思主义中国化的理论成果具有鲜明的中国气派与中国风格。但是，新中国成立后毛泽东对以儒学为代表的中国传统文化评价越来越趋于负面和严厉，这种认识变化与新中国成立以后毛泽东在意识形态的思考有关联，毛泽东对文化及文艺格外关注，对意识形态领域斗争格外重视，他多次参与并发动了文化与文艺界的批判，这里既有出于对巩固社会主义制度的客观需要，也有晚年毛泽东在意识形态上继续革命的理论构想。毛泽东认为诸如掩盖在文学艺术、思想观念、电影文艺背后表现的争论是意识形态斗争的一部分，意识形态是上层建筑的重要组成部分，特别强调作为意识形态的上层建筑对经济基础的反作用，他认为"一定的文化（当作观念形态的文化）是一定社会的政治和经济的反映，又给予伟大影响和作用于一

---

① 崔龙水、马振铎主编《马克思主义与儒学》，当代中国出版社，1996，第24~25页。
② 《毛泽东选集》第2卷，人民出版社，1991，第708页。
③ 《毛泽东选集》第2卷，人民出版社，1991，第534页。

定社会的政治和经济"。①

四 继续推进：中国特色社会主义时代的儒学现代化

1978 年"真理标准"问题大讨论对破除"左"的束缚、促进人们思想解放起到积极的推动作用。党的十一届三中全会的召开实现了拨乱反正，重新确立实事求是思想路线，标志着中国社会主义事业进入改革开放伟大时代，中国现代化事业被纳入健康快速发展的轨道。在正确思想路线指引下，马克思主义与改革开放时代中国实际相结合产生新的飞跃，在实践中开创了一条中国特色社会主义道路，形成了中国特色社会主义理论体系，中国特色社会主义制度在不断完善。中国特色社会主义道路、理论与制度自信不断加强，中国化的马克思主义系列理论成果回答了一系列长期困扰人们的理论与现实问题，马克思主义中国化不断开创新境界。

改革开放以后中国大陆"思想—文化"经历这样一个转变：由"文化大革命"反思引发对传统文化的激烈讨论，最后发展到反传统的西化思潮大行其道。20 世纪 80 年代的文化讨论在激进西化思潮影响下，由学术思想领域进入社会与政治领域，将文化、民族的虚无主义的意识推到全社会，进一步引燃了 20 世纪 80 年代末知识青年的浮躁——表现在国家现代化道路选择上的迷茫与对民族传统文化沉重的思想负担。一场政治风波之后，中国又一次遭到来自西方的制裁与封锁，整个中国知识界开始由浮躁转入冷静的思索。

站在传统与现代的十字路口，中国人开始进行反思，反思自己文化的"劣根性"，当发现西方的个人主义也是无比丑陋时，于是，复归传统成为时代的呼唤。"进入 20 世纪 90 年代以来，中国内地的文化发生了深刻的转型。""一种新保守精神正在崛起"，这种与目前"冷战后"的新的世界格局紧密联系的"文化思潮既包含对 20 世纪 80 年代以来的文化运转的反思，又有对'五四'以来激进话语的反思"。② 到了 20 世纪 90 年代，文化主题出现了"话语转化"，文化界开始出现一股"国学"旗号下的文化保守主义思潮。20 世纪 90 年代兴起了文化保守主义思潮中的"国学热"。近代所指的"国学"是与"西学"相对应，在"西学"参照下相对而言的民族文化的总称。儒学当之无愧是"国学"之中的瑰宝。经过 20 世纪 80 年代儒学研究热潮的兴起，20 世纪 90 年代儒学成为时代的"显学"。③ "儒学热"是"国学热"的继续，在某种意义上讲，"国学热"就是"儒学热"。如果说在 20 世纪 50 年代到 80 年代儒学及儒学现代化的重心在港台地区及海外，那么改革开放之

---

① 《毛泽东选集》第 2 卷，人民出版社，1991，第 663 ~ 664 页。

② 方克立：《要注意研究 90 年代出现的文化保守主义思潮》，《高校理论战线》1996 年第 2 期。

③ 儒学研究热潮是"文化大革命"思潮消退后发生在 20 世纪 80 年代文化界的一个显著特征，前文已经对这个问题进行了分析。

后，国际的交流加快了学术与思想的碰撞与交融，大陆儒学研究复苏，得天独厚的人文地理条件和强大研究队伍显示出强劲势头。在短短十几年之内，国内儒学研究就呈现遍地开花的趋势，除高校和科研机构以外，还有各领域、各种身份学者的涌现，渐露"一阳来复"（杜维明）的迹象。随着改革开放的推进，港台现代新儒学对大陆儒学研究的反哺，推动大陆"儒学热"。在"国学热"的浪潮中，海外的现代新儒学，即第三代现代新儒家们，其中以杜维明、余英时、成中英、陈荣捷为主要代表。在中国改革开放的时代背景下，他们有机会到大陆讲学、进行学术交流，他们现代新儒学的思想和著作对大陆儒学研究产生深远影响。在他们的助推下，人们逐渐破除在儒学现代价值认识上的"左"的思想束缚，推动大陆儒学现代化进程。

中国经济实力增长与现代化建设成就得益于中国特色社会主义的成功。21世纪的中国展现了民族复兴的光辉前景。逐渐小康的人们对社会发展有着更高的期待与要求，多元利益格局与多元价值并存，人们精神文化生活更加多样化。文化寻根与文化慰藉伴随着传统文化回归不断升温，成为21世纪中国当代社会思想文化一大特色。同时，民族复兴与文化复兴紧密相连，儒学在中国文化中的特色地位，在某些学者眼中儒学也必将伴随着民族崛起而复兴，"复兴儒学"呼声日渐升高。面对儒学复兴的强劲势头，海内外学者做出"21世纪是儒学世纪""21世纪儒学必然在全世界复兴"的判断。

"儒学复兴"思潮甚为复杂，这里面既有意识形态上的"儒学复兴"，也有学术思想上的"儒学复兴"。"儒学复兴"既有文化保守主义的复兴，也有自由主义立场的"儒学复兴"。在理论界，更多大陆马克思主义学者对儒学复兴持谨慎的态度，坚决捍卫马克思主义真理性与纯洁性，同各种错误思潮做斗争，坚持马克思主义基本原理，在马克思主义与儒学关系研究上取得一系列丰硕成果。

改革开放时代，中国特色社会主义事业与文化建设协调推进。改革开放之后，邓小平指出："我们要建设的社会主义国家，不但要有高度的物质文明，而且要有高度的精神文明。所谓精神文明，不但是指教育、科学、文化（这是完全必要的），而且是指共产主义的思想、理想、信念、道德、纪律。"[①] 随着中国特色社会主义的不断推进，党的十五大明确提出建设中国特色社会主义文化以及文化建设目标："培育有理想、有道德、有文化、有纪律的公民为目标，发展面向现代化、面向世界、面向未来的，民族的科学的大众的社会主义文化。"[②] 进入21世纪以后，面对日益繁荣的文化事业和文化产业，党的十七届六中全会专门讨论了文化发展问题，通过党内决议方式总结和概括了党在文化建设的实践和探索，制定了完整的文化理论，提出了"建设社会主义文化强国"的战略目标。党在中国特色社会主义文化建

---

① 《邓小平文选》第2卷，人民出版社，1994，第367页。
② 《江泽民文选》第2卷，人民出版社，2006，第537页。

设上的实践与探索是对中国共产党以马克思主义中国化推动文化现代化道路与经验的继承与发展，体现了中国共产党的文化自觉，标志着中国特色社会主义文化理论初步成型。

五　历史性机遇：21世纪中国的马克思主义与儒学现代化

儒学曾经在中国的革命、建设和改革中发挥着重要作用，不会缺席中国现代化，也不会在民族复兴大业中作壁上观。儒学对解决中国现实矛盾及人类共同面临的发展问题提供现实启示和重要参考，是新时代治国理政重要的传统资源与思想宝库。新时代、新阶段、新形势下，中国现代化事业与民族复兴伟业呼唤与时俱进的理论指导，需要继续推进马克思主义时代化、大众化与中国化，需要推动儒学等传统文化实现现代转化。新时代马克思主义中国化与儒学为代表的中国文化深度融合，不仅是21世纪中国的马克思主义的发展需要，也是儒学现代化必然要求，更是建设中国特色社会主义文化的需要。"中国特色社会主义文化，源自于中华民族五千多年文明历史所孕育的中华优秀传统文化，熔铸于党领导人民在革命、建设、改革中创造的革命文化和社会主义先进文化，植根于中国特色社会主义伟大实践。"[①]

党的十八大以来，习近平高度重视传统文化，在不同场合发表了一系列继承与弘扬儒家文化的指示与讲话，具有鲜明价值指向与丰富思想内涵，形成丰富的文化建设思想，进一步充实与丰富了党的文化理论，推动21世纪中国化的马克思主义进入新境界。习近平新时代中国特色社会主义思想关于儒学，主要体现在两个重要的方面。其一，从国家与社会治理现代化的角度高度重视儒学为代表的中国传统文化传承。从儒学传统中吸取治国理政的思想资源与政治智慧，是以习近平同志为核心的新一届党中央鲜明的执政特点。新时代中国特色社会主义"五位一体"总体布局与协调推进中，习近平新时代中国特色社会主义思想从多层次、多领域，不同程度地对以儒学为代表的中国传统文化进行借鉴与吸收，展现深厚的儒家文化向度。其二，从文化自信角度推进新时代儒学"创造性转化与创新性发展"。习近平指出：对待传统文化要"坚持古为今用、推陈出新，结合新的实践和时代要求进行正确取舍，而不能一股脑儿都拿到今天来照套照用"。[②] 中国共产党是中国优秀传统文化的继承者与弘扬者，批判地继承传统文化是中国共产党一贯的文化立场。新时代，努力实现传统文化的创造性转化与创新性发展是习近平对传统文化发展指出的一条发展之路，是中国共产党人在批判继承基础上的进一步发展与升华。不断促进儒学

---

① 《习近平谈治国理政》第3卷，外文出版社，2020，第32页。

② 习近平：《在纪念孔子诞辰2565周年国际学术研讨会暨国际儒学联合会第五届会员大会开幕会上的讲话》，人民出版社，2014，第11页。

创造性转化与创新性发展是建设社会主义文化自信的重要举措。习近平指出："文化自信是更基础、更广泛、更深厚的自信，是更基本、更深沉、更持久的力量。"[①]传统文化是文化自信的根基，是"一个国家、一个民族传承和发展的根本，如果丢掉了，就割断了精神命脉"。[②] 中国五千年的传统文化为建设社会主义文化提供了丰富的资源，要不断"从中华文化宝库中萃取精华、汲取能量""坚持不忘本来、吸收外来、面向未来，在继承中转化，在学习中超越"，促进优秀儒家传统文化的现代转化，从而使中国文化具有"鲜明的中国特色、中国风格、中国气派"。[③] 推进儒学创新性发展与创造性转化是新时代儒学现代化的重要内容，是建设中国特色社会主义文化的必然要求。

回首中国共产党近百年文化建设之路，总结马克思主义中国化与儒学现代化的关系，具有重要理论意义与现实启示。儒学曾经是中国文化的主干，在中国传统文化中占据主体位置，是中华民族精神的"根"与"魂"。马克思主义中国化进程中儒学现代化经验告诉我们，解决近代以来中国问题靠的是马克思主义而不是儒学，马克思主义的成功经验是不断推进马克思主义中国化。马克思主义取代儒学成为当代中国主流意识形态是历史和人民的抉择，意识形态的儒学不可能真正复兴。在当代中国，复兴儒学或儒学现代化都应妥善处理好与马克思主义的关系，当代儒学发展不可能、也不要试图取代马克思主义的位置。

考察近代以来马克思主义与儒学的关系，我们深刻认识到马克思主义指导下新文化建设路径是解决中国近现代文化转型的唯一正确道路，这是我们必须长期坚持的文化建设路径。新时代，儒学要实现"双创"就必须坚持在马克思主义指导下，以开放包容的胸怀，积极吸纳世界一切先进文明，积极构建社会主义新儒学。社会主义新儒学是社会主义条件下儒学现代化的新形态，服务于中国现代化事业，是中国特色社会主义文化的有机组成，是涵养社会主义核心价值观的文化源泉。开创21世纪的中国化的马克思主义新境界，努力推动儒学的现代转化只有进行时，没有完成时。

Modernization of Confucianism in the Process of Sinicization of Marxism

GUO rui

Abstract：The sinicization of Marxism is a fundamental event in the development of modern history. The impact, collision and communication between Marxism and Confu-

---

① 《习近平谈治国理政》第3卷，外文出版社，2020，第311页。
② 《习近平谈治国理政》第2卷，外文出版社，2017，第313页。
③ 《习近平谈治国理政》第2卷，外文出版社，2017，第349～352页。

cianism after it was introduced to China, and the final realization of integration was the realistic need of sinicization of Marxism, as well as the internal requirement of modernization of Confucianism. The relationship between sinicization of Marxism and modernization of Confucianism: Confucianism provides the national form and content for Marxism, promotes the sinicization of Marxism, and Confucianism realizes the modern transformation under the promotion of sinicization of Marxism. There were different aspects of sinicization of Marxism in each stage of revolution, construction and reform. The cultural policy of the party in the period of democratic revolution was critical inheritance, after the founding of the People's Republic of China, the continuous ideological criticism on Confucianism showed that the party had not been able to deal with the relationship between sinicization of Marxism and modernization of Confucianism. For a period of time after the reform and opening up, influenced by the wrong ideological trend, Marxism weakened in the ideological guidance, the modernization of Confucianism and the sinicization of marxism gradually went far away. In the new era, Marxism and traditional culture are deeply integrated, and Confucianism keeps achieving creative transformation and innovative development. In the 21st century, sinicized Marxism and Confucianism have entered a new realm of modernization.

Keywords: Sinicization of Marxism; Modernization of Confucianism; Confucianism

马克思主义文化研究　2020 年第 2 期　总第 6 期
第 100～112 页

论中华文化的当代使命

隋云鹏*

【摘　要】中华文化的当代使命是创造新的文化形态，实现中华文化的伟大复兴；创造社会主义工业文明，促进人的自由全面发展；创造新的天人关系，引领文化全球化，建设社会主义文化强国。中华文化的新形态必须在马克思主义的指导下，融合中华传统文化、西方文化的优秀方面，世界各民族创造的优秀文化也要成为中华文化的组成部分。中华文化创造的社会主义工业文明是没有压迫、没有剥削、人人平等、人人自由的工业文明，是赋予人民新的文化生命、促进人的自由全面发展的工业文明。天人关系即天文与人文的关系，必须转变为科学与人文的关系。天文与人文的关系是农业文明的核心，科学与人文的关系是工业文明的核心。创造新的天人关系，必须赋予科学深厚的人文精神，赋予人民新的文化生命。

【关键词】中华文化；社会主义工业文明；文化全球化

　　在人类社会的发展史上，当今时代处于非常重要的历史方位。自第二次世界大战结束以来，世界开始进入全面全球化时代，并大体保持了和平稳定的发展态势，世界范围内工业化进程进一步加速，现代化程度进一步提升。在全球化、工业化、现代化的强劲驱动下，世界范围内文化交流、交锋与交融日益繁荣活跃，文化艺术、思想道德、意识形态趋同化与碎片化两极趋势并存，文化全球化日益向纵深发展。从中华文化发展规律来看，中华文化仍然处于第三个数千年未有之大变局中，传统文化的根基已经全面解体和没落，新的文化形态尚未完全形成。中华文化的当代使命是创造新的文化形态，实现中华文化伟大复兴，创造社会主义工业文明，促进人的自由全面发展，创造新的天人关系，引领文化全球化，建设社会主义文化强国。

---

　　* 隋云鹏，山东省文化和旅游厅对外交流与合作处副处长，法学硕士，研究方向是中华文化、马克思主义中国化。

一 创造新的文化形态，实现中华文化伟大复兴

清末民初，以鸦片战争为标志，中华传统文化进入第三个数千年未有之大变局。在西方工业文明的强势冲击下，几千年来稳居世界巅峰的农业文明开始没落。时至今日，中华文化仍然处在大变局中，传统文化的根基已经全面解体，"这样一来，旧有的小农经济的经济制度（在这种制度下，农户自己也制造自己使用的工业品），以及可以容纳比较稠密的人口的整个陈旧的社会制度也都在逐渐瓦解"。① 新的文化形态尚未完全形成，中华传统文化、西方文化、马克思主义三种文化传统（以下简称中、西、马）、文化资源、文化发展对立互动，构成当前文化发展的基本格局。这一基本格局由来已久，"在'五四'以来的百年中国思想史中，一个最基本的现实就是中、西、马三种思想文化资源并存，自由主义西化派、文化保守派和中国马克思主义派各拥有自己的资源优势，三大思潮形成了鼎足之势。它们之间既互相对立、互相竞争、互相论战，又互相渗透、互相吸摄、互相补充，有时针锋相对、势同水火，有时也有局部的一致、联盟的关系。这就是所谓'三大思潮对立互动'"。② 创造新的文化形态，必须彻底解决中华传统文化、西方文化、马克思主义的关系问题。只有彻底解决中、西、马的关系问题，才能为创造中华文化新形态扫除障碍，推动形成真正统一的文化形态，从而实现中华文化伟大复兴，深刻影响、引领带动世界文化和人类文明实现创造性发展。

一百多年来，在中华传统文化、西方文化、马克思主义的对立互动中，对立远大于互动。由于近现代以来西方帝国主义列强的侵略和国际国内反动势力的强大，中国革命进行得异常残酷，中、西、马三者间的敌视、隔阂、斗争异常激烈。经过改革开放四十年的发展，三者间的关系虽然有所缓和，但意识形态斗争依然比较尖锐。虽然如此，这种有所缓和的时代背景，为解决中华传统文化、西方文化、马克思主义的关系问题提供了宝贵的时代契机和外部环境。实际上，从人类社会发展史和世界文化史的宏观视野看，中华传统文化、西方文化、马克思主义并非截然对立、不相往来、互相隔绝的独立个体。中华传统文化对文艺复兴、启蒙运动、法国大革命产生了深远影响，是启蒙运动理性主义的来源之一，而空想社会主义是启蒙运动理性主义的新发展，③ 例如，"中国的造纸术、火药、印刷术、指南针四大发明带动了世界变革，推动了欧洲文艺复兴"。④ 五四运动以后，马克思主义成为中国革命和社会主义建设、改革的指导思想，马克思主义中国化的进程，同时也是运用马克思主义立场、观点、方法批判的继承和发展中华传统文化的进程。更为重要

---

① 《马克思恩格斯论中国》，人民出版社，2018，第 172 页。
② 《马克思主义文化研究》（第 2 期），社会科学文献出版社，2018，第 7 页。
③ 《马克思主义文化研究》（第 2 期），社会科学文献出版社，2018，第 124 页。
④ 习近平：《文明交流互鉴是推动人类文明进步和世界和平发展的重要动力》，《求是》2019 年第 9 期。

的是，中华优秀传统文化、西方优秀文化分别在历史上为中西方社会提供了文化支撑、精神指引和人文关怀，"迄今为止，在人类社会的发展史上，为生民立命有两个最为经典的体系：一个是中国传统社会的忠孝仁义礼智信廉耻等核心价值观和价值体系，一个是西方社会自启蒙运动以来的自由、平等、民主、博爱、人权、法治等核心价值观和价值体系"。① 这样两个具有长久生命力的核心价值观和价值体系，应本着历史唯物主义和辩证唯物主义的态度，予以批判地继承和发展。也就是说，中华文化的新形态应在马克思主义的指导下，融合中华传统文化、西方文化的优秀方面，不仅如此，世界各民族创造的优秀文化都要成为未来中华文化的组成部分，从而在新的世界历史进程中承担起向世界提供优秀文化的历史使命和文化使命。

在与外来文化交流互鉴方面，中华传统文化有着极其丰富的经验。唐宋佛教中国化、明清天主教中国化，不仅为我们提供了应对处理意识形态冲突的历史经验，而且推动了中华传统文化不断涌现新的文化形态。中华传统文化从诞生之日起就是一个与时俱进、开放包容的体系，同时，在与外来文化交流交锋交融的进程中，一直保持着中华传统文化的主体性。中华传统文化的主体是天人合一理论，② "中华文明的核心价值在于其所具有的天人合一的宇宙观"。③ 中华传统文化之所以能在几千年的时间里保持主体性，是因为古代中国的主要科学——天文学和历法一直走在世界前列。因此，佛教、伊斯兰教、基督教等东传中国后均被不同程度地纳入天人合一理论体系。文艺复兴运动兴起后，近代欧洲在天文学方面开始超越中国，哥白尼、布鲁诺、开普勒、伽利略等欧洲天文学家相继开辟天文学新境界，引领数学、力学、物理学等近代科学全面进步，推动了工业革命的兴起和工业社会的建立，天人合一理论在另一条道路上取得长足发展，"在欧洲，牛顿发现的万有引力，为天人合一在科学时代的螺旋式上升，奠定了坚实的物质基础和科学基础，而天人合一在科学时代社会领域和思维领域的螺旋式上升，是由马克思最终完成的……马克思通过'革命的实践'，实现了科学时代天人合一的螺旋式上升：'全部社会生活在本质上是实践的。凡是把理论引向神秘主义的神秘东西，都能在人的实践中以及对这个实践的理解中得到合理的解决'"。④ 20世纪以来，宇宙大爆炸理论、黑洞理论、平行宇宙理论、暗物质理论、暗能量理论、相对论、量子力学、混沌理论、分形几何学等科学取得一轮又一轮革命性突破，深空探索成为综合国力的象征，行星科学成为战略性新兴学科和交叉学科，星联网进入实用阶段，地月空间经济区提上日程，太阳和月亮的光明已无法继续成为太空时代人类走向宇宙深处的追求和指

① 隋云鹏：《天人之际新阶段——科学视野下的天人合一与文化复兴》，《人文天下》2017年第11期。
② 隋云鹏：《从"观乎天文"到"观乎人文"》，《中国文化报》2019年4月24日。
③ 冯时：《探寻中华文明核心内涵》，《中国社会科学报》2019年7月15日。
④ 隋云鹏：《天下归仁与科学时代的文化信仰》，《人文天下》2018年第19期。

针。① 中华文化必须承担起新的历史使命和文化使命，推动中西方天人合一理论融合发展、综合创新，尤为重要的是推动心性之学创造性转化、创新性发展，培育内心光明的个体生命，为人类在广袤无垠的宇宙中确立安身立命之所。

实际上，每一历史时代的主要文化形态扎根于每一历史时代的经济基础，受制于每一历史时代的生产力和生产关系，反映了对每一历史时代自然、社会和人类思维发展一般规律的认识。当前，中国已成为世界上规模最大、发展最迅速的工业国和工业社会，生产力和生产关系、经济基础发生了翻天覆地的变化，创造新的文化形态已是现实的迫切需要。习近平指出："当代中国共产党人和中国人民应该而且一定能够担负起新的文化使命，在实践创造中进行文化创造，在历史进步中实现文化进步。"② 根据中华文化发展规律、社会主义文化建设规律、马克思主义文化发展规律、文化全球化发展规律，从现有经济基础、上层建筑、文化艺术、思想道德、意识形态以及第四次世界工业革命发展趋势看，在今后一个历史时期，中华文化新形态的本质是社会主义工业文明，中华文化新形态的核心是科学与人文的关系。中华文化新形态在中华文化的序列里可被称为道学，在这里，"道"是指规律；在马克思主义的序列里可被称为马克思主义自由学，自由不仅在人与自然的关系上成为最高文化信仰，在人与人的关系、人与物的关系上也成为最高文化信仰。

道学之名，出现于《隋书·经籍志》《宋史·道学传序》等典籍，狭义可指道家文化，广义可指道学文化。南宋时期，道学又称为理学，狭义可指儒家的道德学问。道是中国古代哲学的基石，可指世界的本原、本体、规律、原理、规范等，如"一阴一阳之谓道"、"易与天地准，故能弥纶天地之道"、"道生一，一生二，二生三，三生万物"、君子之道等。因此，在历史上，"道"既是哲学的重要范畴又是道德的重要范畴，同时，又具有体用合一的本质、内涵、特征和优势。当前，在加快构建中国特色哲学社会科学学科体系、学术体系、话语体系的进程中，应当把"道"放在优先位置予以创造性转化、创新性发展。近代以来，无论是哲学还是科学都是围绕"规律"展开的，恩格斯指出："正如美国《科学》杂志已经公正地指出的，在研究单个事实之间的重大联系方面的决定性进步，即把这些联系概括为规律，现在更多地是出在英国，而不像从前那样出在德国。"③ 同时，他突出了"一般规律"的哲学命题，如"这一任务，归根到底，就是要发现那些作为支配规律在人类社会的历史上起作用的一般运动规律"④ "历史进程是受内在的一般规律支配的"。⑤ 中华传统文化中的"道"完全可以涵盖、指代"规律"，并具备"规律"

① 隋云鹏：《从"观乎天文"到"观乎人文"》，《中国文化报》2019年4月24日。
② 习近平：《决胜全面建成小康社会　夺取新时代中国特色社会主义伟大胜利——在中国共产党第十九次全国代表大会上的报告》，人民出版社，2017，第44页。
③ 《马克思恩格斯文集》第4卷，人民出版社，2009，第313页。
④ 《马克思恩格斯文集》第4卷，人民出版社，2009，第301页。
⑤ 《马克思恩格斯文集》第4卷，人民出版社，2009，第302页。

所没有的人文精神。近代以前，各个民族、国家、地区都受各自独特的自然、社会和思维发展一般规律的制约，从而形成了各自独有的最高文化信仰，创造了各自独特的主要文化形态。近代以来，随着科技的进步、大工业的建立和世界市场的形成，一方面人类对自然、社会和思维发展一般规律的认识取得了革命性、颠覆性的进步，并深刻认识到它们之间的内在联系；另一方面，各个民族、国家、地区独特的自然、社会和思维发展一般规律，逐步被世界性的、全人类的自然、社会和思维发展一般规律所支配、替代。因此，中华文化应深入把握世界文化发展大势，将规律作为主要研究对象，中华文化新形态实质上是规律之学，在中华文化的序列里，可用道学称之。研究规律的目的是认识规律、利用规律，从受制于规律的必然王国进入驾驭规律的自由王国，实现人的真正的全面的自由，自由成为最高文化信仰，因此，中华文化新形态在马克思主义的序列里可被称为马克思主义自由学。

二 创造社会主义工业文明，促进人的自由全面发展

中国传统社会是典型的农业社会，中华传统文化本质上是农业文明，"考古资料显示，中国农业起源的过程经历了数千年之久，大约起始自距今一万年前，完成于距今五千年前后"。① 在中国北方地区，"到距今 5500 年前后的仰韶文化中期（庙底沟时期），通过采集狩猎获取食物资源的必要性已微不足道，以种植粟和黍两种小米为代表的旱作农业生产终于取代采集狩猎成为仰韶文化的经济主体，至此中国北方地区正式进入了以农耕生产为主导经济的农业社会阶段"。② 在中国南方地区，"至迟在良渚文化时期长江中下游地区也完成了由采集狩猎向农业社会的转变"。③ 在农业社会，最主要的科学是天文学，这主要是为了制定历法以指导农时。因此在古代中国，农业、天文学、文化的起源大致是同时进行、密不可分的，从而形成了独特而经典的农业文明。随着中国正在推进世界史上最大规模的工业革命和工业化，几千年的农业文明已经全面解体和没落，《共产党宣言》1883 年德文版序言指出："每一历史时代的经济生产以及必然由此产生的社会结构，是该时代政治的和精神的历史的基础。"④ 中华文化必须实现从农业文明向工业文明的历史性转变，必须承担起为工业社会提供文化支撑、精神指引和人文关怀的历史使命与文化使命。

文艺复兴以来，随着近代欧洲天文学、数学、力学、物理学等科学的革命性飞跃，工场手工业、机器大工业先后兴起。西方在工业革命的基础上，建造了前所未有的工业社会，全面改变了人类的生产方式、生活方式、交往方式、思维方式，创

---

① 赵志军：《中国农业起源研究的新思考和新发现》，《光明日报》2019 年 8 月 5 日。
② 赵志军：《中国农业起源研究的新思考和新发现》，《光明日报》2019 年 8 月 5 日。
③ 赵志军：《中国农业起源研究的新思考和新发现》，《光明日报》2019 年 8 月 5 日。
④ 《马克思恩格斯文集》第 2 卷，人民出版社，2009，第 9 页。

造了新的人类文明——资本主义工业文明，然而，这种起源于西方的工业文明是"用血和火的文字载入人类编年史的"。① 虽然"资产阶级在它的不到一百年的阶级统治中所创造的生产力，比过去一切世代创造的全部生产力还要多，还要大"。② 然而，"由于推广机器和分工，无产者的劳动已经失去了任何独立的性质，因而对工人也失去了任何吸引力。工人变成了机器的单纯的附属品"，③ 不仅如此，"它把人的尊严变成了交换价值，用一种没有良心的贸易自由代替了无数特许的和自力挣得的自由。总而言之，它用公开的、无耻的、直接的、露骨的剥削代替了由宗教幻想和政治幻想掩盖着的剥削"。④ 这种剥削，"对直接生产者的剥夺，是用最残酷无情的野蛮手段，在最下流、最龌龊、最卑鄙和最可恶的贪欲的驱使下完成的"。⑤ 在这样宏大的历史背景下，资产阶级哲学家、思想家们也观察到了这种社会现象，提出了人的"异化"的哲学命题，但是，他们不能科学地说明人的"异化"的根源，不能科学地说明资本主义生产方式和资本主义社会基本矛盾，不能科学地说明历史发展动力，无法与人民尤其是无产阶级结合在一起，找不到革命的依靠力量，只能在自己的哲学概念和体系中自我发展，"哲学家们在不再屈从于分工的个人身上看到了他们名之为'人'的那种理想，他们把我们所阐述的整个发展过程看做是'人'的发展过程，从而把'人'强加于迄今每一历史阶段中所存在的个人，并把'人'描述成历史的动力。这样，整个历史过程就被看成是'人'的自我异化过程，实质上这是因为，他们总是把后来阶段的一般化的个人强加于先前阶段的个人，并且把后来的意识强加于先前的个人。借助于这种从一开始就撇开现实条件的本末倒置的做法，他们就可以把整个历史变成意识的发展过程了"。⑥

马克思深刻批判了资产阶级的唯心史观，指出："哲学家们只是用不同的方式解释世界，而问题在于改变世界，"⑦ 并指明了人类从异化中解放出来的方向和途径——共产主义革命："各个人的全面的依存关系、他们的这种自然形成的世界历史性的共同活动的最初形式，由于这种共产主义革命而转化为对下述力量的控制和自觉的驾驭，这些力量本来是由人们的相互作用产生的，但是迄今为止对他们来说都作为完全异己的力量威慑和驾驭着他们。"⑧ 从而实现了"人的自我异化的积极的扬弃"。⑨ 在这一伟大的历史进程中，马克思指出哲学的历史任务是与无产阶级相结合："哲学把无产阶级当做自己的物质武器，同样，无产阶级也把哲学当做自

① 《马克思恩格斯文集》第5卷，人民出版社，2009，第822页。
② 《十五大以来重要文献选编》（下），人民出版社，2003，第2402页。
③ 《马克思恩格斯文集》第2卷，人民出版社，2009，第38页。
④ 《马克思恩格斯文集》第2卷，人民出版社，2009，第34页。
⑤ 《马克思恩格斯文集》第5卷，人民出版社，2009，第873页。
⑥ 《马克思恩格斯文集》第1卷，人民出版社，2009，第582页。
⑦ 《马克思恩格斯文集》第1卷，人民出版社，2009，第506页。
⑧ 《马克思恩格斯文集》第1卷，人民出版社，2009，第542页。
⑨ 《马克思恩格斯文集》第1卷，人民出版社，2009，第185页。

己的精神武器",① 只有这样才能真正实现人的解放,而这个"唯一实际可能的解放是以宣布人是人的最高本质这个理论为立足点的解放",② 同时,马克思进一步强调指出:"这个解放的头脑是哲学,它的心脏是无产阶级。哲学不消灭无产阶级,就不能成为现实;无产阶级不把哲学变成现实,就不可能消灭自身。"③ 在纪念马克思诞辰 200 周年大会上,习近平指出:"马克思创建了唯物史观和剩余价值学说,揭示了人类社会发展的一般规律,揭示了资本主义运行的特殊规律,为人类指明了从必然王国向自由王国飞跃的途径,为人民指明了实现自由和解放的道路。"④

建立在压迫、剥削和两极分化基础上的资本主义工业文明,不仅给个体生命带来了深重灾难,也给全人类带来了深重灾难。英、法、美、德、俄、日等资本主义大国,都毫无例外地走向了在本国工业革命的支撑下对内剥削压迫、对外侵略扩张的道路,为了夺取原料产地、世界市场,它们不断发动侵略战争,并最终演变成两次世界大战,给世界带来了浩劫。马克思主义和国际共产主义运动正是在这样的历史大背景下诞生,并不断发展壮大。习近平指出:"马克思主义博大精深,归根到底就是一句话,为人类求解放。在马克思之前,社会上占统治地位的理论都是为统治阶级服务的。马克思主义第一次站在人民的立场探求人类自由解放的道路,以科学的理论为最终建立一个没有压迫、没有剥削、人人平等、人人自由的理想社会指明了方向。"⑤ 这是中华文化必须坚持社会主义方向,创造社会主义工业文明,建设社会主义文化强国的根本原因。中华文化创造的社会主义工业文明是没有压迫、没有剥削、人人平等、人人自由的工业文明,是赋予人民新的文化生命、促进人的自由全面发展的工业文明。因此,社会主义工业文明必须坚持为人民服务、为社会主义服务这个根本方向;必须深入思考人与人的关系、人与自然的关系、人与物的关系、人与科学的关系、人与工业的关系。"现代文化的本质是工业社会的文化,现代文明的本质是工业文明。为工业社会提供文化支撑、精神指引和人文关怀是文化现代化的充要条件与必经阶段。"⑥ 创造社会主义工业文明,也是文化现代化的应有之义和必然要求。

社会主义是社会主义工业文明的本质规定。当前,中国特色社会主义进入新时代,不断开创国际共产主义运动和世界社会主义发展新局面。马克思和恩格斯毕生关注中国,对中华民族、中国革命、中国社会主义寄予殷切期望,同时,他们指出:"当然,中国社会主义之于欧洲社会主义,也许就像中国哲学与黑格尔哲学一样。"⑦ 中国社会主义不仅遵循着社会主义发展的一般规律,而且有着不同于欧洲

---

① 《马克思恩格斯文集》第1卷,人民出版社,2009,第17页。
② 《马克思恩格斯文集》第1卷,人民出版社,2009,第18页。
③ 《马克思恩格斯文集》第1卷,人民出版社,2009,第18页。
④ 习近平:《在纪念马克思诞辰200周年大会上的讲话》,人民出版社,2018,第8页。
⑤ 习近平:《在纪念马克思诞辰200周年大会上的讲话》,人民出版社,2018,第8页。
⑥ 《马克思主义文化研究》(第2期),社会科学文献出版社,2018,第126页。
⑦ 《马克思恩格斯论中国》,人民出版社,2018,第134页。

社会主义的特殊发展规律，这使它面对人类社会发展大势，具备更强的适应能力和调整能力，取得了巨大成功，"实践证明，我们党把马克思主义基本原理同中国具体实际结合起来，在古老的东方大国建立起保证亿万人民当家作主的新型国家制度，使中国特色社会主义制度成为具有显著优越性和强大生命力的制度，保障我国创造出经济快速发展、社会长期稳定的奇迹，也为发展中国家走向现代化提供了全新选择，为人类探索建设更好社会制度贡献了中国智慧和中国方案"。[1] 中华文化是这一特殊发展规律的重要方面，"中国特色社会主义国家制度和法律制度，植根于中华民族 5000 多年文明史所积淀的深厚历史文化传统，吸收借鉴了人类制度文明有益成果，经过了长期实践检验"。[2] 同时，中华文化在创造社会主义工业文明的历史进程中，也遵循着社会主义文化发展的一般规律："这种实际的狭隘性观念反映在古代的自然宗教和民间宗教中。只有当实际日常生活的关系，在人们面前表现为人与人之间和人与自然之间极明白而合理关系的时候，现实世界的宗教反映才会消失。只有当社会生活过程即物质生产过程的形态，作为自由联合的人的产物，处于人的有意识有计划的控制之下的时候，它才会把自己神秘的纱幕揭掉。但是，这需要有一定的社会物质基础或一系列物质生存条件，而这些条件本身又是长期的、痛苦的发展史的自然产物"。[3] 列宁对中国社会主义的期待则因国际无产阶级革命斗争的需要显得更为迫切："斗争的结局归根到底取决于如下这一点：俄国、印度、中国等构成世界人口的绝大多数。正是这个人口的大多数，最近几年来非常迅速地卷入了争取自身解放的斗争，所以在这个意义上说，世界斗争的最终解决将会如何，是不可能有丝毫怀疑的。在这个意义上说，社会主义的最终胜利是完全和绝对有保证的。"[4] 他针对建立中国社会主义文明，进一步强调指出："为了保证我们能存在到反革命的帝国主义的西方同革命的和民族主义的东方，世界上最文明的国家同东方那样落后的但是占人口大多数的国家发生下一次军事冲突的时候，这个大多数必须能赶得上建立文明"。[5] 当前，中国正在进行的人类历史上最大规模的工业革命、工业化已取得重大成就，创造了人类历史上经济快速发展、社会长期稳定的奇迹，取得这一奇迹的根本原因是坚持和完善了社会主义制度，这一制度确保了社会大转型期、大转折期、大发展期广大人民群众的根本利益，"新中国 70 多年取得的历史性成就充分证明，中国特色社会主义制度是当代中国发展进步的根本保证"。[6] 社会主义工业文明初步显示了巨大的优越性，不断推动中华文明创造性转化、创新性发展，为人类文明走出了一条新路。

---

① 习近平：《坚持、完善和发展中国特色社会主义国家制度与法律制度》，《求是》2019 年第 23 期。
② 习近平：《坚持、完善和发展中国特色社会主义国家制度与法律制度》，《求是》2019 年第 23 期。
③ 《马克思恩格斯文集》第 5 卷，人民出版社，2009，第 97 页。
④ 《列宁专题文集 论社会主义》，人民出版社，2009，第 378 页。
⑤ 《列宁专题文集 论社会主义》，人民出版社，2009，第 379 页。
⑥ 《党的十九届四中全会〈决定〉学习辅导百问》，党建读物出版社、学习出版社，2019，第 35 页。

马克思主义文化研究 2020年第2期 总第6期

三 创造新的天人关系，引领文化全球化

天人关系或与其同等概念的人神关系、人鬼关系、死生关系、心物关系是一切文化、思想、哲学、宗教的核心，关乎个体生命和人类社会的文化信仰、精神指引、人文关怀、心灵温润。中华传统文化起源于天文观察和处理天人关系的实践，在关于天人关系的思考中，逐步形成了天人合一理论，"在天人合一理论的发展和指导下，中国先民创造了上古时期辉煌绚丽的文化、思想和制度。浙江余杭良渚遗址、山西襄汾陶寺遗址、陕西神木石峁遗址、河南偃师二里头遗址，已经进入早期国家阶段，但都毫无例外地继承和发展了天人合一的灿烂文化，成为当时的文化中心，并强力辐射周边，推动形成中华民族多元一体文化发展格局，成为中华文化、思想、制度的共同源头"。① 考古学证据显示，距今 5500 ~ 5300 年，"各地区都相继迎来文明曙光，且不同区域的社会上层之间，存在远距离的信息交流，形成了一个最早的中华文化圈"，② 因此，炎黄作为这一时代的符号，绝非部落联盟首领，而的确为"帝"——中央邦国最高领导人，中国社会科学院学部委员王巍认为"在有黄帝传说之地"——距今 6000 年到 5500 年的河南西部三门峡市灵宝铸鼎原遗址群"出现了中原地区最早的大型高等级聚落密集分布的情况，十分耐人寻味"。③所以，《史记·五帝本纪》有着坚实的考古学基础和历史背景，符合历史发展规律，绝非虚妄之作。天人合一理论在五帝之一的颛顼帝时代发生了影响深远的转折，即"绝地天通"，至少从这时起，神权开始从属于王权，中华文化开始结束满天星斗的局面，出现了较为统一的文化形态，从而在意识形态领域为国家的形成尤其是"最早中国"的出现奠定了思想文化基础，"在相当于尧舜禹的时期，这种一体化趋势更加明显地表现在中原地区……成为中华文明的主根、主源和多元一体的中华文明总进程的核心与引领者"。④ 这种文化现象实际上反映了当时农业社会生产力的进步和天文学的发达，在此基础上，中国先民开始从受制于自然发展的一般规律中解放出来，人类面对天、神、自然界取得了重大胜利，从而奠定了中华传统文化的非宗教化基础、中国传统社会的世俗化基础。

这一转折是中华文化第一次数千年未有之大变局，不仅对中华传统文化、中国传统社会影响深远，也对世界文化和人类文明影响深远。到了距今 4300 ~ 3900 年，大约相当于尧舜禹时期的陶寺文化，天文历法已经达到了前所未有的高度，出现了"世界上能够确认的年代最早的观象台"，⑤ 最早的中国已经形成，中国先民对天人

---

① 隋云鹏:《从"观乎天文"到"观乎人文"》,《中国文化报》2019 年 4 月 24 日。
② 王巍:《新中国 70 年考古学回顾与思考》,《光明日报》2019 年 8 月 19 日。
③ 王巍:《中华五千多年文明的考古实证》,《求是》2020 年第 2 期。
④ 王巍:《中华五千多年文明的考古实证》,《求是》2020 年第 2 期。
⑤ 王巍:《新中国 70 年考古学回顾与思考》,《光明日报》2019 年 8 月 19 日。

关系的认识进一步深化："中华传统文化成熟地确立了个体生命的人生意义在人世而不是天国、在世俗世界而不是宗教世界的立场，把天、天国、宗教世界同一于它的世俗基础；标志着中华传统文化此时已经成熟的解决了'上帝死了'的哲学命题，发展了天人合一的思想。"① 这一文化传统即使在巫觋势力强大的商代也未发生动摇，祭祀与占卜只是商王的统治手段之一，商代依然是世俗化社会而非宗教社会，"早期史料显示，巫史构成了上古社会特有的知识集团，因而拥有与神灵沟通的神秘权力。而王作为群巫之长，具有政教合一的领袖的特殊身份，这个事实至少在商代的甲骨文中依然反映得相当清楚。巫的主要作用在于传达神人的意旨。而王既为巫主，又为人主，因而作为王臣的巫，其交通神人的祷祈活动其实也就体现为上达王意与降传神旨的行为。如殷人占卜，其最终审断皆决于王意，而贞人命龟不过传达王意而已"。② 由此，我们可以注意到中华文化的早熟：自孔子始的诸子百家学说均为理性学说，中国社会为不依赖上帝而存在的世俗社会。

中华传统文化的早熟或者说理性，有着坚实的古代科学基础。现代天文学充分证明，中国古代发达的天文学和历法并不是先民们臆造出来的，而是经过长期观察计算出来的。例如，中国传统社会对木星运行规律十分了解，发明了大约十二年为一周期的岁星纪年法："岁在星纪，而淫於玄枵。"（《左传·襄公二十八年》）。《国语·周语·景王问钟律于伶州鸠》记载的"昔武王伐殷，岁在鹑火，月在天驷，日在析木之津，辰在斗柄，星在天鼋。星与日辰之位皆在北维，颛顼之所建也，帝喾受之。……岁之所在，则我有周之分野也。"以及利簋铭文记载的"武王征商，唯甲子朝。岁鼎，克昏夙有商。"③ 甚至提供了商周断代的重要天文星象依据。今天科学已经证明，木星确实对地球的气候和生命形式有着规律性的影响，而且这一规律是最守时的天文规律之一。④ 不仅是古代的天文历法，中华传统文化的主体——天人合一理论也被证明存在真正的科学基础和内在联系：组成生命的各种元素都来源于宇宙，几乎所有生命的食物都来源于阳光，生命的成长受到宇宙法则的限制，细胞的动力来自远古恒星死亡的能量，"天人合一、万物同一、齐物、道化万物、众生平等等，有着坚实的科学基础。所有生命以及它们与整个自然界之间，通过细胞、能量、元素进行着转换轮回和重新组合。生命不仅来源于宇宙，根本就是宇宙的一部分"。⑤

由此可见，科学尤其是自然科学是文化发展的内在动力。离开了科学的人文必将成为无源之水，离开了人文的科学必将成为脱缰之马。当前，中华传统文化研究

---

① 隋云鹏：《天下归仁与科学时代的文化信仰》，《人文天下》2018 年第 19 期。

② 冯时：《文明以止：上古的天文、思想与制度》，中国社会科学出版社，2018，第 420 页。

③ 周晓陆、刘次沅：《武王伐纣相关文献再检讨》，《南京大学学报》（哲学人文社会科学版）2000 年第 3 期。

④ 《研究发现木星金星引力影响地球气候》，《参考消息》2018 年 5 月 10 日。

⑤ 隋云鹏：《天人之际新阶段——科学视野下的天人合一与文化复兴》，《人文天下》2017 年第 11 期。

存在的最大问题，是依旧在旧学的范畴和范围内研究，而没有与新科技革命对接。世界已经进入 21 世纪，新科技革命风起云涌，一大批深刻改变人类生产生活方式的科学和技术，如互联网、超级计算、5G、人工智能、量子科技、区块链等，得以大规模研究、普及和应用，已经或将极大地影响人类的思维、心理和精神世界。中华文化应继承和发展马克思主义重视科学的优良传统，对人文与科学的关系深入思考、积极回应、正确解答，为工业社会提供文化支撑、精神指引和人文关怀。恩格斯指出："在马克思看来，科学是一种在历史上起推动作用的、革命的力量。任何一门理论科学中的每一个新发现——它的实际应用也许还根本无法预见——都使马克思感到衷心喜悦，而当他看到那种对工业、对一般历史发展立即产生革命性影响的发现的时候，他的喜悦就非同寻常了。例如，他曾经密切注视电学方面各种发现的进展情况，不久以前，他还密切注视马塞尔·德普勒的发现。"① 因此，应切实加强对文化与科学尤其是自然科学相互关系的研究，将文化学设立为学科门或者将文学门更名为文化学门，也可在文学门下设立文化学一级学科，作为具有重大战略意义的交叉学科和新兴学科，深化对文化发展一般规律的研究，尤其是对中华文化发展规律、社会主义文化建设规律、马克思主义文化发展规律、文化全球化发展规律的研究，创立文化学尤其是中华文化学、中国社会主义文化学、马克思主义文化学、世界文化学等。

从某种意义上说，天人关系即天文与人文的关系，必须转变为科学与人文的关系。当然，天文也是科学，而且是最初的科学。这种转变是万年未有之大转变，也是万年未有之大继承。天文与人文的关系是农业文明的核心，科学与人文的关系是工业文明的核心。在科学和工业的支撑下，历史已经推进到了彻底的唯物主义时代，个体生命、人类社会已经无法继续躲藏在天、神、上帝的羽翼下。中华优秀传统文化具有深厚的唯物主义传统，实现了马克思主义中国化的文化新形态在引领文化全球化方面具有无可比拟的巨大优势。当前，各个国家、各个民族的文化、思想、哲学、宗教异彩纷呈、纷繁复杂，在文明交流互鉴中应当坚持和而不同、求同存异的原则。然而，从人类社会和世界文化发展的宏观视野看，"在现代生产力充分发展、高度发达的基础上，'上帝''自我意识''幽灵''怪影''怪想''枷锁''最高存在物''概念''唯一者''实体''人的本质''高深莫测的创造物''造物主''绝对观念''逻辑范畴的预先存在'都将因失去它们赖以存在的生产关系、社会关系、物质基础而归于消灭"。② 因此，人只能依靠人本身，人本身是人的最高本质，同时，由于以人工智能为代表的第四次工业革命即将汹涌而来，人的自由全面发展比历史上任何一个时期都显得更为迫切。从目前发展趋势看，人工智能引领着大数据、超级计算、5G、区块链、虚拟现实、脑科学等先进科技，势必重

① 《马克思恩格斯文集》第 3 卷，人民出版社，2009，第 602 页。
② 《马克思主义文化研究》（第 2 期），社会科学文献出版社，2019，第 112 页。

构整个世界，冲击现有文化传统。人工智能不断升级的认知、情感、伦理、治理、交互以及自我意识水平等，将不断对人类的驾驭能力提出更高的要求。在这场智能革命中，人与人工智能之间也会出现"天人关系"，人类的生产工具将第一次与人类产生智能交流，人类将成为人工智能的天、神、上帝，人类的面貌将决定着人工智能的面貌，从而最终决定着人类社会自己的面貌。

创造新的天人关系，引领文化全球化，关键是抢占世界科技发展制高点。从近代以来工业革命发展规律看，一个国家在全球范围内的科技分工决定着其经济分工，进而决定着其文化分工。每一次重大科学技术进步，都会推动人类社会主要经济形态发生颠覆性变革，从而根本性改变人类的生产方式、生活方式、交往方式、思维方式，进而改变文化的生产方式、传播方式、交流方式。西方发达国家在世界文化发展格局中的主导地位是由其科技主导地位决定的，同时，它们面对以人工智能为代表的第四次工业革命丝毫没有松懈。2019 年 2 月，美国总统特朗普签署了《维持美国在人工智能领域的领导地位》的第 13859 号行政命令。为此，美国国家科学技术委员会人工智能问题特别委员会、国家标准与技术研究所、国防部创新委员会纷纷出台相关计划措施，加强人工智能研究和产业发展。德国于 2018 年先后出台《高科技战略 2025》《德国人工智能战略》，2019 年发布《联邦政府区块链战略》《国家继续教育战略》，启动"量子网络"资助倡议。可以预见，发达国家和发展中国家的科技鸿沟将进一步扩大，全球范围内的科技分工、经济分工、文化分工将进一步两极分化。因此，人类亟须在第四次工业革命时代建立更加公平、公正、合理的新型全球科技发展秩序、经济治理秩序，进而构建世界文化发展新格局。

Discussion on the Mission of Chinese Culture in Contemporary Times

SUI Yunpeng

Abstract：The mission of Chinese culture in contemporary times is to create new cultural forms to realize the great rejuvenation of Chinese culture, develop socialist industrial civilization to promote man's free and all-round development and forge a new heaven-man relationship to lead cultural globalization and build a socialist cultural power. The new forms of Chinese culture should be developed under the guidance of Marxism, absorbing the fine aspects of traditional Chinese and western culture, as well as the splendid cultures created by various nations as cultural genes. The socialist industrial civilization created by Chinese culture is devoid of oppression and exploitation and in pursuit of equality and freedom, one that endows its people with a new cultural life and promotes their free and all-round development. The heaven-man relationship, namely, the relationship between astronomy and humanism, must be transformed into that between science and humanism. The astronomy-humanism relationship is the core toagricultural civilization, just as science-humanism relationship is to industrial civilization. To forge a new heaven-man relationship, profound humanism must be given to science and a new cultural life to the people.

Keywords：Chinese Culture；Socialist Industrial Civilization；Cultural Globalization

马克思主义文化研究　2020 年第 2 期　总第 6 期
第 113～123 页

论信仰、信念与信心：科学内涵、
辩证关系和实践遵循*

吴艳东　廖小丹**

【摘　要】信仰、信念、信心（统称"三信"）作为人类特有的精神现象，是一种
深沉、持久、强劲的精神力量，是国家共识及人民认同的本质反映，也
是民族风貌的价值表征。在中国特色社会主义新时代语境下，"三信"
专指马克思主义信仰、中国特色社会主义信念、实现中华民族伟大复兴
中国梦的信心。"三信"内涵有异，其本质表现为主体对客体的极度信
服与相信，具有时代性、能动性和民族性。从辩证关系的角度看，"三
信"之间既有区别又有联系。具体而言，它们在形成路径上各不相同、
内涵层次上各有差异、现实表现上各有特色；同时，它们又相互贯通，
层次上相互递进、结构上交互相通、实践中融合互促。自觉做"三信"
的积极崇善者和忠实践行者是新时代的应有遵循。

【关键词】信仰；信念；信心

习近平总书记深刻指出："无论过去、现在还是将来，对马克思主义的信仰，
对中国特色社会主义的信念，对实现中华民族伟大复兴中国梦的信心，都是指引和
支撑中国人民站起来、富起来、强起来的强大精神力量。"① 这是中国特色社会主
义进入新时代，我们党对"三信"精神禀赋及本质意蕴的深刻把握。在中国特色社
会主义新时代语境下，"三信"专指马克思主义信仰、中国特色社会主义信念、实
现中华民族伟大复兴中国梦的信心。在科学把握新时代"三信"科学内涵和辩证关

　＊　国家社科基金西部项目"我国智库维护意识形态安全的功能及实现机制研究"（项目编号：
15XKS024）及西南大学中央高校基本科研项目重点项目"新时代建设强大凝聚力和引领力的社会主
义意识形态研究"期研究成果。
＊＊　吴艳东，西南大学马克思主义学院教授，博士生导师，副院长，主要从事马克思主义意识形态理论
与实践教学与研究；廖小丹，西南大学马克思主义学院 2018 级思想政治教育专业硕士研究生。
　①　习近平：《在庆祝改革开放 40 周年大会上的讲话》，人民出版社，2018，第 42～43 页。

系的基础上，自觉做"三信"的积极崇尚者和忠实践行者，具有重要的理论价值和实践意义。

一　信仰、信念、信心的科学内涵及本质

信仰、信念、信心作为人类特有的精神现象，是一种深沉、持久、强劲的精神力量，是国家共识及人民认同的本质反映，也是民族风貌的价值表征。信仰、信念、信心往往并用，凸显其更强大的感染力、凝聚力和号召力。为进一步厘清"三信"的辩证关系和运行机制，有必要先对"三信"特定的科学内涵做出清晰界定。

（一）信仰、信念、信心的科学内涵

1. "信仰"的科学内涵

"信仰"在《辞海》中解释为"对某种主张、主义或某种宗教的极度信服和尊重，以之为行动的准则"。从词义上讲，"信仰"即"信之""仰之"，其不仅在于"信"，重点更在于"仰"，"仰"即向上看，蕴含超越、神圣、崇高、敬仰之义。一般来说，信仰往往具有超越性，对于有限存在的生命个体而言，任何事物其价值都是有限的。而信仰是为了超越，即超越现实的无限性而弥补自身的有限性，这在很大程度上决定了信仰的神圣性，这种神圣性驱使个体更加坚定自己对最高价值理想的精神追求和行为准则；而信仰的神圣性在某种意义上又决定了追求目标及理想的崇高性。个体或群体在追求理想目标的实践活动过程中，往往受到一系列思想观念的支配和影响，而信仰就是统摄其他思想观念的精神引领。在一定现实意义上，信仰是一种整体性认识，是个体强烈人生态度的综合反映和彰显。按其性质划分，信仰可以分为科学信仰及非科学信仰。科学信仰是建立在对某种主张、主义的科学认识及综合分析比较的理性基础上建立起来的；而非科学信仰如宗教信仰，一般是利用人们的感性思维来麻痹和迷惑人民群众。

马克思主义在本质上就是一种科学信仰，究其内涵而言，所谓马克思主义信仰就是对马克思主义立场、观点及方法的确信不疑，并将其作为自己的行动指南。这里可以将马克思主义信仰分为三个层面来解析。首先，在其主体态度上，它表现为一定主体对马克思主义理论的深度确信和尊崇。马克思主义科学而深刻地揭示了世界、社会、思维发展最本质的规律，作为一种科学理论而存在，本身不是信仰，人们对这种科学理论矢志不渝地相信才是马克思主义信仰，这一层面重点强调的是信仰主体的态度问题。其次，从主体行为方式上看，对马克思主义的信仰不是口头上的信仰，而要体现在实际行动中，在实践中始终坚持以马克思主义为行动指南，遇到困难不动摇不消沉，做到坚定而笃行之。最后，从马克思主义理论特质上把握，它是超越性和现实性、科学性和价值性的有机统一。实现共产主义是马克思主义信仰的核心命题，共产主义远大理想是人类迄今为止最伟大的梦想。现实社会与远大

理想还存在一定的差距，因此具有超越性。但是这并非说共产主义远大理想是遥不可及的，它是基于对社会发展规律的深刻理解和把握，立足人们的现实生活，以满足人们的实际需要，促进人的全面发展为根本遵循，具有改造社会和世界的强大实践功能，因此具有现实性。正是马克思主义信仰实现了对人们的终极关怀与现实关切、科学性与价值性的高度统一，马克思主义理论才能被人们所相信，从而上升到信仰的高度被人们所尊崇。

2. "信念" 的科学内涵

信念是主体在充分认识某种理论或理想的基础上，服膺于该对象的一种执着精神状态，表现为坚持不懈地追求人生价值和理想目标。信者，真也。信念，就是对某事或者某种（套）理论的信赖，有信心实现的一种思想状态。信念的核心在于"信"，是主体对一套观念或理念表示出强烈"相信"的情感、心理和行为。在生活中，我们常常将"理想"与"信念"这两个词联结在一起，组成"理想信念"。理想是多样的，信念与理想都具有多样化的特征。不同个体由于背景与心理特征等差异，其信念不尽相同；即使同一个体，在不同方面也会形成不同的信念。比如在政治、经济、文化、道德、审美、学习、生活等方面都会形成自己的一整套信念，这些信念层次各不相同，但它们各居其位，扮演不同的角色，形成了有序的信念系统指导、规约、激励着人们的实践活动。

"中国特色社会主义信念"是科学社会主义信念在中国的具体形态。列宁首次明确使用了"社会主义理想""社会主义信念"这两个概念，指出：无产阶级政党的任务是"赋予自发的工人运动以明确的社会主义理想，把这个运动同合乎现代科学水平的社会主义信念结合起来"。① 中国特色社会主义信念是以科学社会主义为根本遵循，对"两个必然"社会发展规律的理性把握，主体基于对社会现实发展状况与自身利益满足程度的深刻领悟，中国特色社会主义不仅在"社会主义五百年"纵向发展中是历史之最，同时在横向比较中也具有无法比拟的制度优势。因而，中国特色社会主义信念是主体站在理论高度和现实维度的双重考量下对中国特色社会主义必将取得胜利的一种社会心理和实践认同。进一步而言，坚定"四个自信"是坚定中国特色社会主义信念的集中表达，即主体对中国特色社会主义道路、理论、制度、文化的笃信，做到志不改，道不变，从而形成的一种坚实、稳定的心理基础和行动意志。

3. "信心" 的科学内涵

信心是相信自己的愿望、预期一定会实现的一种自我激励心理状态，是指对行为结果或当前事物发展趋势如预期进行的信任程度，也是对梦想及理想不离不弃的一种执着态度。它集中体现在主体对实现当前任务或目标的外在感知、意识及其情绪反映，在人们实践过程中体现为一种积极能动性。实现中华民族伟大复兴"中国

---

① 《列宁全集》第 4 卷，人民出版社，2013，第 167 页。

梦"的信心就是人民群众对"两个一百年"奋斗目标的肯定及对发展前景充满信心，相信"中国梦"一定会实现的一种强烈情感倾向和坚定态度。信心是将认同感转化为责任感的逻辑基础。因此，坚定实现中华民族伟大复兴中国梦的信心能够自觉强化主体责任意识，从而有效激发主体在改革开放和社会主义现代化建设中充分发挥自身积极性、主动性和创造性，为把我国建设成为富强、民主、文明、和谐、美丽的社会主义现代化强国而奋斗不息。

（二）信仰、信念、信心的本质及特征

"三信"作为人类特有的现象，既是一种个体精神现象，又是一种社会客观现象，其本质就是一定主体（有信仰、信念、信心的人）和特定客体（即人所认识、作用的对象）之间的一种相互关系，即主体对客体的极度信服和相信。当前"三信"本质最鲜明地体现为"四个自信"，即中国人民对中国特色社会主义道路、理论、制度、文化的自信。"三信"具有如下三个方面的典型特点。

第一，"三信"具有时代性。"三信"并不是纯粹的精神现象，它是在一定的社会物质生活条件和实践基础上形成和发展起来的，是对一定社会经济基础、时代条件的现实反映。中国特色社会主义新时代的具象化"三信"是党中央基于我国面临的突出问题、主要矛盾、时代任务而做出的思想战略调整与意识形态战略部署，归根结底是顺应中国特色社会主义新时代的发展要求，适应我国面临的新情况、新问题，契合"四个伟大"战略特征、时代特征以实现民族复兴历史任务而产生，必然带有这个时代的基本特点，具有鲜明的时代特性。

第二，"三信"具有能动性。"三信"产生于新时代，必将作用于新时代。作为一种意识活动，其根本目的在于激发主体自我意识，具有能动性。人作为有意识的主体，能充分发挥自身主观能动性客观地认识和改造世界，"三信"在很大程度上能够激发主体斗志、凝聚民心、集中民智，从而使全中国人民同心同德、同行同力，推动人们的社会实践朝着一定的方向迈进，以更加积极主动的姿态投入到我国改革开放和社会主义现代化建设中，为实现"两个一百年"奋斗目标贡献自身的聪明才智，通过实践创造性地将精神力量转化为物质力量。

第三，"三信"具有民族性。"三信"深深植根于人民群众的历史创造活动，是马克思主义普遍真理与我国的具体实际、历史文化、民族心理等有机结合而逐渐建构的全民族精神家园。新时代的"三信"是马克思主义中国化、民族化、时代化的思想产物，它将科学社会主义内容与我国民族特点、形式融为一体，表现了鲜明的中国风格、中国气派、中国特色。中国特色社会主义新时代语境下的"三信"扎根于中国本土大地、熔铸于社会主义、迸发于中国特色社会主义新时代，经过中华民族长期历史积淀而逐渐形成、发展和巩固，具有鲜明的民族特性。

二 信仰、信念、信心之间的辩证关系

对"三信"的科学内涵及本质的探究，为厘清信仰、信念、信心之间的辩证关系奠定了理论基础，本文拟从区别和联系两个维度探赜。

（一）信仰、信念、信心之间的区别

信仰、信念、信心三者在本质上虽然具有同一性，但是经过对其科学内涵探析后发现，三者间并不是没有区别、一概而论的，本文拟从以下三个方面对"三信"进行学理区分。

1. "三信"在形成路径上各不相同

纵观人类社会发展历程，"信仰"的产生绝非偶然，它的形成有着深刻的社会历史根源和主体心理因素。首先，在一定的物质条件下及实践基础上，人们往往会形成一定的世界观、人生观和价值观来指导社会实践活动，建构未来社会发展愿景。其中，社会主体会形成多种不同的思想观念，但是信仰在其中居于核心及主导地位，其他观念就不得不需要信仰的统摄和引领从而指导社会实践活动；其次，从哲学层面来讲，人不仅是物质存在物，也是精神存在物，为了追求有意义的人生，个体会形成某种信仰来指引人生方向，确立理想目标。总之，信仰是贯穿个体发展以及人类社会发展史上的一根红线。

如果把信仰的产生放在个体人生历程甚至整个人类发展史的宏观维度进行审视，那么信念则是信仰的具体衍生。不同的是，它是基于某个社会历史阶段、特定历史时期或是个体不同人生阶段、时期形成和发展起来的。在不同时期，由于面对的情势和境遇不同，信念的突出地位也会发生相应变化。比如，在中国共产党领导的新民主主义革命时期，就具体化为革命信念；在社会主义建设和改革开放时期，则主要具体表现为建设信念等；人的一生也会在不同阶段根据人生理想确立不同信念。所以，信念是特定历史时期或阶段的产物。而信心则是一个更为细化的概念。在时间维度上，它是根据当前或不远时期事物发展状态和趋势所产生的外在感知和情绪反映，时间跨度相对来说比较短。一言以蔽之，三者虽然在其本质上都属于社会意识范畴，都是对社会存在的客观反映，但是在产生的时间性和历史性上各有差异，都会打上属于自身历史发展阶段的特殊时代烙印。

2. "三信"在内涵层次上各有差异

从程度上看，信仰是由各种相互联系、不同层面的信念所组成的信念体系，是统摄其他意识活动的精神主宰，在整个信念体系中居于核心地位。人的一生中会形成林林总总、不同层面的信念，但是并不是所有的信念都是信仰，只有居于价值最高层的，对其他信念起决定和引领作用的才是信仰。"信念通常用来表示对一些具体事物所持的坚定观念和态度。而信仰则用来表示对整个宇宙、社会和人生所持的最高层次的、最核心的坚定观念和态度。它是由多种信念有机结合而形成的观念体系。"①信心实质上与信念都是指对具体事物所持有的情感倾向和心理偏好，但究其内涵可以发现，信念潜含信心，信心是信念的题中应有之义，是对信念的进一步层级化。总的说来，信仰是最高层次的信念，信心从属于信念，是比信念更低一级的心理体验和情感倾向。在某种程度上，可以用"高层次""亚层次""低层次"来阐释三者阶梯性差异。

3. "三信"在现实表现中各有特色

信仰作为人类最深沉的精神活动，一方面，具有统摄性、主导性的特征。它既是对社会发展程度、价值维度、文化厚度、认知深度的全面反映，又是对整个自然、社会、人生所持有的最核心的观念，对整个思想观念体系起主导作用；另一方面，它反映着强烈的人生态度和人生追求，个人一旦坚定某种信仰，就会确立自己的人生方向，并为其奋斗终生，具有稳定性和持久性。相对于信仰来说，信念则具有不确定性和多样性。从纵向看，个体在不同阶段往往根据自身需要持有不同的信念；从横向看，个体在不同方面会形成多样的信念。相对于信仰、信念来说，信心的学理性相对减弱，更加大众化和通俗化，是更为普遍的心理情感倾向。信仰、信念是基于对某种理论的科学认识和把握的基础上构建起来的，有较为坚实的理论基础，往往比较持久。而信心的强化程度多是基于对现实的关切和直观感受，当在这个过程中没有符合预期效果或遇到挫折的时候，人们的信心极易发生动摇；反之，则会加强。因此，信心较前两者可变弹性增大。

（二）信仰、信念、信心之间的联系

"三信"各个要素虽自成体系，但又相互贯通，具有系统性，影响着整体作用的发挥。本文在探讨三者之间的联系时，拟从三者之间的内在结构出发，从整体上把握研究，以便更好地发挥三者的功能和作用。

1. 层次上逐步递进

在"三信"的相互关系和结合方式中，三者按照一定的内在联系逐步递进、密不可分，情感自然升华，形成了一种递进式的结构方式。信念是在信仰的基础上形成和发展起来的，同时信念的产生又为信心的强化创造了条件。其中，信心是基础；信念是中介和关键；信仰是灵魂。

树立马克思主义信仰是坚定中国特色社会主义信念的理论基础，信念不会凭空产生，它是对某种信仰科学理论深刻领会的必然结果，只有从对某种信仰科学性的确信中生成。习近平指出："坚定的理想信念，必须建立在对马克思主义的深刻理解之上，建立在对历史规律的深刻把握之上。"② 马克思主义信仰是坚定中国特色

---

① 王孝哲：《马克思主义人学概论》，安徽大学出版社，2009，第167页。

② 《习近平谈治国理政》第2卷，外文出版社，2017，第35页。

社会主义信念的基础和前提，它为坚定理想信念提供正确的理论指导及理想追求，决定社会主义建设和改革开放的性质、方向和发展前景。中国共产党经过长期实践探索，以马克思主义为指导，立足中国实际创造性地探索出中国特色社会主义道路，进而取得了改革开放的历史性成就和历史性变革，有力地证明了马克思主义的真理性和中国特色社会主义制度的比较优势，进一步强化了人民群众对中国特色社会主义的信念。

信心需要信念来唤醒，坚定对中国特色社会主义的信念可以唤醒人们的情感意志，进一步激发人们对实现中华民族伟大复兴中国梦的行为信心。邓小平说道："为什么我们过去能在非常困难的情况下奋斗出来，战胜千难万险使革命胜利呢？就是因为我们有理想，有马克思主义信念，有共产主义信念。"① 实现中华民族伟大复兴中国梦是中国特色社会主义发展的目标指引，坚定的理想信念便是实现"中国梦"征途中遇到艰难险阻时精神上的定海神针。人们信心的强化程度与中国的综合国力、社会生产力、人民生活水平相得益彰。中国特色社会主义信念为中国梦的逐步实现提供了正确的政治方向和价值导向，只有坚定中国特色社会主义信念，推进改革开放和现代化建设，不断提高人民群众的幸福感、获得感、安全感，才能激发人民群众积极投身到社会主义建设中的积极性和主动性，它是强化实现中华民族伟大复兴中国梦信心的直接动力。由此观之，信仰是信念产生的基础，信心是在信念的基础上转化而来的。新时代，个人一旦笃定马克思主义信仰，就会自觉增强中国特色社会主义信念，强化实现中华民族伟大复兴中国梦的信心。理愈明，信愈真，感愈切，三者在理想目标上具有同一性和承接性，共同朝着中国特色社会主义这个根本方向，将共产主义远大理想、中国特色社会主义共同理想及中国人民的美好梦想有机结合起来，在实现中华民族伟大复兴的基础上向终极目标砥砺前行。

2. 结构上交互相通

虽然"三信"在层次上具有递进关系，但并不是指三者间必须环环相扣，彼此不可逾越。信仰、信念、信心彼此间可以相互交融、渗透，共同发展，形成交互式结构。从信仰、信念、信心的交互作用来看，三种要素呈现三种双向交互关系。即信仰和信念之间、信仰和信心之间、信念和信心之间都存在双向的交互关系，二者相互贯通、优势互补。

落脚到具体化的"三信"中，就是相互影响、促进的过程。例如，马克思主义信仰和实现中华民族伟大复兴中国梦信心之间的交互作用。一方面，马克思主义信仰作为人类最科学、最崇高的信仰，蕴含党要始终坚持"全心全意为人民服务"的宗旨及"最终实现共产主义远大理想"的奋斗目标两大旨归，而"中国梦"的本质即实现国家富强、民族振兴、人民幸福，两者在目标追求上具有高度的契合性。同时，"理论如果是真正的理论，就能使实际工作者有能力确定方针，认清前途，

---

① 《邓小平文选》第 3 卷，人民出版社，1993，第 110 页。

对工作充满信心，相信我们的事业必定胜利"。① 因此，马克思主义信仰为实现中华民族伟大复兴中国梦的信心提供了根本价值遵循、力量之源和强有力的理论支撑；另一方面，实现中华民族伟大复兴中国梦的信心是马克思主义信仰在当代中国的时代依托和实践探索，是对其科学性的重要践行和证明。它使马克思主义从理论变成实践，从理想变成现实；使较为深奥的马克思主义在现实实践中更易于人民群众接受和理解，更具感召力、传播力和解释力，从而增强人民群众树立马克思主义信仰的自觉性。

由此观之，马克思主义信仰与实现中华民族伟大复兴中国梦的信心是相互贯通、彼此促进、融合发展的。而这三种交互关系都无不遵从上述规律，彼此间的相互作用、渗透不仅促进了马克思主义信仰、中国特色社会主义信念、实现中华民族伟大复兴"中国梦"的信心三者的各自强化，而且还形成了一种交互式的网络结构，使这个结构的整体效应得以提高。

3. 实践中融合互促

"三信"作为一个强大的精神体系能够激发主体能动性作用于实践。同时，"三信"作为一个历史范畴，是一定时代的产物，它会随着历史进程的推进不断得到升华。

100多年前，中华民族还陷于水深火热、任人宰割的局面。在民族危难之际，我国广大青年自觉肩负起民族复兴大任，寻找救国救民的道路。俄国十月革命给中国送来了马克思列宁主义，从此中国共产党高举马克思主义伟大旗帜，走上了新民主主义革命道路。新中国成立后，党又带领人民相继走上了社会主义革命道路、社会主义改造道路、社会主义建设道路及中国特色社会主义道路。回望中国共产党近百年的波澜壮阔、新中国70多年的沧海桑田、改革开放40多年来的斗转星移，共产党人以坚韧不拔的意志攻坚克难、勇往直前，最终实现了我国从积弱积贫、民不聊生走向繁荣昌盛、人民幸福，党和国家取得的所有成就都凝聚着一代又一代青年共产党人的激情、梦想与奉献。究其背后精神动因，正是坚定的信仰、信念、信心激励着无数青年共产党人以身许党许国，推动社会主义事业不断向前发展。我国历代优秀共产党人大多在青年时期就已经牢筑马克思主义信仰，树立为共产主义事业奋斗终生的崇高理想。"砍头不要紧，只要主义真""敌人只能砍下我们的头颅，绝不能动摇我们的信仰"，这是夏明翰的人生箴言。毛泽东说过："我一旦接受了马克思主义是对历史的正确解释之后，我对马克思主义的信仰就没有动摇过。"② 邓小平提出："对马克思主义的信仰，是中国革命胜利的一种精神动力。"③ 历史证明：信仰、信念、信心既是全民族团结的共同思想基础，也是激励中华儿女克服困

① 《斯大林选集》下卷，人民出版社，1979，第210~211页。
② 转引自〔美〕埃德加·斯诺《西行漫记》，董乐山译，三联书店，1979，第131页。
③ 《邓小平文选》第3卷，人民出版社，1993，第63页。

难、勇往直前的动力源泉和精神支撑。信仰、信念、信心在实现中华民族伟大复兴的大熔炉中逐渐铸就，在战胜艰难险阻中不断得到淬炼，三者虽自成体系，其地位各不相同，但又相互支撑，在推动实现中华民族伟大复兴征程中相互促进，共同得以强化。

三 实践遵循：自觉做"三信"的积极崇尚者和忠实践行者

"思想本身根本不能实现什么东西。思想要得到实现，就要有使用实践力量的人。"① 青年是最具创造活力的群体，是实现中华民族伟大复兴的先锋力量。在纪念五四运动100周年大会上习近平再次强调："新时代中国青年要树立对马克思主义的信仰、对中国特色社会主义的信念，对中华民族伟大复兴中国梦的信心。到人民群众中去，到新时代新天地中去，让理想信念在创业奋斗中升华，让青春在创新创造中闪光！"② 新青年应响应时代号召，自觉做"三信"的积极崇尚者和忠实践行者。

在砥砺马克思主义信仰中锚定人生航向。青年正处于信仰孕育成熟的关键时期，青年时期是否树立科学信仰直接关系到整个人生的价值取向和灵魂塑造。没有信仰的人生犹如无舵之舟，迷失人生航向。"信仰的力量是无穷的。"③ 青年只有铸就马克思主义信仰，将信仰转化为强大的理想信念，才能把好人生方向，扣好人生的"第一颗扣子"。但科学信仰不会自发生成，它需要青年不断在学习思考、奋斗奉献中逐步铸就。政治上的坚定来源于理论上的清醒，青年应与时俱进，认真阅读马克思主义经典著作，贯彻学习习近平新时代中国特色社会主义思想，自觉将读原著、学原文、悟原理当作生活习惯及精神追求，在学习中深刻把握和领悟马克思主义立场、观点及方法，夯实理论基础，提高理性认知，才能在大是大非面前处变不惊、不为所动；才能站得更高、眼界更宽、胸怀更广，让信仰点亮人生，为人生正确导航。

在增强中国特色社会主义信念中确立人生理想。习近平指出："信念决定事业成败。没有理想信念，就会导致精神上'缺钙'。"④ 坚定的理想信念就是青年在前进道路上经受住任何风险和困难考验的精神之钙，信念一旦形成，便会成为强大的精神动力推动人们追求最高价值理想。在经济全球化、世界多极化、文化多样化、社会信息化等愈益深入的时代背景下，青少年总体呈现自信进取、思想开放、朝气蓬勃的景象；但部分青年中仍存在价值取向偏差、社会责任感缺失、艰苦奋斗精神淡化等不容忽视的问题，究其缘由是理想信念的缺失。新时代新青年应牢记党和人

---

① 《马克思恩格斯文集》第1卷，人民出版社，2009，第320页。
② 习近平：《在纪念五四运动100周年大会上的讲话》，《人民日报》2019年5月1日。
③ 《十七大以来重要文献选编》（下），中央文献出版社，2013，第824页。
④ 《习近平谈治国理政》，外文出版社，2014，第50页。

民赋予自身的职责和使命，以中国特色社会主义共同理想为旨归，不断增强"四个自信"，在强固坚如磐石的信念中确立人生理想，在任何情况下都要做到理想信念不动摇、奋斗精神不懈怠。实现伟大梦想需要推进伟大事业，广大青年要自觉把对祖国和人民的赤子之心投身到中华民族千秋伟业奋斗中，真正做到虔诚而执着，至信而深厚，坚定而笃行。

在厚植实现中华民族伟大复兴中国梦信心中放飞青春梦想。信心是青年奋斗路上强大的情感支撑，鼓舞着青年运动不断向前迈进。当代青年不仅是实现中华民族伟大复兴中国梦的见证者，更是实现梦想征程中的建设者。青年要敢于有梦、勇于追梦、勤于圆梦，圆梦需要奋斗和奉献，青年应时刻谨记"梦想从学习开始，事业靠本领成就"① 的人生态度。"软肩膀挑不起硬担子""打铁还须自身硬"，实现中华民族伟大复兴需要青年不断淬炼思想品格、提高专业技术能力、自身素质，以自信、奋进、奉献的精神状态自觉将个人梦想融入"中国梦"当中，将信仰、信念转化为日常学习、生活、工作的行为信心和动力，在自己平凡的事业中创造非凡。相信通过一代代青年的接续奋斗，中华民族伟大复兴中国梦一定能够实现。

新时代既是我国蓬勃发展的黄金时代，也是实现中华民族伟大复兴中国梦的关键时代，国家的前途、民族的命运、人民的幸福是新时代新青年所必须肩负的责任与使命。习近平在党的十九大报告中指出，"今天，我们比历史上任何时期都更接近、更有信心和能力实现中华民族伟大复兴的目标"。② 离目标越接近，新时代新青年越要保持昂扬的精神状态和奋斗姿态跨步向前，牢筑信仰信念信心之基。"三信"在当下最直接、最集中表现为青年的爱国情怀，青年应厚植爱国主义情怀，实现爱党、爱国、爱社会主义的统一，把爱国情、报国志、强国行融入实现中华民族伟大复兴中国梦的实践中，坚定理想信念、志存高远、脚踏实地，深刻践行习近平"有信念、有梦想、有奋斗、有奉献的人生，才是有意义的人生"③ 的深情嘱托，共同朝着实现中华民族伟大复兴这个宏伟目标迈进。

Scientific Connotation，Dialectical Relationship and Practical Compliance of Faith，Belief and Confidence

WU Yandong, LIAO Xiaodan

Abstract：Faith, belief, and confidence（collectively here "FBC"）, as a unique spiritual phenomenon of human beings, are deep, lasting and strong spiritual force, essential reflection of national consensus and people's identity, and value representation of na-

---

① 习近平：《在知识分子、劳动模范、青年代表座谈会上的讲话》，人民出版社，2016，第11页。
② 《习近平谈治国理政》第3卷，外文出版社，2020，第12页。
③ 《习近平谈治国理政》，外文出版社，2014，第175页。

tional style. In the context of Chinese socialism in the new era, the "FBC" refers specifically to the faith in Marxism, the beliefs on Chinese socialism, and the confidence in realizing the great rejuvenation of the Chinese nation and dream. The "FBC" have different connotations, and their essence is expressed by the subject's extreme conviction and belief in the object, which has the nature of times, initiative and nationality. From the perspective of dialectical relationship, there are both differences and connections between "FBC". Specifically, they are different in formation path, connotation level and actual performance. At the same time, they have mutual interpenetration, including progressive at different levels, perforation in structure, and promotion in practice. Consciously being an active advocate of good faith and loyalty to the practice of "FBC" is the due follow of the new era.

Keywords: Faith; Belief; Confidence

马克思主义文化研究　2020 年第 2 期　总第 6 期

第 124～132 页

思想文化领域要重视反封建迷信教育

谭劲松　姚菲菲*

【摘　要】习近平在全国宣传思想工作会议上强调，意识形态工作是党的一项极端
重要的工作。做好思想文化领域意识形态工作，重在用马克思主义武装
全党、教育人民，占领思想文化阵地。抵御错误思潮和反动思想对思想
文化领域的渗透，既要高度重视对资本主义自由化思潮的批判抵制，也
要注重清除封建迷信思想对思想文化领域的精神污染。封建迷信思想作
为一种腐朽颓废的意识形态，不仅毒化社会风尚，危害社会和谐稳定，
而且污染民众心灵，扭曲青少年"三观"，腐蚀党员干部思想。肃清封
建迷信对思想文化领域的影响，要综合施策、多管齐下，在全党和全国
人民中深入开展反封建迷信思想教育。

【关键词】马克思主义；思想文化领域；封建迷信

习近平总书记在全国宣传思想工作会议上强调："意识形态工作是党的一项极
端重要的工作。"① 做好思想文化领域意识形态工作，既要重视马克思主义理论的
灌输和正面教育，更要重视对错误和反动社会思潮的抵制和批判。党的十八大以
来，习近平高度重视思想文化领域的意识形态工作，使我国思想文化领域的政治生
态发生了根本好转，党在思想文化和意识形态工作上的领导权、管理权、话语权显
著加强，马克思主义在思想文化意识形态领域的指导地位不断巩固。但也应该清醒
地看到，社会主义思想文化建设任重而道远，意识形态领域的噪音杂音仍不可小
觑。对反马克思主义社会思潮的抵制和批判仍疲软乏力，不仅对资本主义自由化思
潮批判收效甚微，而且长期忽视对反科学反文明的封建迷信思想的批判，这不能不
说是我国思想文化领域意识形态工作的重大缺失和突出短板。做好思想文化领域意

---

* 谭劲松，浙江东方职业技术学院马克思主义学院院长、教授；浙江理工大学马克思主义学院原院长、
硕导，研究方向为中国特色社会主义理论；姚菲菲，浙江机电职业技术学院马克思主义学院讲师，
研究方向为中国特色社会主义理论。
① 《习近平谈治国理政》，外文出版社，2014，第 153 页。

识形态工作，要旗帜鲜明地批判封建迷信思想，深入持久地在广大党员和干部群众中开展反封建迷信思想教育，以消除封建迷信思想对社会主义思想文化领域的腐蚀和污染。

一　清醒认识封建迷信泛滥的严峻形势

思想文化领域乱象丛生，不仅西方资产阶级自由化思潮大行其道、宗教传播漫延全国，而且封建迷信思想泛滥，信奉封建迷信的人越来越多。党的十八大以后虽有改观，但实现根本好转仍任重而道远。

（一）信奉封建迷信对象范围扩大、人数增多

以往信奉封建迷信的人相对较少，大多是农村的、上了年纪的和文化不高的人与普通老百姓。现在城里人、青少年、文化高的人、党员干部、政府官员信迷信的人逐渐增多，呈现低龄化、高知化、大众化、社会化、固态化趋势。

一是党员和领导干部中信封建迷信的人在增加。一些党员和领导干部"不问苍生问鬼神，不信马列信鬼神""台上讲科学发展，台下搞风水迷信"。国家行政学院社会和文化教研部研究员程萍对900多名县处级公务员调查发现，有52.4%的县处级官员信奉封建迷信，对求签、相面、星座预测和周公解梦的相信程度高于一般公众。① 他们笃信封建迷信，痴迷官场风水，败坏党风、政风，带坏民风，其世界观、人生观和价值观被封建迷信思想腐蚀。

二是迷信活动对青少年学生的影响越来越大。《科学与无神论》杂志文章显示，迷信星座的中学生比例为65.4%，大学生的比例为67.1%。② 《青少年科学无神论教育的理论与实践》中的相关调查报告显示，知道自己星座的占92%，不知道的占8%。亦有学者通过在内蒙古高校发放600份问卷（回收问卷551份），经分析，结果显示，现代大学生中，有20.1%的大学生有较强的迷信动机；有13.9%的大学生有过迷信行为；有12.9%的大学生具有灵魂鬼神信念；有25.5%的大学生佩戴幸运物；有26.1%的大学生有求神拜佛现象；有20.6%的大学生有过占卜行为；有31.2%的大学生相信迷信是为了趋利避害；有20.7%的大学生相信通过迷信可以得到心理依托；有32.4%的大学生对迷信存有好奇心。③

三是普通群众信奉封建迷信的越来越多。封建迷信思想在我国尤其是农村根深蒂固，封建迷信活动遍地盛行，老百姓虔诚求神拜佛、烧香祈福，数不清家庭供奉菩萨、佛祖和财神。根据湖南浏阳市某行政村的调查，发放200份问卷，收回195

① 程萍：《我国县处级公务员基本科学素养状况》，《领导文萃》2009年第7期。
② 孙建国：《当前我国学生中的鬼神迷信思潮——河南省教育科学"十五规划"重点课题报告》，《科学与无神论》2003年第6期。
③ 陈永艳：《大学生迷信心理研究》，硕士学位论文，西南大学，2008。

份，被调查人在 15～70 岁不等。调查中发现参加过算命活动的有 52 人，占 27%；参加过驱鬼神活动的有 21 人，占 11%；参加过跳神、降仙、扶乩的有 17 人，占 9%；烧香求签的有 132 人，占 68%；求神看病的有 27 人，占 14%；许愿还愿的有 48 人，占 25%；看日子的有 129 人，占 66%；合八字，看风水的有 31 人，占 16%。①

（二）封建迷信形式种类繁多、花样翻新

封建迷信遍布城乡，城市与旅游景点封建迷信活动屡见不鲜，农村封建迷信活动花样翻新，地下迷信活动屡禁不止。如有的迷信巫医、鬼神，求神拜佛；有的笃信风水，黄道吉日；有的崇拜生肖、星座、星相、占卜、算命、求签、生辰八字；有的数字忌讳、数字崇拜等，五花八门；有的高考烧香许愿求金榜题名；有的升官找"大师"指点迷津；有的甚至披上现代科技外衣，如计算机算命测字、星相术、网络测运程；有的为风水学著书立说；有的在传统民族节日如春节、清明节、七夕节、中元节、中秋节、重阳节等仪式活动中程度不同地参与封建迷信活动；有的笃信命运上帝主宰，"生死有命，富贵在天"，从封建迷信中寻找精神寄托，甚至把迷信饰品配在身上当护身符。需要强调的是，一些党员和党员领导干部对此视而不见、麻木不仁，予以批判和抵制的少之又少，甚至还有不少党员和党员领导干部认同附和，带头参与到封建迷信活动中。

二　清醒认识封建迷信的严重社会危害

封建迷信作为一种愚昧、落后、腐朽、颓废的思想意识形态，反科学反文明，与社会主义核心价值观格格不入，与现代科学文明背道而驰。封建迷信是思想腐蚀剂、精神鸦片，毒害人们思想，毒化社会风气，制造社会矛盾，影响社会稳定，不仅造成社会财富的浪费，而且酿成人间悲剧，在思想文化领域的危害不亚于西方资产阶级自由化思潮。

（一）动摇干部群众社会主义信念和马克思主义信仰

封建迷信思想作为封建主义残余思想，其核心内容是唯心主义，笃信有神论，宣扬命运由神（菩萨）主宰。封建迷信思想与社会主义思想根本对立。一个笃信封建迷信的人，是不可能信仰马克思主义，信奉和坚持社会主义的。党员干部本该坚持无神论，如果信奉封建迷信，势必造成人格分裂和信仰错位，是对马克思主义信仰的背弃，更是对社会主义信念的背叛。如听任封建迷信思想泛滥，就会挤压社会主义思想在思想文化领域的传播空间，动摇马克思主义在意识形态领域的指导地

---

① 李霞玲：《湖南农村鬼神迷信活动调查报告》，《科学与无神论》2004 年第 2 期。

位，社会主义核心价值观教育就会遇到障碍，甚至被屏蔽和抵消。不仅导致信奉者"三观"扭曲，而且干扰青少年"三观"塑造，种祸当下，这并非危言耸听。

（二）妨碍科学知识和现代文明传播

封建迷信思想是农耕社会的一种落后意识形态，它对自然规律、社会发展规律、人体科学缺乏正确认识，对自然现象、社会现象、生老病死无法正确解释，只能用唯心论去解释问题，借助迷信来解决问题。封建迷信反科学反文明反人道，与现代科学和社会文明格格不入。一个笃信封建迷信的人势必不信科学、远离文明。而一个社会信奉封建迷信的人多了，科普教育就难推行，现代文明就会被排斥，装神弄鬼、求神拜佛、神医百病、听天由命等愚昧、落后、乌烟瘴气的封建迷信就会充斥社会，毒化社会风气，妨碍科学知识和现代文明传播。

（三）妨碍社会和谐稳定

封建迷信的社会危害，一是激发社会矛盾妨碍社会秩序。如有的身处贫穷，遭遇逆境时，不是自我奋斗，而是求助于神棍、活佛，甚至埋怨命运，责怪父母，报复社会；有的有病求神拜佛不求医，冤死了生命，亦或将后果归咎于医生，激发医患矛盾；有的相信生肖、八字、星座，拆散情侣，酿成爱情悲剧；有的因风水引发邻里或宗族纠纷闹出人命；有的因迷信活动燃放鞭炮香烛造成火灾事故；有的因笃信封建迷信而误入邪教火坑。二是冲淡法律意识和守法观念。笃信封建迷信的人往往把迷信信条视为金科玉律，置法纪于不顾，很容易在封建迷信蛊惑下走上违法甚至犯罪之路。三是败坏党员干部形象。一些党员干部带头搞封建迷信，如那些落马前的贪官把迷信、风水奉为主旨，按封建迷信要求从政和生活，为风水迷信所左右，甚至利用职务之便，大办封建迷信活动，在群众中造成了极坏影响，严重败坏了党员干部形象，损害了政府公信力。

（四）造成社会财富浪费

封建迷信不仅毒化社会风气，而且浪费社会财富。如带有浓厚封建迷信色彩的造庙宇、建祠堂、修坟墓、出版迷信书籍、操办迷信活动等，无不造成社会财富的浪费。更有甚者为追求所谓最好的风水，将好端端的楼宇拆改重建；有的在婚庆丧葬仪式时大操大办，有的建造豪华星级陵墓，铺张浪费，劳民伤财。据估算，每年因封建迷信活动燃烧的香烛鞭炮、冥币等迷信殡葬用品金额数以亿计，有的甚至引发火灾，既造成了对环境的污染，也带来了钱财物的损失和浪费。

三　深刻认识封建迷信思想的社会历史根源

当下封建迷信活动遍布城乡，四处泛滥，封建迷信思想在我国历史悠久，根深蒂固，在我国产生存在和延续有着深刻社会历史根源。

（一）中国封建迷信思想源远流长、历史悠久

从夏商周到元明初清，封建迷信在我国古代影响深远。封建迷信不仅渗透到人们经济社会生活的方方面面，而且连历史上起义或谋反者都要打着封建迷信旗号，利用神鬼假象以达到其目的。古代社会生产力落后，人们的宇宙观和自然观源于感悟和经验，没有逻辑体系或科学依据。因此，人们事事均从常识和经验中出发，对于超越认知能力的事物只能借助鬼神来解释。尤其在对自然心存恐惧心理的漫长时期里，更是只能以封建迷信来应对各种自然灾害。加之在以儒家思想为主导的封建社会，科学技术长期受到歧视和压制，更是造成封建迷信思想广为传播。

（二）农村基层党政组织涣散导致农民从封建迷信中寻找慰藉

我国经历了漫长的封建社会，农村一直是封建迷信广为传播之地，农民是受封建迷信思想影响最深的主要群体。新中国成立后，我们党在农村通过对私有制的社会主义改造和社会主义思想教育双管齐下，走上集体化道路的农民不仅增强了集体主义思想，而且集体成了农民的依靠，遭遇灾祸靠集体，遇到困难找领导，受社会主义思想教育熏陶，农民信奉封建迷信的人大为减少，农村封建迷信活动被全面封禁。遗憾的是农村改革之后，除土地归集体所有外再无集体经济。随着农村集体经济的全面弱化，农村基层党政组织长期涣散，农民集体主义思想淡化，不仅导致农村思想阵地拜金主义、利己主义思想乘虚而入，而且封建迷信思想死灰复燃、广为传播。在家庭承包经营的广大农村，农民自顾自、各顾各，人际关系隔膜冷漠，遇到天灾人祸没有领导关心，有了困难得不到集体帮助，只能自己挣扎自己扛。在这种长期个人脱离社会（集体）而孤立化、分散化的社会环境下，当农民个人生活困难、身体疾病和精神迷茫乃至人际隔膜等问题难以解决时，农民只好从封建迷信中寻求虚幻的解脱和寄托。

（三）精神文化生活匮乏使封建迷信思想乘虚而入

毛泽东同志曾经说过，思想文化阵地我们不去占领，敌人就会占领。历史和现实告诉我们，城乡思想文化阵地社会主义不去占领，资本主义思想和封建主义迷信思想就会去占领。在很长时期内，由于一些党委政府放松了思想文化领域的意识形态工作，在物质文明建设和精神文明建设上一手硬一手软，结果是富了口袋，穷了脑袋，群众精神文化生活尤其是广大农村欠发达地区群众精神文化生活相对匮乏，为封建迷信活动的风行提供了可乘之机，使信奉封建迷信成了群众的精神寄托，封建迷信活动成了老百姓聚集交流的主要渠道。

（四）个别媒体误导群众和社会舆论

在很长时期内，一些电视台、电台、网站、报刊、出版社等程度不同地存在明

里暗里传播封建迷信思想，举办带有浓厚封建迷信色彩的活动，起到了误导群众思想和社会舆论的极坏作用。如一些出版部门单纯追求经济效益而忽视社会责任，为了迎合一部分人的需求，披着"弘扬传统文化"的外衣，出版宣扬封建迷信和伪科学的书籍。而这些书籍刊物都被蒙上了较强的科学色彩和传统文化研究色彩，具有很大欺骗性、误导性，严重污染了群众心灵，毒化了社会风尚。媒体在传播封建迷信思想误导大众上具有不可推卸的责任。

四　肃清封建迷信思想要综合施策多管齐下

封建迷信根深蒂固影响深远，肃清封建迷信思想余毒，是一项长期复杂的社会系统工程，需要全党重视、全民发动，多管齐下，综合施策，打一场肃清封建迷信思想余毒净化思想文化意识形态环境的人民战争。

（一）教育党员干部带头抵御封建迷信思想

党员领导干部应成为社会楷模，带头抵制和批判封建迷信思想。全面从严治党，加强党的思想建设，重在教育党员保持思想上的先进性和纯洁性。封建迷信思想是一种腐朽、没落、颓废的社会思潮，与共产党人的世界观、价值观和人生观格格不入，严重动摇党员理想信念，污损党员思想先进性和纯洁性。各级党组织要加强反封建迷信思想教育，用马克思主义抵御和肃清封建迷信思想，用社会主义思想守护好意识形态阵地，教育党员特别是党员领导干部旗帜鲜明地反对封建迷信思想，远离封建迷信活动，成为带领群众反封建迷信的表率，对笃信封建迷信，参与封建迷信活动的党员要予以严肃批评教育，对屡教不改造成恶劣影响者要予以党纪处分直至清除出党。

（二）在各类学校开展反封建迷信思想教育

青少年是国家的未来和民族的希望，学校教育是青少年成长成才成人的黄金阶段。青少年正处"三观"形成期，可塑性强，识别力低。一个人如果在青少年时期受了封建迷信思想影响，很可能贻害终身。反对封建迷信，净化青少年成长的社会思想环境不仅十分重要，而且是一项社会系统工程，需要政府、学校、家庭齐抓共管。一是党委和政府要把在青少年中开展反封建迷信思想教育纳入重要工作议程，作为加强思想文化建设和意识形态工作的一项特殊重要工作抓好抓细抓实。要坚决依法打击对青少年传播封建迷信思想、用封建迷信残害青少年的犯罪行为。要在全社会形成反封建迷信的强大社会舆论和崇尚科学的良好社会风尚，使封建迷信成为人人喊打的过街老鼠。教育和引导民众特别是青少年认清封建迷信的危害，抵制和远离封建迷信。二是各类学校要结合社会主义核心价值观教育开展反对封建迷信的思想教育和科普教育，认真做好反封建迷信思想教育进课堂、进头脑、进文娱活动

"三进"工作；教师要以身作则、言传身教，引导青少年学生远离封建迷信，提高对封建迷信思想的识别力和抵抗力。三是学校教育要与家庭教育配合联动，通过家长会、家庭走访、建家长微信群等形式帮助学生家长认清封建迷信对青少年健康成长的危害，主动引导家长远离封建迷信，做孩子抵制封建迷信的表率。

（三）农村基层组织要担当起教育农民守护农村思想阵地使命

农村是封建迷信活动的重灾区，农村基层党政组织要担当起教育农民守护农村思想阵地的使命。首先，要大力发展壮大农村集体经济。单干与私有化是农村滋生封建迷信思想的重要经济根源。农村要坚决防止土地私有化和变相私有化。在坚持土地集体所有前提下，激活土地承包权、经营权，促进经营权流转，兴办农业合作社，积极组织农民兴办种植业，发展畜牧业、开发旅游业、农副产品加工业、物流运输业、建筑业等，以发展壮大农村集体经济。壮大农村集体经济不仅有利于为农民增加收入，为其过上全面小康生活创造物质条件，而且有利于改善农民福利，完善农村社会保障，使农民不再因病因灾而陷入孤立无援的困境。使广大农民从集体经济中感受社会主义的优越性和增强社会主义信念，自然封建迷信思想的市场就会越来越小。其次，要切实加强农民社会主义思想教育。农村基层党政组织是党领导和教育人民的前沿阵地，是在农村贯彻落实党的路线、方针、政策的"最后一公里"。农村基层党政组织在发展壮大集体经济的同时，要加强农民思想教育和理论武装，教育和引导农民信科学、讲文明，移风易俗，自觉抵御封建迷信思想，树立社会新风尚。

（四）在全社会开展针对肃清封建迷信思想的科普教育

反对和抵御封建迷信思想，不仅要重视政治思想教育，加强对人民群众的理论武装，如习近平所说，"要炼就'金刚不坏之身'，必须用科学理论武装头脑，不断培植我们的精神家园"。[①] 而且要重视科普教育，提高人民群众的科学素养。理论和实践雄辩证明，科普教育是封建迷信的克星，反对封建迷信一定要重视科普教育。党和国家要从守护社会主义思想文化意识形态阵地和提高民族科学素养的战略高度重视科普反封建迷信教育。通过科普教育，在全社会形成崇尚科学，反对封建迷信的良好社会风尚。为此，党委和政府不仅要加大科普反封建迷信教育支持力度，为反封建迷信思想教育提供政策支持和物质保障。而且要把科普反封建迷信纳入党委政府和主要领导意识形态工作考核指标，对所辖区域内封建迷信活动放任不管、治理不力，或因封建迷信引发社会矛盾，酿成打架斗殴、财产损失、人员伤亡等事故，要严格问责，追究领导责任。

---

① 《习近平关于社会主义文化建设论述摘编》，中央文献出版社，2017，第61页。

（五） 充分运用法治思维依法治理封建迷信活动

依法治理封建迷信是全面依法治国的题中应有之义，反对和治理封建迷信，法律不能失声，法治不可缺失，而应成为治理封建迷信的利器。一要健全完善反封建迷信的法律法规，使反封建迷信有法可依、有章可循、有则可守。二要在全社会开展依法治理封建迷信教育，要把反封建迷信纳入普法教育重要内容，以提高民众依法抵制和反封建迷信的法制观念和法律意识。三要依法打击利用封建迷信进行非法活动。如出版封建迷信读物，成立封建迷信社会组织，利用封建迷信非法牟利、传播谣言、煽动和挑起宗族械斗和围攻反对政府等违法活动，必须依法进行严肃处理。

（六） 以丰富的精神文化生活引导群众远离封建迷信活动

习近平在全国宣传思想工作会议上明确要求，"要树立以人民为中心的工作导向，把服务群众同教育引导群众结合起来，把满足需求同提高素养结合起来"，[①]更好满足人民精神文化生活新期待，不断为人民创造更丰富的精神文化生活。[②] 前面已经说到封建迷信思想泛滥和封建迷信活动猖獗在很大程度上是由群众精神文化生活匮乏所致。因此，反对和抵御封建迷信思想，需要全党重视人民群众的精神文化生活，以丰富多彩的健康精神文化生活去吸引群众、塑造群众、引导群众、教育群众、充实群众，帮助群众认识封建迷信的反动实质和危害，自觉远离封建迷信。一要引导群众正确认识传承和弘扬中华优秀传统文化同剔除封建文化糟粕的关系，明确优秀传统文化与封建糟粕的界限，防止误将封建糟粕当成优秀传统文化，更要警惕和严防不法之徒打着弘扬传统文化幌子从事封建迷信活动。二要发挥社会主义核心价值观对国民教育、精神文明创建、精神文化产品创作传播的引领作用，构筑牢固的社会主义思想道德基础。三要大力发展健康向上的网络文化，加强网络综合治理，营造清朗的网络空间，使互联网等新兴媒体成为社会主义文化新阵地、人民精神文化新家园。让丰富多样、品位高雅的精神文化通过网络载体充实人民群众的业余文化生活，让封建迷信思想和封建迷信活动在网络阵地无可趁之机。

①　《习近平谈治国理政》，外文出版社，2014，第 154 页。
②　中央宣传部宣传教育局：《"将改革开放进行到底"系列论坛》，人民出版社，2019，第 172 页。

We should Take Education against Feudal Superstition Seriously in the Field of Ideology and Culture

TAN Jinsong, YAO Feifei

Abstract: The general secretary Xi Jingping emphasized at National Conference on propaganda and ideological work, "Ideological work is an extremely important work of our Party." To achieve the ideological work in the field of ideology and culture well, we are supposed to arm the entire party and educate the people with Marxism, occupy the ideological and cultural front, and resist the infiltration of erroneous thoughts and reactionary ideas into the field of ideology and culture. It is necessary to attach great importance to the criticism and resistance of the capitalist liberalization trend, but also to clean up the spiritual pollution of feudal superstition on the ideological and cultural field. As a decadent ideology, feudal superstition not only poisons social customs and harms social harmony and stability, but also pollutes the hearts of the masses, distorts the "three views" of young people, and corrupts the thinking of party members and cadres. To eliminate the influence of feudal superstition on the field of ideology and culture, it is necessary to comprehensively implement policies and adopt a multi-pronged approach to thoroughly carry out anti-feudal superstition ideological education among the entire party and the people of the whole country.

Keywords: Marxism; Ideological and Cultural Fields; Feudal Superstition

马克思主义文化研究　2020 年第 2 期　总第 6 期
第 133～143 页

新时代推进高校马克思主义学院建设的制度安排*

——基于《普通高等学校马克思主义学院建设标准》的分析

王永斌　王　琪**

【摘　要】高校马克思主义学院建设离不开政策支持，制度安排是高校马克思主义学院建设的重要保障。教育部研制的《普通高等学校马克思主义学院建设标准》，立足于高校马克思主义学院建设实际情况，回应现实诉求，为高校马克思主义学院的科学化、规范化和现代化指明了发展方向和建设路径。新时代建强建好高校马克思主义学院，需要进一步激活高校马克思主义学院建设的内生动力，提高政治站位，遵循教育教学规律，进一步完善制度结构，强化落实督查，发挥制度体系的综合效应，不断提高高校马克思主义学院建设水平。

【关键词】高校马克思主义学院；建设标准；制度安排

　　马克思主义学院作为高校思想政治理论课教育教学和马克思主义理论学科建设的管理机构，是我国改革开放之后出现的新生事物。① 从高校马克思主义学院发展历程我们可以清晰地看到，马克思主义学院发展的发轫与持续推进始终与制度安排紧密相连。换言之，党和国家通过一系列制度安排，使高校马克思主义学院建设从政策推进为主逐渐向与内涵建设相结合转变，不断激活马克思主义学院建设的内生动力。为进一步规范高校马克思主义学院建设，不断提升马克思主义学院建设的科学化、现代化水平，教育部在《高等学校马克思主义学院建设标准（2017 年本）》的基础上，又印发了《普通高等学校马克思主义学院建设标准（2019 年本）》（以下简称《建设标准》）。《建设标准》的出台，是新时代建强建好高校马克思主义学

---

　　* 本文为 2019 年度教育部示范优秀教学科研团队建设项目 "西部地区高校马克思主义学院建设成效及分析评价研究"（19JDSZK046）的阶段性成果。

　　** 王永斌，兰州交通大学马克思主义学院副院长、教授，主要从事高等教育和思想政治教育研究；王琪，兰州交通大学马克思主义学院硕士研究生。

　　① 陈占安：《高校马克思主义学院的由来和发展》，《学校党建与思想教育》2017 年第 10 期。

院的重要制度安排。因此，从制度的视角来探讨《建设标准》对于马克思主义学院建设的意义，无疑是一种必要的历史思维和现实视野。

一　制度安排是高校马克思主义学院建设的重要保障

马克思主义学院是高校宣传思想工作的前沿阵地，肩负着从事高校思想政治理论课教学，开展马克思主义理论学科建设，培养中国特色社会主义建设者和接班人的重要使命。在高校设立马克思主义学院，体现了中国特色社会主义大学的本质特征和根本要求，是加强和改进高校思想政治工作的富有创新性的重大举措，是一项事关党对高校的领导、中国特色社会主义事业后继有人的重大政治任务和战略工程。近年来，全国各高校都在纷纷建立马克思主义学院，其发展速度之快、规模之大、数量之多，是我国高校二级学院建设史上非常罕见的。透析这一现象背后的实践逻辑，一个鲜明的特征就是赋予了制度化安排。"制度问题更带有根本性、全局性、稳定性和长期性"，[①] 制度的确立是人们必须长期遵循的行为准则。也就是说，党和国家通过一系列文件和政策等制度性安排来推进高校马克思主义学院建设，已经初步形成了用政策导向引领、依规章推进落实、靠制度保障建设的有效机制。

改革开放以来，高校思想政治理论课历经"85方案""98方案"到"05方案"改革，随着建设力度加大，作为思想政治理论课教学科研二级管理机构——马克思主义学院应运而生。1992年北京大学率先成立马克思主义学院，这是全国高校中设立的第一家马克思主义学院。自此之后，中国人民大学、南开大学、吉林大学、清华大学等高校纷纷成立马克思主义学院，犹如星星之火燎原全国高校。

进入21世纪，尤其是随着《中共中央宣传部、教育部关于进一步加强和改进高等学校思想政治理论课的意见》颁布实施，以制度引领高校马克思主义学院建设在实践上迈开了实质性的步伐，一系列文件政策相继推出。2008年中宣部、教育部颁发了《关于进一步加强高校思想政治理论课教师队伍建设的意见》，强调要大力加强高校思想政治理论课教学科研组织建设，明确要求："各高等学校应当建立独立的、直属学校领导的思想政治理论课教学科研二级机构。该机构是思想政治理论课教学部门和马克思主义理论研究机构，又是马克思主义理论学科点的依托单位。"[②] 思想政治理论课教学科研二级机构最重要的形式有"思想政治理论课教研部"和"马克思主义学院"，意味着马克思主义学院的建设已经上升为国家战略。2014年在第三届全国高校马克思主义学院院长论坛上，就"高等学校马克思主义学院建设标准"进行了专题研讨。同年，在首届全国高校马克思主义学院院长高端

---

① 《十七大以来重要文献选编》（上），中央文献出版社，2009，第599页。
② 教育部思想政治工作司编《加强和改进大学生思想政治教育重要文献选编（1978—2014）》，知识产权出版社，2015，第374页。

论坛上，教育部领导在讲话中指出："要站在战略和全局的高度，充分认识马克思主义学院建设事关党的教育方针的贯彻执行，事关党的思想理论和意识形态工作全局，事关马克思主义事业的薪火相传，我们必须切实把思想和行动统一到中央的决策部署和要求上来，进一步增强危机感和忧患意识，树立主人翁意识，着眼于做好高校意识形态工作的大局，着眼于落实立德树人根本任务，加强顶层设计，主动做好谋划，以扎实有效的举措抢抓机遇，迎接挑战。"①

特别是 2015 年以后，中央把马克思主义学院纳入推进党的思想理论创新的"四大平台"进行建设。2015 年 1 月，中共中央办公厅、国务院办公厅印发的《关于进一步加强和改进新形势下高校宣传思想工作的意见》提出，要提升马克思主义理论学科的引领作用，实施高校思想政治理论课建设体系创新计划和马克思主义理论学科领航计划，重点建好一批马克思主义理论研究和建设创新基地，重点建设一批有示范影响的马克思主义学院。中宣部、教育部在《普通高校思想政治理论课建设体系创新计划》中，把"重点建设一批教学科研皆强的马克思主义学院"列为创新体系计划的主要目标，强调"加强机构建设，建好高校马克思主义学院。研究制订马克思主义学院建设标准，推进思想政治理论课教学科研机构科学规范建设。实施重点马克思主义学院建设工程，建设一批集马克思主义理论学习教育、研究宣传、人才培养于一体的高水平马克思主义学院，使之成为办好高校思想政治理论课的坚强战斗堡垒。各地宣传、教育部门整合资源，推动社会力量共建高校马克思主义学院"。② 教育部关于《高等学校思想政治理论课建设标准》，特别强调了思想政治理论课教学科研组织二级机构设置问题，并连续组织开展专项督查，推动各地各高校加强二级机构建设。2016 年中共中央、国务院印发了《关于加强和改进新形势下高校思想政治工作的意见》指出，"要加强高校马克思主义学院建设，打造马克思主义理论教学、研究、宣传和人才培养的坚强阵地，支持有条件的高校设置马克思主义理论专业，深入实施马克思主义理论研究和建设工程"。③ 习近平总书记在哲学社会科学工作座谈会上的讲话中明确指出："要充分发挥马克思主义理论研究和建设工程、中国特色社会主义理论体系研究中心、马克思主义学院、报刊网络理论宣传等思想理论工作平台的作用，深化拓展马克思主义理论研究和宣传教育。"④ 为贯彻落实中央关于加强思想理论建设的决策部署，中宣部、教育部发布《关于加强马克思主义学院建设的意见》，强调指出，"要把马克思主义学院建设成

---

① 李卫红：《将高校马克思主义学院建成意识形态工作坚强阵地——在首届全国高校马克思主义学院院长论坛暨清华大学思想政治教育专业创建 30 周年纪念会上的讲话》，《思想理论教育导刊》2014 年第 12 期。

② 中央宣传部和教育部印发《普通高校思想政治理论课建设体系创新计划》的通知（教社科〔2015〕2 号），教育部网，http://www.moe.gov.cn/srcsite/A13/moe_772/201508/t20150811_199379.html。

③ 中共中央、国务院印发《关于加强和改进新形势下高校思想政治工作的意见》，《人民日报》2017 年2 月 28 日。

④ 习近平：《在哲学社会科学工作座谈会上的讲话》，人民出版社，2016，第 25 页。

为马克思主义理论教学、研究、宣传和人才培养的坚强阵地，为坚定中国特色社会主义道路自信、理论自信、制度自信提供坚实学理支撑和人才支持"，① 并启动实施了重点马克思主义学院建设计划，把马克思主义学院建设推进到一个新的更高阶段。在全国高校马克思主义学院如火如荼的建设过程中，教育部于 2017 年颁布《高等学校马克思主义学院建设标准（2017 年本）》，2019 年 4 月 18 日又印发了《建设标准》，对高校马克思主义学院的领导责任、机构设置、师资配备、学科设置等建设指标提出了具体要求。截至 2018 年年底，全国高校有马克思主义学院近 750 所；75 所教育部直属高校中，有 71 所建立了马克思主义学院，占 95%；36 所其他部委属高校中，有 20 所高校建立了马克思主义学院；此外还有 58 所民办本科院校、134 所高职高专院校也建立了马克思主义学院。② 马克思主义学院已经成为我国高校中最普遍的教育教学和研究机构。

二 《建设标准》体现了高校马克思主义学院发展方向和要求

自《中共中央国务院关于进一步加强和改进大学生思想政治教育的意见》颁发以来，特别是"05 方案"实施以来，高校马克思主义学院建设的制度设计日渐形成体系，既有中央层面的顶层设计，也有省部级层面承上启下的制度安排，还有各地高校的具体落实措施，有力地推动了马克思主义学院建设。但是，一方面，受制度"生命周期律"的影响，已有的制度逐渐呈现"边际效用递减"现象，需要进行重新评估和调整，同时需要对有效的实践措施进行再制度化；③ 另一方面，经济社会的发展和高等教育改革的推进，对高校马克思主义学院建设提出了许多新任务新要求，亟待做出新的制度回应。因此，从制度视野来看，《建设标准》既是对高校马克思主义学院建设原有制度的补充和完善，也是对建设成效的总结，同时是立足新时代对高校马克思主义学院发展新阶段新任务做出新部署，为高校马克思主义学院建设的科学化、规范化和现代化明确了发展方向和路径。《建设标准》的实施必将推动高校马克思主义学院建设进入一个全面发展综合建设的新阶段。

（一）《建设标准》为高校马克思主义学院建设立了规矩

马克思主义学院作为马克思主义理论教学、研究、宣传和人才培养的坚强阵地，是中国特色社会主义大学最鲜亮的底色，建设好马克思主义学院是党中央的殷切期望。2018 年 5 月 2 日，习近平在北京大学考察时强调指出："高校马克思主义

---

① 余双好：《马克思主义理论学科在扎根中国大地办社会主义大学中的引领示范作用》，《思想政治课研究》2019 年第 1 期。
② 赵婀娜、丁雅诵：《全国高校思想政治工作会议以来学校思想政治理论课建设综述》，《人民日报》2019 年 3 月 18 日。
③ 杨建义：《以制度安排提升高校辅导员队伍专业化水平》，《思想理论教育》2018 年第 1 期。

学院就是要坚持'马院姓马，在马言马'的鲜明导向和办学原则，为巩固马克思主义在意识形态领域的指导地位，推动马克思主义进校园、进课堂、进学生头脑，发挥应有作用。"[1]《建设标准》既是对习近平总书记在全国高校思想政治工作会议上重要讲话精神的学习贯彻，也是对中共中央、国务院《关于加强和改进新形势下高校思想政治工作的意见》的贯彻落实。中宣部、教育部印发的《普通高校思想政治理论课建设体系创新计划》明确提出了重点建设一批马克思主义学院的任务，并从2015 年开始分三批遴选出共 37 家全国重点马克思主义学院。"选择少数条件成熟的高校建设重点马院，不仅意在通过重点马院自身建设达到中宣部、教育部关于重点马院建设的标准，形成马克思主义理论创新研究、马克思主义理论与实践高级人才培养、学术成果支撑思想政治理论课教学的重镇和高地，还意在其对国内非重点马院发挥引领、示范和辐射作用，提供'对标'的参照系和实际的指导与支持，以提升高校马院的整体水平。"[2] 以此为引领，全国很多省区市也纷纷组织建设省级重点马克思主义学院，对高校马克思主义学院的发展起到了极大的推动和示范作用。高校马克思主义学院建设在经历了一个快速的发展阶段之后，现在已经进入规范化建设阶段，坚持建设标准，突出学术特色，引领社会思潮走向，是马克思主义学院建设的基本要求。如果说，2008 年《中共中央宣传部教育部关于进一步加强高等学校思想政治理论课教师队伍建设的意见》和 2011 年教育部颁布的《高等学校思想政治理论课建设标准（暂行）》这两个文件只是对马克思主义学院建设提出了初步的规范性要求的话，那么，《建设标准》则对马克思主义学院的科学化建设提出了一整套规范，为高校马克思主义学院建设立了规矩。

（二）《建设标准》为高校马克思主义学院的科学化、规范化建设提供了准绳

制度是最稳定的因素，通过建章立制，规范独立的二级教学科研机构建设和职能定位，才能促进学院可持续发展。马克思主义学院作为高校组织结构中一个独立的二级机构，既有一般学院的特征，也具有自己的特殊性，所以马克思主义学院建设更需要强有力的政策保障，也需要通过政策来引导和规范学院的建设。《建设标准》鲜明地体现了高校马克思主义学院建设科学化的要求，由"组织领导与管理""思想政治理论课教学""马克思主义理论学科建设""社会服务与社会影响""党的建设与思想政治工作"5 个一级指标及其下设的 17 个二级指标所构成的完整的

---

① 《习近平在北京大学考察时强调 抓住培养社会主义建设者和接班人根本任务 努力建设中国特色世界一流大学》，《人民日报》2018 年 5 月 3 日。
② 卢黎歌、隋牧蓉：《关于全国重点马克思主义学院发挥引领示范作用的思考》，《马克思主义理论学科研究》2017 年第 6 期。

指标体系，充分体现了科学化和规范化的有机统一。①《建设标准》明确规定，"坚持把立德树人的成效作为检验学校一切工作的根本标准，全面贯彻党的教育方针，把思想政治理论课作为重点课程，把马克思主义理论学科作为重点学科，把马克思主义学院作为重点学院，纳入学校发展规划以及'双一流'建设方案进行重点建设""坚持'马院姓马，在马言马'的鲜明导向和办学原则，擦亮我国大学最鲜亮的底色，由马克思主义学院统一开设全校思想政治理论课，统一管理思想政治理论课教师，统一负责马克思主义理论学科建设，巩固马克思主义在高校意识形态领域的指导地位。"② 可以说，《建设标准》为高校马克思主义学院的科学化、规范化建设指明了方向、提供了准绳，标志着高校马克思主义学院建设由外在推进阶段步入内涵式发展阶段。可以预计，随着各种规范性要求的建立，必将进一步激发师生活力，解放教师的学术生产力，为高校马克思主义学院建设提供新动能。

（三）《建设标准》为进一步加强思想政治理论课建设奠定了重要基础

习近平在学校思想政治理论课教师座谈会上强调指出："思想政治理论课是落实立德树人根本任务的关键课程。青少年阶段是人生的'拔节孕穗期'，最需要精心引导和栽培。我们办中国特色社会主义教育，就是要理直气壮开好思政课，用新时代中国特色社会主义思想铸魂育人，引导学生增强中国特色社会主义道路自信、理论自信、制度自信、文化自信，厚植爱国主义情怀，把爱国情、强国志、报国行自觉融入坚持和发展中国特色社会主义事业、建设社会主义现代化强国、实现中华民族伟大复兴的奋斗之中。思政课作用不可替代，思政课教师队伍责任重大。"③加强思想政治理论课教学科研组织机构建设，是加强教师队伍建设的关键环节，也是加强和改进思想政治理论课的重要体制保障。实践证明，思想政治理论课教学科研二级机构的独立设置和建设，使党对思想政治理论课教育教学和马克思主义理论学科建设的政策得到有效落实，使广大思想政治理论课教师真正实现了工作有条件、干事有平台、发展有空间。④《建设标准》覆盖了高校马克思主义学院建设的方方面面，特别是把"思想政治理论课教学"作为一级指标单独列出，与《高等学校思想政治理论课建设标准》相比较，《建设标准》特别强调思想政治理论课教学各个环节的改革和创新。在教学组织方面，明确要求落实《新时代高校思想政治理论课教学工作基本要求》，"推行中班教学，班级规模原则上不超过100人。推广中班上课、小班研学讨论的教学模式"；在教学实施方面，要"以教研室为单位建

---

① 汪信砚：《高校马克思主义学院建设科学化、规范化和现代化的指南》，《光明日报》2017 年 10 月 3 日。

② 教育部关于印发《普通高等学校马克思主义学院建设标准（2019 年本）》的通知（教社科〔2019〕9 号），(2019 – 4 – 18)。

③ 《习近平谈治国理政》第 3 卷，外文出版社，2020，第 329 页。

④ 陈占安：《高校思想政治理论课"05 方案"实施十年来的回顾与展望》，《思想理论教育》2015 年第 9 期。

立健全严格的新教师试讲制度、集体备课制度、教师听课互评制度、集中命题制度等，组织教师集中研讨提问题、集中培训提素质、集中备课提质量"；在教学改革方面，要求"系统组织教师开展教学改革创新，坚持政治性和学理性相统一、价值性和知识性相统一、建设性和批判性相统一、理论性和实践性相统一、统一性和多样性相统一、主导性和主体性相统一、灌输性和启发性相统一、显性教育和隐性教育相统一。注重改进教学模式，提倡专题教学，注重从理论和实践、历史和现实、国际和国内的结合上回答学生关心的热点难点问题，培育推广形式多样、效果良好、受学生欢迎的教学方法，培育推广'配方'新颖、'工艺'精湛、'包装'时尚有特色的品牌课"；在教学考评方面，首次提出"以学生获得感为评价导向，以'有虚有实、有棱有角、有情有义、有滋有味'为根本标准"来改革教学考评制度，"探索实行思想政治理论课教师课堂教学退出机制"；在师资配备方面，提出"按照政治要强、情怀要深、思维要新、视野要广、自律要严、人格要正的素养要求，建设一支专职为主、专兼结合、数量充足、素质优良的思想政治理论课教师队伍。教师要认真研究马克思主义理论教育规律，坚持教书和育人相统一、言传和身教相统一、潜心问道和关注社会相统一、学术自由和学术规范相统一，传播知识传播思想传播真理、塑造灵魂塑造生命塑造新人，做先进思想文化的传播者、党执政的坚定支持者，更好担起学生健康成长指导者和引路人的责任，努力成为马克思主义理论教育家"，"按照师生比不低于1∶350的比例设置专职教师岗位，制订计划加快配齐建强专职教师队伍"，要求"八支队伍上思想政治理论课讲台"；等等。在"组织领导与管理""马克思主义理论学科建设""社会服务与社会影响""党的建设与思想政治工作"这四个一级指标体系中，每一个一级指标体系中都包含对思想政治理论课和教师队伍建设的要求。例如，在"组织领导与管理"方面，强调"党委书记、校长要带头走进课堂，每学期讲授思政课不少于2次，领导班子其他成员每学期讲授思政课不少于1次，带头推动思政课建设，带头联系思政课教师""持续推动思想政治理论课建设的思路创优、师资创优、教材创优、教法创优、机制创优、环境创优，不断提高思想政治理论课质量和水平"，规定"学校在保障学院正常办公经费的基础上，按在校生总数每生每年不低于20元的标准提取思想政治理论课建设专项经费"，要求"原则上教授有独立的教研用房""配备满足教学科研需要的硬件设备和图书资料室"等。《建设标准》的出台和落实，不仅规范着学院建设，对进一步办好高校思想政治理论课也必将产生深远影响。

三　对标《建设标准》，推进高校马克思主义学院内涵建设

随着马克思主义理论研究和建设工程进一步深入开展，高校意识形态工作持续加强，马克思主义学院建设的重要性更加凸显。当前，要着眼于解决高校马克思主义学院建设中存在的重点难点问题，进一步完善制度结构，落实强化制度，充分彰

显《建设标准》的含金量，进一步激活高校马克思主义学院建设的内生动力，推动高校马克思主义学院内涵建设。

（一）提高政治站位，强化高校党委的主体责任

党的领导是高校马克思主义学院建设的根本保证，强化党委的主体责任是落实《建设标准》的关键环节。提升高校马克思主义学院的科学化、规范化、现代化水平，离不开高校党政领导的重视，高校党委从政治高度和大局出发，把马克思主义学院建设摆上重要议程，抓住制约学院建设的突出问题。《建设标准》要求高校党政领导对于马克思主义学院建设负有领导责任，落实学校党委书记第一责任人的责任，校长要切实负起政治责任和领导责任，每学年分别到学院至少召开 1 次现场办公会，听取工作汇报，解决实际问题。分管思想政治理论课建设的校领导和分管教学、科研等工作的校领导要主动研究学院工作，对学院开展经常性工作指导。"校党委（常委）会议、校长办公会每学期分别至少召开 1 次专题会议，研究马克思主义学院建设重点工作，会议决议及时落实。"① 此外，它还对马克思主义学院的机构设置、工作机制、基础建设等进行了详细的规划和部署。由于高校马克思主义学院所涉及学科和承载任务的特殊性，加之学院建设时间不长，与其他二级学院相比还有不成熟之处。所以，在学院建设初期，还需要特别的政策保障，通过强有力的行政措施加以推进。就高校党委履行主体责任而言，高校党委要对学院建设中的组织管理、学科建设、教育教学、人才队伍建设、硬件建设、社会服务等内容提出规范性要求和评价指标，以制度机制着力推动马克思主义学院建设的常态化、科学化发展。要确保在学校发展规划、经费投入、公共资源使用中优先保障马克思主义学院建设，在人才培养、科研立项、评优表彰、职务评聘等方面支持马克思主义学院，形成高校协调推进马克思主义学院建设的工作机制。②

（二）遵循教育教学规律，推进马克思主义学院内涵建设

习近平指出："做好高校思想政治工作，要因事而化、因时而进、因势而新。要遵循思想政治工作规律，遵循教书育人规律，遵循学生成长规律，沿用好办法、改进老办法、探索新办法，不断提高工作能力和水平。"③ 马克思主义学院在马克思主义理论教育教学、学术研究、人才培养、学科建设、理论宣传、思想引导、社会服务等方面，肩负着独特而神圣的历史使命。高校党委形成统一领导、党政齐抓共管、有关部门协同配合的工作格局，推动马克思主义学院内涵建设。要配齐建强

---

① 教育部关于印发《普通高等学校马克思主义学院建设标准（2019 年本）》的通知（教社科 ［2019］ 9 号），（2019 - 4 - 18）。

② 张政文、王维国：《高校党委如何抓好思政课建设》，《光明日报》2019 年 3 月 19 日。

③ 《习近平在全国高校思想政治工作会议上强调：把思想政治工作贯穿教育教学全过程 开创我国高等教育事业发展新局面》，《人民日报》2016 年 12 月 9 日。

思政课专职教师队伍，从经费、办公条件、职称晋升、评优等方面予以充分保障。高校马克思主义学院的特殊性要求在学院建设过程中既要注重遵循高等教育及其他二级学院建设的一般规律外，还要兼顾马克思主义学院建设的特殊性，更要对标《建设标准》，遵循马克思主义理论学科建设规律，遵循思想政治理论课建设规律，加强学院自身建设。"打铁还需自身硬"。马克思主义学院完成使命的首要前提是实现自身的健康发展，马克思主义理论学科的特殊性，决定了马克思主义学院标准化建设的必要性。当下，要处理好学院发展的几对战略关系：一是学院建设的特殊性和一般性的关系，二是学院核心任务与多元职能的关系，三是学院发展模式的内向性与外向性关系，四是学院发展依附性与自我发展的关系，提升学院发展的内涵和品质。[①]

（三）完善高校内部治理结构，优化各项制度的配套协调落实

随着中国现代大学制度建设、高校治理结构的不断优化与管理重心的下移，二级学院作为重要的办学主体，其治理问题已成为高等教育理论研究和实践探索的重要课题。教育部长江学者特聘教授、北京师范大学博士生导师石中英教授指出，当下"校院关系影响了整个大学的办学活力，完善现代大学治理必须调整校院关系，充分发挥学院在大学发展、学科建设过程中的主体作用，真正实现学院办大学的理想"。[②] 在处理好校院关系之后，突出问题就是如何完善二级学院的治理结构，以保证其坚持正确的办学方向，保证内部各种权力合理配置，各种重大事项科学决策、民主决策、执行有力。同时，各种权力的运行得到有效制约和监督。[③]《建设标准》明确提出，按照思想政治理论课各门课程分别对应设置教研室，"党政工团组织机构健全，教学委员会、学术委员会、学位评定委员会等机构运转有效""把抓好党建工作作为办学治院的基本功，加强党的领导，进一步发挥学院党委（党总支）的政治核心作用，履行政治责任，保证监督党的路线方针政策及上级党组织决定的贯彻执行。坚持民主集中制，健全完善学院党组织会议和党政联席会议制度，有关干部任用、党员队伍建设等工作，由党组织会议研究决定，涉及办学方向、教师队伍建设、师生员工切身利益等重大事项，党组织先研究再提交党政联席会议决定。健全学院集体领导、党政分工合作、协调运行的工作机制，提升班子整体功能和议事决策水平。""完善学院二级教代会或教职工大会制度，实行民主管理和监督。"如何贯彻好"民主集中制度"？如何使"教学委员会、学术委员会、学位评定委员会等机构有效运转"？如何"实行民主管理和监督"？都需要有一系列的制度规定加以落实。为此，要完善学院内部治理体系，制订学院中长期发展规划，通

① 余双好：《高校马克思主义学院建设需要处理的一些关系》，《思想理论教育》2015 年第 2 期。
② 石中英：《大学办学院还是"学院办大学"》，《光明日报》2016 年 5 月 10 日。
③ 张德祥、李洋帆：《二级学院治理：大学治理的重要课题》，《中国高教研究》2017 年第 3 期。

过建章立制，加强党政联席会议制度、教学委员会、学术委员会、二级教代会等制度建设，在确保马克思主义学院各项工作规范运转的同时，保证学院的各项自主权能够规范、公正、有效和阳光地运行，切实增强学院的办学活力。

（四）建立和完善督查机制，推进各项指标落地生根

善于督查是我们党推进工作的优良传统，是领导方法、领导艺术的重要组成部分，《建设标准》的出台落实，本身就存在对制度落实督查的基本诉求。从《建设标准》中可以发现，各项指标中宏观规定性多，更多的是应然性和可调节性的要求，这就为《建设标准》的贯彻落实留有较大的弹性空间。由于我国高等教育发展的不平衡性，在不同高校建设马克思主义学院的基础和条件相差甚远，落实过程中的校际差异会对《建设标准》的权威性形成挑战，弱化制度的约束力。因此，一方面，需要提高思想认识，站在中国大地办好社会主义大学的高度来认识马克思主义学院建设问题，着眼于"办什么样的大学、怎样办大学"和"培养什么样的人、怎样培养人以及为谁培养人"这一根本问题，提高落实《建设标准》的政治自觉性；另一方面，需要牢固树立"一分部署、九分落实"的意识，在落实、落小、落细上下功夫，着力构建马克思主义学院建设的督查机制，把高校贯彻落实《建设标准》情况，作为高校落实意识形态工作责任、学校领导班子监测评价、"文明校园"等考核的重要核心指标，强化落实专项督查，定期或不定期进行巡查和督查，以避免形式主义，确保《建设标准》的各项指标落地生根，切实发挥《建设标准》在马克思主义学院建设中的引领和示范作用。

System Arrangement of Promoting Marxism College of University Construction in the New Era

——Based on the Analysis of The Standard of the Construction of Marxism College of University

WANG Yongbin, WANG Qi

Abstract：Construction of Marxism College of University can not do without policy support. System arrangement is an important guarantee of Marxism College of University construction. *The standard of the construction of Marxism College of University* which was developed by the Ministry of Education is based on the actual situation of construction of Marxism College of University and responds to the demands of reality. It points out the development direction and construction path for the scientification, standardization and modernization of Marxism College of University. In the new era, in order to build a good and strong Marxism College of University, we need to make progress in activating the endogenous power of construction of Marxism College of University; raising the political position; following the law of education and teaching; improving the system structure; strengthening the implementation of supervision; giving full play to the comprehensive effect of the system and improving the construction level of Marxism College of University continuously.

Keywords: Marxism College of University; Standard of Construction; System Arrangement

马克思主义文化研究　2020 年第 2 期　总第 6 期

第 144～156 页

新时代高校青年教师社会主义意识形态建设面临的问题及化解策略

董　慧　程伊琳 *

【摘　要】高校是思想文化的发源地，也是我国社会主义意识形态工作的传播地。加强高校社会主义意识形态建设，是一项战略工程、固本工程、铸魂工程。近年来，高校青年教师的价值取向和思维方式面临多方面的冲击和挑战，进入中国特色社会主义新时代，高校青年教师社会主义意识形态建设显得更为必要。加强高校青年教师社会主义意识形态建设，筑牢高校青年教师的思想防线，不仅是加强我国社会主义意识形态建设的重要课题，也是高校思想政治教育面临的一项紧迫任务。高校青年教师是高校社会主义意识形态教育和传播的主要承担者，他们的政治信仰、思想认识和价值观念将直接影响大学生的健康成长。本文针对高校青年教师社会主义意识形态建设所面临的问题，在深入学习习近平新时代中国特色社会主义思想学习纲要的基础上，提出新时代高校青年教师社会主义意识形态建设的化解策略。

【关键词】高校青年教师；社会主义意识形态；社会和谐

习近平总书记指出："意识形态工作是党的一项极端重要的工作，是为国家立心、为民族立魂的工作。"[1]"意识形态决定文化前进方向和发展道路。必须推进马克思主义中国化时代化大众化，建设具有强大凝聚力和引领力的社会主义意识形态。"[2]习近平总书记指出：2018 年 8 月 21 日至 22 日，习近平总书记在全国宣传

---

* 董慧，上海海事大学马克思主义学院副教授、硕士生导师、法学硕士，研究方向为思想政治教育；程伊琳，上海海事大学马克思主义学院硕士研究生。

① 中共中央宣传部：《习近平新时代中国特色社会主义思想学习纲要》，学习出版社、人民出版社，2019，第 140 页。

② 习近平：《决胜全面建成小康社会　夺取新时代中国特色社会主义伟大胜利——在中国共产党第十九次全国代表大会上的报告》，人民出版社，2017，第 41 页。

思想工作会议上强调，"建设具有强大凝聚力和引领力的社会主义意识形态，是全党特别是宣传思想战线必须担负起的一个战略任务"。①高校是意识形态建设的基础和前沿阵地，而青年教师又是高校意识形态阵地建设的骨干和中坚力量。据统计，中国高校青年教师现在超过 86 万，占全国高校青年教师总数的比例超过 63%。正如中共中央办公厅、国务院办公厅印发的《关于进一步加强和改进新形势下高校宣传思想工作的意见》（教党〔2013〕12 号）中所指出的："办好中国特色社会主义大学进而实现中华民族复兴的根本要求出发，紧密结合经济全球化条件下出国学习人数大增的特点，从战略层面认真审视和反思以往的工作，始终把加强和改进青年教师意识形态工作摆在重要位置。"②

进入新时代，利益日趋多元，观念日益多变。高校青年教师社会主义意识形态建设受到了来自多方面的挑战和影响，研究新时代高校青年教师社会主义意识形态建设所面临的问题，探寻新时代高校青年教师社会主义意识形态建设的化解策略具有理论和现实意义。

一　新时代高校青年教师社会主义意识形态建设的必要性

高校是培养中国特色社会主义事业建设者和接班人的重要阵地，是促进马克思主义中国化、时代化、大众化的教育基地，也是社会主义意识形态建设的前沿地带。面对新时代日趋复杂多变的国内外环境和社会思潮多元化等新形势，高校青年教师的政治信仰、思想观念、道德素养以及行为准则不仅会直接影响大学生的健康成长，也会影响我国社会主义办学方向和高等教育事业发展的兴衰。因此，新时代高校青年教师社会主义意识形态建设不仅对其自身，更对高校、社会乃至整个国家发展都显得十分必要。

（一）有助于促进高校青年教师的健康成长

教师历来被认为是一个崇高而神圣的职业，教师不仅负有教书育人的基本职责，也承担着引导学生树立正确"三观"的重要职责。在当前倡导素质教育的大背景下，教师的任务已不仅仅是传统认知上的"传道、授业、解惑"，而是要做到"启智、陶情、冶性、锤志"。习近平总书记曾指出："教师重要，就在于教师的工作是塑造灵魂、塑造生命、塑造人的工作，"③ 并强调"百年大计，教育为本。教

---

① 张洋：《举旗帜聚民心育新人兴文化展形象 更好完成新形势下宣传思想工作使命任务》，《人民日报》2018 年 8 月 23 日。

② 中共中央组织部、中共中央宣传部、中共教育部党组：《关于加强和改进高校青年教师思想政治工作的若干意见》，中华人民共和国教育部门户网，http://old.moe.gov.cn/publicfiles/business/htmlfiles/moe/s7060/201305/152333.html。

③ 习近平：《做党和人民满意的好老师》，《人民日报》2014 年 9 月 10 日。

育大计，教师为本。努力培养造就一大批一流教师，不断提高教师队伍整体素质，是当前和今后一段时间我国教育事业发展的紧迫任务"。① 教师是立教之本、兴教之源。高校教师除了掌握专业知识，具备良好的科研素养，还应具备正确的政治信仰、高尚的道德品质、健康的身心素质。只有这样，才能担当起教书育人、为人师表的职责。

"善之本在教，教之本在师"。高校青年教师正处于学术积累、知识沉淀、能力发展的黄金时期，他们自身的思想状况和言论将直接影响到下一代的价值观塑造、合格人才的培养以及未来社会潜在规范的培育。然而，进入新时代，我国高校青年教师进行国际交流的机会逐渐增多，与各种文化的接触日益频繁。国内高校引进"海归"教师的数量与日俱增，越来越多的高校青年教师"走出去"，到国外进行研修、攻读学位、出国访学、参与讲学和参加国际学术交流会议等，这些都会使高校青年教师受到西方观念和思想的影响，进而降低自身的政治敏锐性和政治鉴别力，动摇了社会主义理想信念，容易出现心理失衡、言行失范等问题，从而给工作和生活带来负能量。只有内心具备坚定的政治信念，才能抵御诱惑，不受侵害。因此，加强高校青年教师社会主义意识形态建设，发挥社会主义意识形态强大的理论指导功能，能够有助于增强高校青年教师对社会主义的理想信念和政治信仰，提升其思想觉悟和爱国热情，树立积极的人生观，从而激发工作与生活的积极性，提高专业教学与科研能力，促进高校青年教师全方位健康成长与发展。

（二）有助于培养中国特色社会主义事业建设者和接班人

在2017年中共中央、国务院印发的《关于加强和改进新形势下高校思想政治工作的意见》中，指出了高校的五大职能，即"人才培养、科学研究、社会服务、文化传承创新、国际交流合作"。② 可见，人才培养是高校的首要和基本职能，是高校最重要的使命和任务。邓小平曾提出："一个学校能不能为社会主义建设培养合格的人才，培养德智体全面发展、有社会主义觉悟的有文化的劳动者，关键在教师。"③ 作为高校教育者的主要力量，高校青年教师肩负着传授知识技能、培养思想品德、开发智力能力、开阔眼界思路，促进学生全面发展的育人使命。正如2018年习近平同北京大学师生座谈时的重要讲话指出："'国势之强由于人，人材之成出于学。'培养社会主义建设者和接班人，是我们党的教育方针，是我国各级各类学校的共同使命。大学对青年成长成才发挥着重要作用。高校只有抓住培养社会主义

---

① 习近平：《做党和人民满意的好老师：同北京师范大学师生代表座谈时的讲话》，人民出版社，2014，第13页。
② 《关于加强和改进新形势下高校思想政治工作的意见》，中央人民政府网，www.gov.cn/xinwen/2017-02/27/content_5182502.htm。
③ 《邓小平文选》第2卷，人民出版社，1994，第108页。

建设者和接班人这个根本才能办好，才能办出中国特色世界一流大学。"① 广大青少年正处于"拔节孕穗期"，② 是世界观和人生观形成的关键阶段。习近平总书记强调："青年的价值取向决定了未来整个社会的价值取向，而青年又处在价值观形成和确立的时期，抓好这一时期的价值观养成十分重要，人生的扣子从一开始就要扣好。"③ 可见，大学生是国家的未来和希望，他们健康人格的塑造、爱国主义精神的树立以及对社会主义的认同将直接关系到我国社会主义事业的成败。

加强高校青年教师社会主义意识形态建设，有助于高校青年教师坚持正确的政治观，在工作和生活中能够积极学习和运用马克思主义理论与思维方法，切实提高思想政治素养。高校青年教师作为马克思主义理论的宣讲者，只有在保证自身"真学、真信、真懂、真讲"的基础上，通过言传身教，才能切实担负起教书育人、立德树人的崇高职责。反之，如果自己立场含糊、信仰动摇，对马克思主义和社会主义不是真信真懂，那么传播的也极有可能是非马克思主义、非我国社会主流的思想。因此，加强高校青年教师社会主义意识形态建设，能够使高校青年教师拥有正确的政治信仰和思想观念，自觉维护和巩固社会主义意识形态。高校青年教师只有用正确的政治观、高尚的师德风范去影响、教育学生，才能塑造学生积极健康的人格和对社会主义的坚定信念，增强为共产主义事业奋斗的远大理想和高度使命感，才能培养出一代又一代德才兼备的社会主义事业建设者和接班人，促进我国社会主义事业的大发展。

（三）有助于社会的和谐发展与国家的长治久安

社会和谐是政治稳定的前提，也是保证国家长治久安的重要因素。加强高校青年教师社会主义意识形态建设，能够确保高校坚持社会主义的办学方向，使大学生坚定理想信念。一方面，从知识分子角度看，高校青年教师处于社会结构的中上阶层，是我国的社会精英和宝贵财富。高校青年教师的价值取向和行为偏好，不仅会影响社会发展的方向，也会影响社会稳定和国家意识形态安全；另一方面，从知识传授者角度看，高校青年教师在传授知识的同时也传播思想和文化，在构建社会价值体系，确立社会价值导向，抵御非主流意识形态的侵袭等方面有着不可替代的作用，这也是我国"软实力"的一部分。正如张耀灿、李辽宁所说："一个社会能否和谐，很大程度上取决于社会成员是否具有共同的理想信念。没有共同的理想信念和良好的道德规范，就无法实现社会和谐。"④

加强高校青年教师社会主义意识形态建设，能够引领高校青年教师树立共同的

① 习近平：《在北京大学师生座谈会上的讲话》，人民出版社，2018，第5页。

② 张烁：《用新时代中国特色社会主义思想铸魂育人 贯彻党的教育方针落实立德树人根本任务》，《人民日报》2019年3月19日。

③ 《习近平关于社会主义文化建设论述摘编》，中央文献出版社，2017，第117页。

④ 张耀灿、李辽宁：《试析我国社会主义意识形态建设的基本规律》，《理论前沿》2006年第4期。

社会责任与政治责任意识。使高校青年教师坚定马克思主义信仰和社会主义理想，并转化为自觉的行动和行为准则，为构建和谐社会确立共同的价值导向，从而有效抵御西方文化的侵袭。高校青年教师作为引导社会价值体系的实践者，在马克思主义理论和中国特色社会主义理论的指导下，通过宣传正确的价值观，使大学生坚持正确的政治方向，形成社会稳定的思想基础。

（四）有助于发扬中国共产党对知识分子思想政治教育的传统

思想政治教育是党领导意识形态工作的一个重要环节，也是社会主义意识形态建设的重要途径之一。坚持对知识分子开展思想政治教育，是中国共产党巩固执政地位的历史经验、必然要求和重要思想保证，也是保证安全执政的优良传统之一。从古田会议到延安文艺座谈会，中国共产党都围绕社会主要矛盾，用思想政治教育来激发知识分子的爱国热情，使知识分子产生民族情感共鸣与政治认同，进而巩固我国的社会主义意识形态阵地。毛泽东曾指出："掌握思想教育，是团结全党进行伟大政治斗争的中心环节。如果这个任务不解决，党的一切政治任务是不能完成的。"[1] 周恩来也在1951年9月《关于知识分子的改造问题》的报告中阐述了对知识分子进行思想改造的必要性和目的，使思想改造迅速演变为一场全国规模的政治运动。随后，毛泽东再次强调："思想改造，首先是各种知识分子的思想改造，是我国在各方面彻底实现民主改革和逐步实行工业化的重要条件之一。"[2] 在当时，知识分子是社会意识形态的主要承载者和传播者，只有首先对他们进行思想改造，才能确立马克思主义意识形态的指导地位，进行社会主义建设。随着中国共产党对知识分子思想政治教育的不断深入，通过学习和改造，知识分子丢掉了思想包袱，提高了自觉性，有了前进的方向和动力，逐渐树立起共产主义和为人民服务的意识。在改革开放时期，邓小平继承和发展了毛泽东对知识分子开展思想政治教育这一思想。针对教师这个特殊的知识分子群体，邓小平指出"要提高教师的水平，包括政治思想水平、业务工作能力以及改进作风等"，[3] 希望"广大教师努力在政治上、业务上不断提高，沿着又红又专的道路前进"，[4] 为社会主义现代化建设贡献重要力量。江泽民同样强调知识分子的思想政治教育，他认为知识分子不仅要学习科学文化知识，而且要学习马克思主义，把坚定正确的政治方向放在第一位。他明确指出："知识分子要加强学习，提高自己，努力成为先进思想的传播者、科学技术的开拓者、'四有'公民的培育者和优秀精神产品的生产者，同广大工人、农民一起，为中华民族的振兴建功立业。"[5] 可见，知识分子这一阶层在传播马克思主

---

① 《毛泽东选集》第3卷，人民出版社，1991，第1094页。
② 《毛泽东文集》第6卷，人民出版社，1999，第184页。
③ 《邓小平文选》第2卷，人民出版社，1994，第55页。
④ 《邓小平文选》第2卷，人民出版社，1994，第110页。
⑤ 《十五大以来重要文献选编》（上），人民出版社，2000，第38页。

义意识形态和建设社会主义现代化过程中能够发挥其他阶层所无法代替的重要作用。

新时代加强高校青年教师社会主义意识形态建设，是对中国共产党开展知识分子思想政治教育优良传统的继承和发展。高校青年教师社会主义意识形态建设有助于激发高校青年教师的政治兴趣，提高高校青年教师的政治认同和思想觉悟，树立崇高的社会主义理想和观念。在传承中国共产党对知识分子思想政治教育一贯做法的基础上，进一步发扬优良传统和政治优势，使思想政治教育的"生命线"地位经久不衰，永葆生命力。

二 新时代高校青年教师社会主义意识形态建设面临的问题

目前，高校青年教师社会主义意识形态建设的总体态势良好，大部分高校青年教师坚信马克思主义，坚定社会主义信仰，对社会主义制度和中国特色社会主义道路保持信心，对我国的社会主流价值观和社会主义意识形态有较高的认同度。进入新时代，党和国家相继出台一系列方针、政策，对高校教师社会主义意识形态建设做出指示和指导，推动了高校教师社会主义意识形态建设，使高校青年教师社会主义意识形态建设取得一定成效。尽管如此，仍存在一些不足，具体表现在三方面。

（一）多元文化和价值观冲击了社会主义意识形态的主导地位

我国的主流意识形态是以马克思主义为理论基础和核心内容的社会主义意识形态，居于统治地位，具有强大的指导意义。然而，随着改革开放的不断深入，国际化的日益推进，尤其是进入新时代，社会主义主流意识形态受到了来自多元文化和价值观的冲击，社会主义意识形态的主导地位发生动荡，这对高校青年教师社会主义意识形态建设带来了一定的影响。

第一，弱化了对社会主义意识形态工作重要性的认识。近年来，随着经济全球化和国际化进程的推进与加速，我国高校教师队伍出国学习交流的机会逐渐增多，尤其是以青年教师为代表。越来越多的高校青年教师选择"走出去"，到国外访学、讲学、攻读学位和参加国际学术交流会议等，以期拓宽学术视野、提高专业素质。然而，这给高校意识形态工作带来了更加复杂的境遇。高校青年教师在"走出去"期间，受西方文化和思潮的潜在影响，在一定程度上降低了自己的政治敏锐性，使部分高校青年教师的理想信念逐渐淡薄和弱化，对意识形态工作重要性的认知产生偏差，立场不坚定，对党的意识形态教育产生抵触心理，价值取向多元化等问题日益凸显。更有一些青年教师将意识形态工作放在了次要地位，急功近利地将工作重心放在了自我学术发展上，出现了学术功利化现象。部分高校青年教师只注重提高学历学位、学术水平以及晋升职称，在这些方面不惜投入大量的时间和精力，意识形态自我教育的投入却相对较少，出现了明显的政治淡化和社会主义意识形态弱化的倾向。

第二，冲击了对社会主义主流意识形态的认同感。高校是各种文化聚集交流之地，而高校青年教师又是思想最为活跃、行动最为灵活的一个群体，这个群体更容易接收多元文化和受到社会思潮的影响。我国的主流意识形态是以马克思主义为核心内容和理论基础的社会主义意识形态，社会主义意识与西方的各种社会思潮在理论根源、思维方式和价值取向上都有着本质的区别。所以，二者之间必然会产生对立、矛盾和碰撞。社会主义意识形态存在被边缘化、污名化的危险，使高校青年教师对主流意识形态的认同感降低。随之而来的拜金主义、享乐主义、极端个人主义和历史虚无主义等均会冲击甚至侵蚀社会主义意识形态和价值取向，给高校青年教师带来了严重的消极影响，使社会主义意识形态教育的理念和方法受到冲击，教育者的权威性受到威胁，同时也加剧了社会主义意识形态教育环境的复杂性。部分高校青年教师由于被西方意识形态所渗透，加之生活压力等方面因素，导致政治热情不高，消极对待政治学习和政治活动，缺乏职业道德和服务意识，在理想信念和价值理念上出现偏差，师德水平和学术道德有所欠缺，甚至部分出现言行失范、知行不一。个别高校青年教师存在口头上嘲讽社会主义意识形态，行动上违背教师道德规范的情况。

（二）高校工作机制不健全导致社会主义意识形态建设的弱化和边缘化

进入新时代，面对多元文化的涌现和渗透，高校青年教师社会主义意识形态建设难度也进一步增强，这与管理机制的不完善、不健全密切相关。习近平在第23次全国高等学校党的建设工作会议上曾提出："办好中国特色社会主义大学，要坚持立德树人，把培育和践行社会主义核心价值观融入教书育人全过程；强化思想引领，牢牢把握高校意识形态工作领导权；坚持和完善党委领导下的校长负责制，不断改革和完善高校体制机制。"[①] 然而，由于缺乏全方位的、较完善的意识形态管理机制，高校青年教师社会主义意识形态建设面临巨大的挑战。

第一，没有及时的监督和引导机制。由于西方意识形态对高校青年教师的渗透，使部分青年教师出现了政治意识模糊和淡化的倾向，政治信仰迷茫，服务意识不强，甚至对党的意识形态教育产生了抵触和逆反心理，后果十分严重。加之缺乏应对机制，无法采取相应补救措施，使高校青年教师的思想观念更容易产生偏差，出现功利化、盲目性和片面性，对高校青年教师社会主义意识形态建设会产生不良影响。

第二，缺乏常态化管理机制。教育部陈宝生部长指出："一些学校在评价教师

---

① 董洪亮：《坚持立德树人思想引领　加强改进高校党建工作》，《人民日报》2014年12月30日。

时，唯学历、唯职称、唯论文，过度强调教师海外经历、国外期刊论文发表数量等。"① 这样只重科研成果、轻师德师风建设的学校并不在少数。随着高校青年教师的课程与科研任务日益繁重，逐渐忽视和放松对自身的思想道德建设，越来越重科研成果而轻思想建设。只有极少数的高校有计划地定期开展培训班、宣讲会，专门组织社会主义意识形态教育的学习和进修。此外，高校青年教师社会主义意识形态管理机制还存在形式上风光火热、轰轰烈烈，实际效果却不尽如人意的情况，直接的显性管理较多，潜移默化的隐性管理较少，以及对意识形态工作缺乏认识和落实不到位等。

（三）网络化冲击着社会主义意识形态的传统表达和传播方式

根据《中国互联网络发展状况统计报告》，截至 2019 年 6 月，我国网民规模已高达 8.54 亿，互联网普及率升至 61.2%，网络早已成为每个人日常生活中必不可少的一部分，也成为信息和意识形态传播的重要阵地。习近平在 2018 年全国宣传思想工作会议上指出，"互联网已经成为舆论斗争的主战场。在互联网这个战场上，我们能否顶得住、打得赢，直接关系我国意识形态安全和政权安全。"② 因此，网络化给人们的生产、生活带来方便和快捷的同时，也为高校青年教师社会主义意识形态建设带来了挑战和冲击。

第一，互联网的普及与日常化使多元价值观念的传播突破了国界、地域和政治权力的阻碍，提供了一个多种意识形态相互竞争和相互渗透的平台。在网络空间里，各种思想文化随意传播，呈现多源头、多形态的复杂格局。西方国家通过掌握先进的网络资源和技术，以网络为平台，利用互联网的病毒式传播，趁机加大其宣传与渗透的力度，对我国进行意识形态渗透，大肆宣扬包裹着"自由、民主、平等"外衣的西方价值观，恶意传播不利于我国发展与建设的言论，否定社会主义制度和执政党的领导，有目的地传播网络谣言与错误观点，试图弱化人们对社会主义意识形态的认同基础，给我国占主导地位的社会主义意识形态带来了竞争压力。在日常工作越来越自动化和现代化的前提下，高校青年教师作为高校中使用互联网最为频繁的群体，在上网过程中，或多或少会受到网络信息传播的影响，使其对于原本所坚信的社会主义意识形态产生怀疑和动摇，瓦解其信念。

第二，互联网自身所具有的开放性、匿名性、互动性等特征容易滋生繁殖激进的舆论，进而蔓延至整个社会和国家。近几年，网络上对普通事件进行有目的性的恶意炒作，把敏感话题上升到意识形态领域，制造大量混淆视听的负面舆论，恶意

① 陈宝生：《坚持以本为本 推进四个回归 建设中国特色、世界水平的一流本科教育——在新时代全国高等学校本科教育工作会议上的讲话》，中国政府网，www.gov.cn/xinwen/2018 – 06/22/content_5300334.htm。

② 张洋：《举旗帜聚民心育新人兴文化展形象 更好完成新形势下宣传思想工作使命任务》，《人民日报》2018 年 8 月 23 日。

抹黑我国国家形象，造成社会舆论动荡的问题屡见不鲜。网络信息的非理性和恶意传播事件削弱了一些政治信仰不坚定者和盲目跟风的高校青年教师对党的信任与期望，降低了部分高校青年教师对社会主义意识形态的认同度，危及高校青年教师社会主义意识形态建设。

三　新时代高校青年教师社会主义意识形态建设的应对策略

习近平特别强调："能否做好意识形态工作，事关党的前途命运，事关国家长治久安，事关民族凝聚力和向心力。"① 加强高校青年教师社会主义意识形态建设非常必要。发现问题是前提，解决问题才是目的和关键。了解和认识新时代高校青年教师社会主义意识形态建设所面临的问题，目的就在于探寻新时代高校青年教师社会主义意识形态建设的有效路径。

（一）　高度重视和坚持社会主义意识形态的主导地位和引领作用

习近平总书记在2018年全国宣传思想工作会议上指出："完成新形势下宣传思想工作的使命任务，必须以新时代中国特色社会主义思想和党的十九大精神为指导，增强'四个意识'、坚定'四个自信'，自觉承担起举旗帜、聚民心、育新人、兴文化、展形象的使命任务，坚持正确政治方向。"②高校是意识形态传播的主要阵地，高校青年教师则是意识形态传播的主要承担者。在如今意识形态领域斗争异常激烈复杂，矛盾日益尖锐的情况下，各责任主体必须高度重视和坚持社会主义意识形态的主导地位，充分发挥其引领作用。

第一，认清社会主义意识形态建设的重要性与迫切性。一方面，高校党委应重视和加强意识形态建设，注重自身建设，"把坚定'四个自信'作为建设社会主义意识形态的关键，坚持马克思主义在我国哲学社会科学领域的指导地位，建设具有中国特色、中国风格、中国气派的哲学社会科学"。③ 带头维护和巩固社会主义意识形态阵地，用马克思主义的主流思想引领社会思潮，坚持社会主义核心价值观建设，坚定对马克思主义的信仰、对党的信任和对中国特色社会主义的信心。从全局上进行把控，切实承担起政治领导和工作领导，把理想信念教育作为高校青年教师意识形态工作的重点，高度重视青年教师的思想和言论，使高校青年教师积极面对意识形态工作，加强思想理论建设，严把政治关、业务关。另一方面，高校教师是

---

① 张洋：《举旗帜聚民心育新人兴文化展形象 更好完成新形势下宣传思想工作使命任务》，《人民日报》2018年8月23日。

② 张洋：《举旗帜聚民心育新人兴文化展形象 更好完成新形势下宣传思想工作使命任务》，《人民日报》2018年8月23日。

③ 张洋：《举旗帜聚民心育新人兴文化展形象 更好完成新形势下宣传思想工作使命任务》，《人民日报》2018年8月23日。

知识和理论的直接传播者，也是意识形态建设的重要生力军，青年教师自身的认知和价值取向将直接影响大学生。中共中央办公厅、国务院办公厅 2015 年印发《关于进一步加强和改进新形势下高校宣传思想工作的意见》中指出，要大力提高高校教师队伍思想政治素质以及不断壮大高校主流思想舆论。[①] 2019 年 3 月 18 日，习近平主持召开学校思想政治理论课教师座谈会并发表重要讲话，对思政教师提出"六要求"，首先强调政治要强。对思政课教改提出"八结合"，首先强调坚持政治性和学理性相统一，坚持价值性和知识性相统一。这体现了教师政治观的重要性和迫切性。高校青年教师必须加强自我学习，从心底认同社会主义意识形态，对主流意识形态做到"真学、真信、真懂、真讲"，将其内化于心，外化于行，不断壮大高校主流思想舆论。

第二，积极应对多元文化社会思潮的消极影响。习近平在 8·19 重要讲话中曾提出"两个巩固"，即"宣传思想工作就是要巩固马克思主义在意识形态领域的指导地位，巩固全党全国人民团结奋斗的共同思想基础"。[②] "两个巩固"明确了社会主义意识形态建设的根本任务，这也是新时代高校青年教师社会主义意识形态建设的根本任务。应对多元社会思潮的消极影响，必须加强高校青年教师的政治认同和政治责任意识。

（二）建立健全高校青年教师社会主义意识形态管理机制

高校应当坚守主流意识形态阵地，强化社会主义意识形态阵地建设，把握好正确的政治导向，以建立健全高校青年教师意识形态管理机制为基本点，积极引导高校青年教师进行社会主义意识形态教育。顺应习近平在 2018 年全国宣传思想工作会议上提出的"四个必须"之一，即"必须坚持以立为本、立破并举，不断增强社会主义意识形态的凝聚力和引领力"。[③] 只有建立健全高校意识形态管理机制，才能确保高校青年教师社会主义意识形态建设工作扎实推进。

第一，不断完善高校社会主义意识形态思想宣传阵地的管理流程和工作机制。出台能够有效解决当前高校青年教师意识形态工作问题的具体举措，强化社会主义意识形态工作的主动性和针对性。完善相应制度，将思想政治素质列为青年教师人才引进、职称评定、人员选聘、年终考核及出国遴选的首要指标，并将指标量化。并且通过举办岗前培训班、宣讲会、学习交流会等形式，有计划地定期组织高校青年教师开展思想政治理论学习，增强高校青年教师对社会主义意识形态的理论认

---

① 中共中央办公厅、国务院办公厅：《关于进一步加强和改进新形势下高校宣传思想工作的意见》，中国政府网，www. gov. cn/xinwen/2015 – 01/19/content_ 2806397. htm。

② 张洋：《举旗帜聚民心育新人兴文化展形象 更好完成新形势下宣传思想工作使命任务》，《人民日报》2018 年 8 月 23 日。

③ 张洋：《举旗帜聚民心育新人兴文化展形象 更好完成新形势下宣传思想工作使命任务》，《人民日报》2018 年 8 月 23 日。

同、政治认同和情感认同。

第二，强化高校青年教师社会主义意识形态监督管理机制。加强日常实时监督管理，在多元文化斗争激烈的背景下，掌握和分析高校青年教师思想动态信息十分必要，建立一套完整的针对青年教师群体的舆情收集、整理、分析和报告机制，及时发现具有倾向性和潜在性的问题，增强社会主义意识形态建设工作的实效性。

第三，充分发挥高校党委教师工作部的作用。2015年北京大学最早成立党委教师工作部，2017年其他高校也相继成立了党委教师工作部，主要负责高校教师思想政治工作、师德师风建设与教师服务管理工作。这一部门的成立，是对高校教师思想政治工作的一项制度创新和实践创新，也为高校青年教师社会主义意识形态建设助力。因此，要充分发挥这一部门的作用，着力解决高校思想政治工作弱化、边缘化的问题，将高校青年教师社会主义意识形态建设工作落实到位。

（三）加强和改进高校网络意识形态建设

习近平在2018年全国宣传思想工作会议上指出："互联网已经成为舆论斗争的主战场。在互联网这个战场上，我们能否顶得住、打得赢，直接关系我国意识形态安全和政权安全"。[1] 加强高校网络意识形态建设，是适应网络技术不断发展的客观要求，也是筑牢和推进新时代高校青年教师社会主义意识形态建设的内在要求。

第一，高校应积极掌握网络意识形态的主动权，掌握网络最新思想动态和舆情，加强网络道德建设，加强对高校青年教师的人文关怀和心理疏导，有效应对涉及高校青年教师的舆论事件，强化高校青年教师网络安全意识和责任意识，提升运用网络开展高校青年教师意识形态工作的能力。正如习近平总书记指出的，"网络空间是亿万民众共同的精神家园"，[2] 要从源头上加强和完善互联网内容建设，加强网络正面信息和主流价值观的宣传，形成主流意识形态的内容和舆论共识，使高校青年教师自觉甄别和抵制错误思潮与舆论影响。

第二，结合新时代变化，进行主流意识形态网络传播。用社会主义意识形态引导高校青年教师的政治思想，坚定其理想信念，提升其媒介素养。高校作为网络使用频率最高的场所之一，网络数字化对于高校青年教师的理想信念具有重要影响。高校应将社会主义核心价值观、十九大精神、习近平新时代中国特色社会主义思想等融入网络宣传，用正面声音和先进文化占领网络意识形态阵地，把握好网上舆论引导的时、度、效。结合时代特色，与时俱进，努力实现高校青年教师主流意识形态认同教育的话语体系转换，在舆论上加大网络正能量的支持力度，打造一个清朗、积极、正面的网络空间，切实巩固社会主义意识形态在网络空间的主导地位。

---

① 张洋：《举旗帜聚民心育新人兴文化展形象　更好完成新形势下宣传思想工作使命任务》，《人民日报》2018年8月23日。

② 《习近平谈治国理政》第2卷，外文出版社，2017，第336页。

四 结语

新时代要有新思想，新时代要有新作为。习近平在 8·19 重要讲话中曾指出"必须坚持巩固壮大主流思想舆论，弘扬主旋律，传播正能量，激发全社会团结奋进的强大力量"。[①] 2018 年全国宣传思想工作会议上，他再次强调"要举旗帜聚民心育新人兴文化展形象，更好完成新形势下宣传思想工作使命任务"。[②]

随着对外开放和国际化程度的日益提高，各种思想文化相互交织，网络意识形态安全问题日益突出。在意识形态斗争异常激烈的社会大背景下，加强高校青年教师社会主义意识形态建设，已愈显重要和紧迫，作为意识形态教育和传播的主要承担者的高校青年教师显得更为重要。在 2013 年颁布的《关于加强和改进高校青年教师思想政治工作的若干意见》中曾指出"青年教师是高校教师队伍的重要组成部分，是推动高等教育事业科学发展、办好人民满意高等教育的重要力量"。[③]可见，高校青年教师是高校意识形态建设稳定、健康、可持续发展的保证，高校青年教师社会主义意识形态的建设将直接影响整个社会乃至下一代。因此，高校青年教师必须要树立正确的政治观，加强意识形态建设，坚定理想信念，才能有力地承担巩固和发展社会主义意识形态的历史使命，真正实现"举旗帜、聚民心、育新人、兴文化、展形象"的使命任务，才能讲好中国故事，促进我国主流意识形态健康持续发展，建设具有强大凝聚力和引导力的社会主义意识形态。

Problems and Solutions to Socialist Ideology Construction of Young Teachers in Colleges and Universities in the New Era

DONG Hui, CHENG Yilin

Abstract：Colleges and universities are the birthplace of ideology and culture，as well as the dissemination place of socialist ideological work in China. Strengthening the construction of socialist ideology in colleges and universities is a strategic，solid and soul casting project. In recent years，the value orientation and thinking mode of young teachers in colleges and universities have faced various impacts and challenges. Socialist ideology construc-

---

① 张洋：《举旗帜聚民心育新人兴文化展形象 更好完成新形势下宣传思想工作使命任务》，《人民日报》2018 年 8 月 23 日。

② 张洋：《举旗帜聚民心育新人兴文化展形象 更好完成新形势下宣传思想工作使命任务》，《人民日报》2018 年 8 月 23 日。

③ 中共中央组织部、中共中央宣传部、中共教育部党组：《关于加强和改进高校青年教师思想政治工作的若干意见》，中华人民共和国教育部门户网，http：//old. moe. gov. cn/publicfiles/business/htmlfiles/moe/s7060/201305/152333. html。

tion of young teachers in colleges and universities has become even more important in the new era of Chinese socialism. Strengthening socialist ideology construction and consolidating the ideological defense line of young teachers in colleges and universities are not only important topics for strengthening the socialist ideology construction in our country, but also urgent tasks for ideological and political education in colleges and universities. Young teachers in colleges and universities are the main undertakers of the education and dissemination of socialist ideology. Their political beliefs, ideology and values will directly affect the healthy growth of college students. On the basis of in-depth study on Xi Jinping's study outline of Chinese socialist ideology in the new era, this paper puts forward corresponding solutions for socialist ideology construction of young teachers in colleges and universities.

Keywords: Young Teachers in Colleges and Universities; Socialist Ideology; Social Harmony

马克思主义文化研究　2020 年第 2 期　总第 6 期
第 157~165 页

新冠肺炎公共卫生危机中的网络谣言治理研究

王可欣　郝书翠*

【摘　要】2020 年初，新型冠状病毒引发的肺炎疫情为探析公共卫生危机中谣言的
　　　　　形成与治理，提供了新的启示。从谣言内容上看，新冠肺炎的网络谣言
　　　　　主要涉及疫病的来源、消除疫病的措施、疫病造成的影响等方面。透过
　　　　　这些谣言内容，可以从产生和传播两个层面来分析它们的生成原因。从
　　　　　产生层面上看，受众认知水平的偏差和获取政治和经济利益的动机是谣
　　　　　言产生的主要原因；从传播层面上看，媒体在网络时代的新特征，受众
　　　　　整体的素质水平偏低，以及谣言监管机制的不健全，是谣言传播的主要
　　　　　原因。对此，可以在预防和应对两个方面提高网络谣言的治理水平，一
　　　　　方面通过教育手段提高受众的认知水平和加强法律监管来预防谣言的产
　　　　　生，另一方面通过加强媒体自律、重视心理疏导和完善辟谣机制来切断
　　　　　谣言的传播过程。

【关键词】新冠肺炎；疫情；网络谣言；公共卫生危机

　　"谣言"一词从古流传至今。在古代，人们以"流言蜚语"来形容毫无根据的
话，或是形容背后散布的诽谤性或挑拨性的话。[1] 而在现代汉语词典中，谣言就是
指没有事实根据的消息。[2] 列宁指出"谣言是喜欢阴暗和匿名的"[3]，认为无产阶级
"对吹牛者的斗争应当全力进行，但是要得体，要向公众作全面介绍，阐明真相，
不吹嘘，不浮夸，也绝不散布谣言和传播见不得人的小道消息"。[4] 互联网时期到
来后，各界学者对谣言的钻研不再局限于口头样式，网络谣言逐步成为研究重点。

　　* 王可欣，山东大学马克思主义学院（威海）硕士研究生，研究方向为思想政治教育；郝书翠，山东
　　　大学马克思主义学院（威海）教授，主要研究方向为马克思主义哲学、文化比较。
　　① 文心：《中华成语全书》，天地出版社，2017，第 120 页。
　　② 中国社会科学院语言研究所词典编辑室：《现代汉语小词典》，商务印书馆，1988，第 653 页。
　　③ 《列宁全集》第 50 卷，人民出版社，1988，第 384 页。
　　④ 《列宁全集》第 11 卷，人民出版社，1987，第 204 页。

新冠肺炎突发以来，关于这场公共卫生危机的谣言层出不穷，谣言具有信息泛滥、危害放大、群体极化、控制难度大的主要特征。[①] 从广度上看，疫情中的谣言在全国范围内的各地区都有产生与传播，在各种网络平台中广泛蔓延；从深度来看，疫情中的很多谣言造成公众恐慌，甚至将恐慌带入到日常行动之中，并且危及人们的心理健康。抓住网络谣言传播途径与载体的变化，针对其新特点，剖析"新冠"公共卫生危机中谣言的内容和成因，以此完善谣言治理机制，既有利于应对公共卫生危机，也有助于巩固树牢"四个自信"。

公共卫生危机常由突发公共卫生事件引起。刘保池等人认为，突发公共卫生事件就是指突然发生，造成可能或可能造成社会公众健康严重损害的重大传染病疫情、群体性不明原因疾病、重大事物和职业中毒以及其他严重影响公众健康的事件。[②] 回顾以往，学界以"非典""禽流感"等事件为例，对公共卫生危机中的舆情应对展开了广泛讨论，取得了一定成果。结合这些成果，对新冠肺炎危机中的网络谣言加以分析，发现其内容主要涉及疫病的来源、应对和影响三个方面。

一　公共卫生危机中影响谣言产生与传播的因素

谣言的产生与传播机制一直是谣言问题相关研究的重点。马克思的一生不仅持续与谣言做斗争，而且特别关注谣言产生的背后原因，"我从来就认为，德国报纸上那些形形色色的卑鄙、荒谬而且拙劣的谣言是不值一驳的，它们不是从伦敦直接制造出来的，就是从伦敦策划出来的"。[③] 综合来看，新冠肺炎网络谣言的产生既有认识偏差层面的原因，也有获取经济和政治利益的原因，传播过程受媒体、受众和监督机制三方面的制约。

（一）影响谣言产生的因素

与一般谣言相似，新冠肺炎网络谣言也可分为无意谣传和有意谣传。无意谣传是指传播者在传播过程中遗漏消息，或是根据个人偏好对消息进一步夸大与想象而产生的。有意谣传则通常是造谣者为满足私欲、中伤他人或扰乱人心，而创造或散布出来的，带有极大的获利意图。据此，无意谣传的新冠肺炎网络谣言大多源自对疫情认知的偏差和恐惧，有意谣传的新冠肺炎网络谣言则一般是为了获取经济和政治利益。

1. 无意谣传的网络谣言起因

面对新型传染病这个未知的认知对象，过度重视和恐惧的心理会削弱认知能

---

① 杨庆国、陈敬良、甘露：《社会危机事件网络微博集群行为意向研究》，《公共管理学报》2016年第1期。

② 刘保池、蔡端、朱同玉：《特殊感染外科新理念与新技术》，上海科技教育出版社，2017，第515页。

③ 《马克思恩格斯全集》第11卷，人民出版社，1995，第122页。

力，这是无意谣言的成因。这不仅符合奥尔波特的谣言产生公式（R＝i×a），即谣言产生需要满足重要性（i）和模糊性（a）两个因素缺一不可的观点，[①] 而且也符合胡钰提出的增加了反常性条件的谣言产生公式（R＝a×a'× a"，即除了重要性（a）和模糊性（a'）以外，反常性（a"）也应加以考虑，事件越是反常越引人关注。[②]

事实上，新冠肺炎的无意谣言之所以会产生，一方面就是因为新冠肺炎本身是近百年以来蔓延范围最广、感染人数最多、危害程度最深的传染病，使它具备了重要性的条件。另一方面也是因为人类并未掌握关于新冠肺炎的准确知识，使它具备了模糊性和反常性的条件。无论是喝酒、吸烟、泡桑拿可以抵御新冠肺炎的谣言，还是电吹风能够杀死新冠病毒的谣言，都直指疫病预防和治疗的重要问题，又在酒精和高温消毒的问题上似是而非，还与普遍认同的科学防疫背道而驰。另外，将一些因为其他事件或疾病造成死亡的事件想当然地猜测联想为新冠肺炎的危害，也是因为未知事情全貌而导致的谣言。

2. 有意谣传的网络谣言起因

明知不符合事实真相，却因为可以获取经济或政治利益而造谣，为有意谣传。因为有意谣传的谣言也具有重要性、模糊性和反常性的特性，所以判断谣言的传播是否能使特定群体获利是区分它与无意谣传的谣言的关键。这里的利益包括经济获利、政治获利以及心理满足。因为为了满足报复、出名等心理的谣言影响范围不大，所以为了满足经济和政治利益的谣言是本研究的主要对象。

其实，许多新冠谣言产生的背后都与特定的利益集团有关。就经济利益来看，通过谣传某种食品或药品可以预防或治疗新冠肺炎来拉升销量牟利。另外，在网络时代，一些平台虽然和谣言内容并无直接关系，但是却通过造谣来增加流量，以此获取广告或打赏的经济利益。例如，声称"外地来沪人员进不了小区，只能在路边搭帐篷"的抖音视频，就是通过引发群众的不满而获取流量。就政治利益来看，一些造谣者在境外敌对势力的支持下，在疫情暴发之时制造并散播谣言，其目的在于攻击社会主义制度。例如，美国共和党反华参议员汤姆·科顿宣称病毒是武汉实验室泄露的生化武器，就是想通过造谣抹黑中国形象，颠覆中国共产党的领导。

（二）影响谣言传播的因素

除了受一般传播规律的影响，新冠肺炎网络谣言的传播还受到疫情和网络特点的影响。在媒体方面，网络媒体对新冠肺炎网络谣言的传播发挥极大的作用；在受众方面，新冠肺炎网络谣言的转发传播是扩散的主要路径；在监督机制方面，新冠肺炎网络谣言的辟谣滞后是谣言持续传播的原因。

---

① 〔美〕奥尔波特：《谣言心理学》，刘水平等译，辽宁教育出版社，2003，第17页。
② 胡钰：《大众传播效果：问题与对策》，新华出版社，2000，第130页。

1. 媒体因素

互联网带来的新媒体、自媒体、融媒体现象，直接影响网络谣言的传播。一方面，网络媒体的产生与发展加速了信息的流通，为人们的生活提供了便利，拉近了人们之间的距离；另一方面，信息的高速传播、各种信息之间的交互影响，也给人们的生活带来了负面作用。

新冠肺炎暴发以后，网络媒体进一步放大了焦虑和恐慌的社会心理，增强了信息流瀑、群体极化和偏颇吸收这三大网络谣言传播机制。这三大机制由卡斯·桑斯坦（Cass Sunstein）提出，信息流瀑机制，是指如果没有有效的辟谣，相信谣言的人群达到一定数量就会导致其他人也相信。群体极化机制，是指与谣言具有相同价值取向的人经过集体讨论后，会更加相信谣言。桑斯坦认为，想法相似促使人们聚集为群体，如果没有对立的意见和争论出现，人们会更加相信原有的判断，甚至形成极端观点。用"刚刚解密""马上删除"为标题的谣言在老人朋友圈里疯传的现象就属于此类。偏颇吸收机制，是指人们会过滤掉与自己情感不符的信息，从而相信谣言。[①] 比如，一些原本就对社会抱有不满情绪的人，在看到意图制造社会恐慌的谣言时，会对谣言更加关注，并表现出强烈的信任。在网络时代，这三大机制的作用更加被凸显。

2. 受众因素

孟鸿和何燕芝在《受众心理分析视角的网络谣言治理》一文中提出，广义的受众泛指信息的接受者，包括通过人际传播等一切传播形态获取信息的个人或群体；狭义的受众是指大众传媒传播过程中信息的接受者，包括图书报纸的读者、广播的听众、电视的观众以及网民，网络谣言的受众具有宣泄、从众、窥私、投射和选择五种心理。[②]

就此次疫情来看，宣泄、从众、窥私、投射和选择心理，都是网络谣言受众的主要心理动机。第一，就宣泄心理来看，由于网络具有匿名性、隐蔽性等特点，人们很容易将生活中的情绪在网络平台中发泄出来，以获得心理上的快感。发布自己感染新冠肺炎而博取重视的谣言就属于此类。第二，就从众心理来看，网络谣言的轮番轰炸，直接影响人们对信息真假的辨别。第三，就窥私心理来看，海量的网络写手和网络人肉搜索满足了部分受众窥探私密的需求，对疫情中足不出户的受众来讲尤其如此。第四，就投射心理而言，网络沟通的便捷性放大了受众以己度人的共情性，使人们在交流中自觉或不自觉地加入自己的主观情绪，以至于歪曲事实真相，造成谣言的产生与传播。第五，就选择心理来看，网络检索和大数据背景下的信息精准投放使受众更容易只关注自己感兴趣的或与自身相关的话题，这使谣言更易在特定的群体中流行开来。

---

① 〔美〕桑斯坦：《谣言》，张楠译，中信出版社，2010，第213页。
② 孟鸿、何燕芝：《受众心理分析视角的网络谣言治理》，《重庆社会科学》2012年第10期。

除了以上五种心理外，还有一部分受众是出于善意，急切渴望求得事情的真相，或是对社会中不公平正义的现象极度愤慨，希望通过自己的传播促使问题得以解决。例如，"黄体酮"谣言的传播就反映了疫情期间人们对患者是否得到及时救治、一线医护工作者的工作及生活状态等问题的关切程度，相当一部分人是出于好意，希望为抗击疫情贡献自己的力量。然而，这种善意往往被造谣者所利用，最终成为谣言传播的推动器。

3. 监督因素

"把关"指的就是对信息的挑选与过滤，"把关人"通常是指记者、编辑等信息传播的主体。库尔特·卢因（Kurt Lewin）认为，"把关人"通过判断信息是否符合群体规范或价值标准，决定信息能否继续流通。[1] 在我国，网络监督的范围和主体更加广泛。党的十九大报告提出了"提高新闻舆论传播力、引导力、影响力、公信力。加强互联网内容建设，建立网络综合治理体系，营造清朗的网络空间"的目标，我国的网络监督工作有了显著进展。[2]

梳理新型冠状肺炎的网络疫情发现，自媒体在谣言的传播中扮演着重要角色。美国新闻学会媒体中心谢因·波曼（Shayne Bowman）与克里斯·威理斯（Chris Willis）将自媒体定义为"一个普通市民经过数字科技与全球知识体系相联，提供并分享他们真实看法、自身新闻的途径"。[3] 与传统媒体相比，自媒体具有个体化、自主性、多样化、圈群化和高速性的特征，[4] 这一方面给予了大众更多的话语权，推动了信息的交流与传播，另一方面也会因为监管不到位而加速谣言的传播。例如，微博、微信、抖音中的一些自媒体账号为了获得流量，在没有核对事实真相的情况下，就将疫情相关消息大肆传播。

二　公共卫生危机中的谣言治理机制

新冠肺炎网络谣言已经不仅是科学和迷信的简单对立，而且裹挟着巨大的经济和政治利益，甚至关系到主流意识形态的建设，必须有针对性地对其加以治理。针对影响谣言产生与传播的因素，谣言治理也应该一方面从教育和法律两个方面入手，预防谣言的产生，另一方面从媒体、受众和监督机制三个方面入手，切断谣言的传播路径。

① 李鹏：《新媒体概论》，陕西师范大学出版总社，2018，第116页。
② 习近平：《决胜全面建成小康社会　夺取新时代中国特色社会主义伟大胜利——在中国共产党第十九次全国代表大会上的报告》，人民出版社，2017，第42页。
③ Shayne Bowman & Chris Willis, We Media: How Audiences are Shaping the Future of News and Information (The American Press institute, 2003), p.9.
④ 宋全成：《论自媒体的特征、挑战及其综合管制问题》，《南京社会科学》2015第3期。

（一）预防机制

针对认知偏差和利益获取促生网络谣言的情况，可以通过提高认知水平和加强法律监管来加以破解。用科学和理性来代替迷信和感情，让人们可以用科学的态度来看待新冠肺炎的出现和治疗，消除恐慌情绪，削弱谣言产生的认知土壤。加强对市场和意识形态领域的规范，严惩不正当竞争和虚无主义，让造谣者不敢为谋利铤而走险。

首先，教育是提高认知水平的重要途径。教育可以提高公众的认知和理解能力，良好的教育环境有利于遏制谣言的产生与传播。2019 年 8 月 30 日，中国互联网络信息中心（CNNIC）发布的《中国互联网络发展状况统计报告》显示，截至 2019 年 6 月，我国网民规模达 8.54 亿，互联网普及率达 61.2%。但 79.9% 中国网民没上过大学。① 可以看出，我国大部分网民学历不足本科，科学和理性的认知水平偏低，部分网民缺乏网络发言的道德感和责任感。其中，青少年网民最为活跃但三观又正处于形成过程之中，急需各种相关教育的引导，提高上网时分辨是非善恶的能力。成年人特别是老年人虽然网络技术不如年轻人熟练，却是谣言主要攻陷的对象，也需要通过终身教育来加以应对。

其次，法律警示和预警机制可以避免企图以谣言获利者铤而走险。一方面，用良好的法律环境来约束人们的言行，加大对网络谣言的惩处力度，达到维护市场秩序，确保意识形态领导权的目的。目前，我国已有多部法律明确规定了谣言及其相关问题。例如《治安管理处罚法》等。2 月 10 日，最高人民法院、最高人民检察院、公安部、司法部印发了《关于依法惩治妨害新型冠状病毒感染肺炎疫情防控违法犯罪的意见》，针对造谣传谣等违法行为，明确提出了惩处规定。疫情发生以来，各地公安机关高度重视网络舆论，侦办了多起编造、传播疫情谣言的案件，成为打击造谣者的直接力量。另一方面，完善谣言监测预警机制，提前遏制谣言的生成与传播。世界卫生组织在《国际卫生条例》中提出一种谣言监测方法，即除了收集常规的、官方渠道公共卫生信息和报告外，还要广泛地采集分析来自媒体、网络等非官方的公共卫生事件信息，与各国卫生行政部门密切合作，严格追踪、调查信息，并及时、准确地将信息传达至公众，提高公共卫生预警能力，杜绝危机的国际蔓延。② 此模式可以借鉴。

（二）应对机制

针对媒体、受众和监管机制对网络谣言的影响作用，需要通过加强媒体自律、重视心理疏导和完善辟谣机制三管齐下。加强媒体自律，可以改善网络媒体的自我

---

① 《中国互联网络发展状况统计报告：近八成网民没上过大学》，《新民周刊》2019 年第 35 期。
② 王晓琪、冯子健：《突发公共卫生事件中的谣言监测》，《中国卫生监督杂志》2007 第 2 期。

审查水平，从源头做好"把关人"；重视心理疏导，可以削弱宣泄、从众、窥私、投射和选择心理在轻信和转发谣言中的作用；完善辟谣机制，可以降低已经形成的谣言的危害，尽快恢复社会信任。

首先，加强媒体自律极其重要。与传统媒体相比，网络自媒体几乎不为信息发布者设立门槛。许多网络媒体人缺乏足够的专业素养，枉顾新闻传播的真实性。所以，要预防谣言的产生与传播，就要加强对网络媒体的规范，提高从业者的门槛，提高网络媒体人的职业素养和道德规范，在网络传播中坚持真实、客观原则，致力于展现事情原貌，坚持正确的舆论导向。同时，要积极建设主流媒体，大力发挥主流媒体的引领作用，及时公开人民关心的各类信息，消除事件的模糊性，从而遏制自媒体的谣言动机，促进网络媒体良性发展。此次疫情中，国家卫生健康委员会统计国内各省市区疑似、确诊及出院病例，每日公布疫情最新情况，对相关数据做到了公开透明，对消除各类网络谣言发挥了积极作用。

其次，重视心理疏导是削弱网络受众信谣传谣程度的方法。心理疏导有狭义和广义之分。狭义的心理疏导主要用于心理治疗领域，而广义的心理疏导广泛运用于教育、管理等领域，指通过解释、说明等方式，再加以理论和技巧，疏通人们的心理和思想，以达到降低或解除不良心理状态，提高心理健康水平和社会适应能力的目的。① 受众在谣言的传播中扮演重要角色，宣泄、从众、窥私、投射和选择心理都是网络谣言受众的主要心理动机。所以，心理疏导对于削弱网络受众的信谣传谣程度极其重要。在疏导过程中，疏导主体要多样化，发挥企业、社区、学校等组织的作用；疏导形式要灵活多变，可采取线上和线下相结合的模式；此外，要加强对专业疏导人员的培养，努力建立一批专门疏导受众造谣传谣心理的专业人员。

最后，完善辟谣机制是降低网络谣言危害的路径。除了前面提到的监测和预警机制以外，辟谣机制的建立也非常重要。与其通过删帖的方法来堵谣言，不如用辟谣的方法来疏谣言。2018 年 8 月，中国互联网联合辟谣平台正式上线。该平台由中央网信办违法和不良信息举报中心主办，新华网承办，旨在清理网络谣言，为公众净化网络环境。疫情发生以来，该平台迅速建立"疫情防控辟谣专区"，及时粉碎疫情中的各种谣言。除了通过辟谣平台搜索信息真伪，网民还可以提交谣言线索，关注疫情事实动态以及查询是否与患者同程。可以说，中国互联网联合辟谣平台为打击疫情中的谣言发挥了一定作用。此外，还有一些其他的网络辟谣平台，如科普中国的"科学辟谣平台""腾讯较真"等媒体辟谣平台以及"上海辟谣""湖南省互联网辟谣平台"等地方性辟谣平台，这些平台都为打击谣言，还原真相提供了助力。由此可见，网络谣言的治理需要多元参与，政府、舆情研究机构和网络企业都应积极参与其中。

---

① 杨芷英：《浅谈心理疏导对于高校思想政治教育的现实价值》，《思想理论教育导刊》2009 年第 4 期。

三 结语

公共卫生危机是谣言滋生的温床，网络又放大了谣言产生和传播的活力。新冠肺炎网络谣言主要涉及来源、应对和影响三个方面，分别针对病毒是从哪里来的？如何预防和治疗？疫情造成哪些危害？这三个民众关心的问题。这些谣言的产生，一方面是因为受众认知水平出现偏差而无意地造谣，另一方面是因为某些个体或团体为获取政治和经济利益而有意造谣。谣言产生后能够迅速传播并造成社会危害，网络媒体的副作用、受众背离科学理性、谣言监管机制不健全是主要原因。对此，可以通过提高认知水平和加强法律监管来预防谣言的产生，通过加强媒体自律，重视心理疏导和完善辟谣机制来切断谣言的传播过程。

新冠肺炎网络谣言不仅干扰大众对疫情现状的认知，给大众带来心理上的恐慌，而且破坏我国的经济和政治秩序，削弱"四个自信"。习近平总书记指出，"网络空间是亿万民众共同的精神家园。网络空间天朗气清、生态良好，符合人民利益。网络空间乌烟瘴气、生态恶化，不符合人民利益。谁都不愿生活在一个充斥着虚假、诈骗、攻击、谩骂、恐怖、色情、暴力的空间。"① 事实上也正是，只有加强以马克思主义为指导的社会主义主流意识形态建设，把握网络舆论阵地的领导权，建立科学的网络谣言治理体系，才能维护人民群众的健康权和生命权。

Study on the Governance of Internet Rumors in COVID-19 Public Health Crisis

WANG Kexin, HAO Shucui

(*Shandong University*, *school of Marxism*, *Shandong*, *Weihai*, 264200)

Abstract：Since the beginning of 2020, an outbreak of pneumonia caused by COVID-19 provided a new enlightenment for the formation and management of rumor in public health crisis. From the content of the rumor, the network rumors of COVID-19 mainly involve the source of the epidemic disease, the measures to eliminate the epidemic disease, and the influences of the epidemic. From the production point of view, the deviation of the audience's cognition level and the motivation of obtaining political and economic benefits are the main reasons for the rumors. And from the perspective of communication, the new characteristics of media in the Internet era, the overall quality level of the audience, and the unsound rumor supervision mechanism are the main reasons for rumor propaga-

---

① 习近平：《在网络安全和信息化工作座谈会上的讲话》，人民出版社，2016，第8页。

tion. Therefore, the governance level of network rumors can be improved in prevention and response. On the one hand, the formation of rumors can be prevented by improving the cognitive level and strengthening the legal supervision; on the other hand, the propagation of rumors can be cut off by strengthening the self-discipline of the media, attaching importance to psychological counseling and improving the mechanism of refuting rumors.

Keywords: COVID-19; Outbreak; Network Rumors; Public Health Crisis

马克思主义文化研究　2020 年第 2 期　总第 6 期

第 166 ~ 175 页

文化治理视角下的乡村文化振兴路径研究

刘彦武[*]

【摘　要】乡村文化振兴是乡村振兴战略的基础工程。文化兴则乡村兴，乡村兴则
县域安。一方面，文化发生作用是潜移默化的，效果是浸润隐现的，发
展是长期的，建设不是一蹴而就的。因此，必须高度重视乡村文化振兴
的复杂程度。乡村文化振兴是一个系统工程，既要做好顶层设计，又要
考虑中国乡村幅员辽阔，各地发展不平衡的现状，尊重农民的首创精神，
允许基层探索多样化的振兴路子。另一方面，乡村文化振兴并不是一蹴
而就的，而是一个长期性工程，根据党的十九大部署的国家现代化两个
阶段安排，做到规划先行，分步实施。如何实施乡村文化振兴，乡村文
化振兴的路径何在？我们应在策略、机制、行动、政策等方面体现改革
创新。

【关键词】乡村文化振兴；文化治理；乡村公共文化服务

一　问题的提出及文献梳理

党的十九大做出乡村振兴战略这一重大部署，这不仅是全面建成小康社会的助
推器和全面实现农村现代化的新引擎，也是新时代"三农"工作的总抓手。乡村振
兴是全方位的振兴。2018 年"两会"上习近平指出了乡村振兴的产业、人才、文
化、生态和组织"五大振兴"路径。其中，乡村文化振兴是乡村振兴的发展之基和
灵魂所在。乡村文化振兴不仅可以有效地统筹推进农村经济建设、政治建设、文化
建设、社会建设和生态文明建设，还能有力地助益于"产业兴旺、生态宜居、乡风
文明、治理有效、生活富裕"总要求的实现。

---

* 刘彦武，中共四川省委省直机关党校教授，《党政研究》常务副主编，长期从事社会主义文化建设
研究。

郡县治则天下安,县域强则国家富。在建成全面小康社会的发展格局中,县域经济社会发展更是重要支撑。乡村文化振兴不仅给县域经济发展带来新动能,而且还能充分展现县域社会发展的新面貌,彰显当地人民的精气神,足见乡村文化振兴在县域经济社会发展中的重要地位。同样,从国外乡村发展实践看,无论是韩国的"新村运动",还是日本的"造村运动",无论是法国的农村社会转型,还是英国的乡村旅游,他们都十分重视乡村文化在乡村振兴中的基础性作用。

梳理新时期乡村文化建设的文献发现,乡村文化建设问题是逐步得到我国政府和学界的高度重视的,并形成了关于农村文化体制的研究、关于农村公共文化服务体系研究、关于农村文化的产业发展研究等学术热点。这些成果对进一步推进乡村文化振兴研究提供了逻辑理路与切入角度。但是,从文化治理的角度对乡村文化振兴的研究还很不充分。一是从研究视角看,很多文章充分肯定了新农村建设以来,乡村文化建设取得的巨大成就,但是还很少从内卷化理论视角解读乡村几十年来"文而未化、改而不变"的痼疾,对乡村文化振兴难度和复杂程度的认识深刻性还不足。二是从研究内容看,对当下乡村文化治理进行总体性的概述和问题对策分析多,对区域性乡村文化治理,通过个案剖析展现乡村文化治理运作场景的文章不多。三是从研究前瞻性看,还少有从乡村文化建设主体角度出发,研究农民进城对乡村文化空心化的影响;还没有从乡村文化治理主体角度出发,研究党委—政府—社会—农民在乡村文化治理结构的功能布局等前沿问题;较少有从乡村文化治理空间对未来农村文化发展趋势做出应有的预测。四是从研究的系统性看,单就乡村文化谈乡村文化发展,缺乏从乡村文化与农村经济、社区治理关系角度展开研究,较少关注乡村文化空心化、精神空虚化等不利因素给乡村振兴带来的挑战。

从国际上看,文化治理已成为很多国家的现代治理的一部分。从国内来看,党的十八届三中全会提出实现国家治理体系和治理能力现代化的宏伟目标,关于文化治理的研究成为学术界的热点。这既有学术脉络的延续,也受到政策话语的极大推动。文化治理既是炙手可热的治理理论在文化领域的延伸与应用,也是国家治理体系和治理能力现代化的拓展。从"五位一体"总体布局看,文化治理是国家治理的重要组成部分,是更基础、更广泛、更深厚的治理。但是,作为一个学术概念,经历了从福柯治理术到本尼特注重治理主体多元和治理机制的兼顾,从台湾到大陆的理论旅行。"文化治理"虽然目前还没有一个一致的定义和内涵,但对它的研究进路主要有三种:一是将文化作为治理工具,用文化来进行管控与引导,比如"以文化人""文以载道""用明德引领风尚";二是将文化作为治理的对象,把现代治理理念延伸映射到文化领域,把国家—社会—市场都纳入文化治理主体当中,主张通过对话、协商、参与的方式形成一核多元多方共治的格局;三是综合主义的研究进路,认为文化既是治理的对象,又是治理的工具。文化治理就是多元主体以合作共治的方式治理文化,并利用文化的功能来达到政治、经济、社会等多重治理目标的过程。① 此外，已有研究中也有讨论文化治理的法治手段问题，文化治理的法治化是国家治理从运动式治理模式向可持续型治理模式转变的必然要求，提出文化治理的法治框架，探究通过规则之治实现文化善治的目标。

本文基于文化治理的现代视角，按照上述综合主义的研究进路，重视党的领导在乡村文化振兴中的核心作用，从多元主体以合作共治的视阈研究乡村文化振兴的逻辑理路，注重研究的协同性、耦合性、整体性；同时特别注意乡村文化振兴之于乡村振兴的全新价值和复杂程度，并通过项目制实现形式、农民主体性运行机制，发挥文化的治理工具特性，为乡村振兴提供制度供给和精神支持，以期实现乡村文化在乡村振兴战略中的应有贡献。这对于书写中华文化复兴的乡村篇章，无疑具有重要的理论意义。

新时代乡村振兴战略中提出的乡村文化振兴，并不是要另起炉灶，推倒重来，推翻过去在农村开展的新农村建设、精准扶贫业已取得的文化成绩，而是统筹资源，叠加放大已有文化政策效应，注重文化建设的历史接续性，推动乡村文化现代化。

二　乡村文化振兴的复杂性

纵观我国40年的农村改革与发展，大概经历了四个历史时期：一是20世纪80年代农村全面改革时期，二是20世纪90年代"三农"问题时期，三是21世纪前10年的城乡统筹新农村建设时期，四是当前向现代农业转型的乡村振兴阶段。将乡村文化振兴放在这个大的时代背景下，我们观察得就更加清晰了。不论是新农村建设还是乡村振兴战略，都设立了"乡风文明"目标，旨在考核乡村文化发展绩效。

文化发生作用是潜移默化的，效果是浸润隐现的，发展是长期的，建设不是一蹴而就的。一方面，随着时代的发展和科技的进步，乡村社会发生了深刻的变化。另一方面，分散的小农户和乡村社会原子化趋势，使承传着中华传统文化基因的乡村文化处于变而不化的前夜，呈现现代裂变与传统断裂共现的繁杂。因此，必须高度重视乡村文化振兴的复杂程度。

（一）发展趋势

乡村文化建设已初现"内卷化"端倪。乡村文化振兴的复杂性，可用"内卷化"理论解析。自杜赞奇提出"内卷化"后，国内学术界已把这一理论运用到了乡村治理。② 乡村文化发展出现"内卷化"趋势，是指乡村文化较长时期停留在一

---

① 吴理财、解胜利：《文化治理视角下的乡村文化振兴：价值耦合与体系建构》，《华中农业大学学报》（社会科学版）2019年第1期。

② 贺雪峰：《论乡村治理内卷化——以河南省K镇调查为例》，《开放时代》2011年第2期。

种简单的自我重复的状态。你说它没有变化吗，它的确有些改变；你说它变化了呢，但又没有根本改变。总之，乡村文化建设一段时间以来停滞不前或无法转化为另一种高级状态，呈现"没有发展的增长"。

（二）发展观念

乡村文化振兴还停留在"就文说文"。文化建设中文化泛化与文化简单化的观念同时存在。文化是一个筐，什么都往里装。太泛太虚，不利于文化发展。同样，把文化等同于唱唱歌、跳跳舞、搞搞活动，仍然不利于乡村文化振兴。这些认识还拘泥于就文化说文化，都没有从乡村整体、全域全局去谋划推进乡村文化建设；没有从统筹推进乡村"五位一体"总体布局的高度、乡村文化自信的角度，思考乡村文化振兴与全面建成小康社会，完善乡村社区治理，顺应农民美好生活需要，推进农业现代化角度加以认识。

（三）发展机制

乡村文化建设还在依靠"单行道"。乡村文化建设重政府一元投入轻社会多元参与，重外部引导轻内部培育，重行政命令轻农民需求，乡村公共文化服务长时间处于低效或无效状态。一方面表现为文化供给不充分，乡村文化资源与设施匮乏；另一方面体现出乡村文化供给的结构性过剩，供需不对路，上面千条线，文化、科普、出版、健身、组织系统都对乡村文化建设充满热情，各自为战，没有形成整体效应。此外，由于农民参与文化建设的内生动力不足，政府对乡村文化发展大包大揽，一厢情愿地按自己的主观意志为农民设计发展蓝图，甚至追求整齐划一，一步到位，反倒捆绑了农民的手脚，限制了农民文化主体性的发挥。

（四）发展方向

乡村文化振兴何以对接脱贫攻坚"四好"。在精准扶贫"两不愁、三保障"基础上，四川提出了"住上好房子、过上好日子、养成好习惯、形成好风气"的"四好"目标。好习惯、好风气是村民的基本文化需要，而脱贫奔小康后村民在新时代的美好生活需要靠乡村文化振兴来保障。这种精神消费的升级与结构性转换，考验着乡村文化供给侧结构性改革，也对乡村文化振兴提出了更高要求。

三　乡村文化振兴的内容

要破除乡村文化"内卷化"陷阱，冲出乡村脱贫攻坚的文化峡谷，只有突破，唯有创新，体现在两个方面。一方面，乡村文化振兴是一个系统工程，既要做好顶层设计，又要考虑中国乡村幅员辽阔、各地发展不平衡的现状，尊重农民首创精神，允许基层探索多样化的振兴路子。另一方面，乡村文化振兴并非一蹴而就，而是一个长期性工程，根据党的十九大部署的国家现代化两个阶段安排，做到规划先行，分步实施，到 2035 年基本实现乡村文化现代化；到 2050 年全面实现乡村文化振兴，乡村文化以昂扬的文化自信活跃在中华文化大家庭。

乡村文化振兴要振兴什么？乡村文化重点应振兴以下这些内容。①乡村社区公共文化服务，用数字技术、移动互联网等技术提升服务的可及性、便利性，对留守儿童、留守妇女、孤寡老人等特殊人群开展精准文化扶贫。②乡村文化产业融合发展，因地制宜，发展有地域特色的创意农业、大地农业、休闲农业、乡村旅游等文化产业门类，增加就业、增加收入；用产业项目吸引城市资本下乡，吸引城里人来乡村消费，实现城乡文化互动与融合发展。③乡土文艺创作生产与演展交流，激励艺术家创作反映新时代乡村振兴传奇故事，塑造乡村创业英雄，鼓励活跃在乡村的才艺奇人在国内外展示交流。④乡村文化艺术节庆活动，提升已有民俗节日活动，比如庙会、集会，举办现代文化节庆，比如乡村旅游节。⑤古村落古遗迹保护，把传统的农业生产、灌溉、水利等农业遗产，通过创新性发展、创造性转换为文化空间，实现农耕文化历史与现实交相辉映，增加乡村文化软实力。⑥乡村记忆（民间工艺、非遗）传承与发展，兴办传习所传承，进学校进课堂传承，进乡村生活传承；乡村记忆 IP 发掘、乡村故事动漫开发、乡村工艺的手机游戏开发、乡村名人表情包开发；利用区块链技术解决乡村文创农产品、文创工艺品的产地与生产者的追溯机制和信用查询。⑦乡贤返场与新型农民培养，乡贤文化的亲密性、示范性、权威性在乡村文化振兴以及乡村社区治理的作用是政府机构、社会组织难以代替的，有文化、懂技术、会经营的新型农民是乡村文化振兴的建设者和传播者。⑧乡村文化人才队伍建设，依托乡镇文化站、村文化活动室、农家书屋建设一批乡村文化人才实训基地，培育一批懂农业、爱农村、爱农民的文化专干、文化志愿者、乡村文化能人等。

四 乡村文化振兴的个案分析

重庆市奉节县，位于长江三峡库区腹心，辖 29 个乡镇，3 个街道办事处，1 个管委会，314 个村，76 个社区。县城所在地永安街道是省级历史文化名城。白帝城·瞿塘峡达到申报创建国家 5A 级旅游景区标准。奉节县是全市乡村文化振兴试验示范县。近年来，积极探索乡村文化振兴的"奉节样板"，开展了"五个一批"行动，用文化为乡村铸魂，让文化振兴助力建成全面小康社会。

（一）办好一批文化活动

常态化举办诗词六进、才子佳人诗词挑战赛，举办中国首届编剧年会、第四届诗歌节，做好《半路村长》《天地之间》拍摄服务工作，吸引更多社会资源到奉节创作、拍摄。

（二）实施一批惠民工程

实施"村村通有线电视·户户看奉节新闻"惠民工程，在各乡镇新安装广播终端 1100 组，为 140 个村社购买文化设施，全年开展送戏下乡 1500 场，送电影进村 4000 场，丰富群众精神文化生活。

（三）形成一批试验示范

积极探索城郊休闲型、景区带动型、文旅融合型、精品民宿型、乡风文明型的乡村文化振兴示范建设，按照点、线、面的分层分类试验示范思路，突出平安乡整乡示范片、长江南岸沿线村，巩固提升 11 个示范村建设成果，拓展打造 20 个"三峡原乡"示范村。

（四）展示一批文化特质

以决战决胜全国县级文明城市创建为契机，以新时代文明实践工作为抓手，推行"诗承千年、德润万家"，培养全民诗书情怀，倡导群众践行文明健康的生活方式。

（五）建设一批特色小镇

采取"公司 + 合作社 + 基地 + 农户""公司 + 集体经济 + 农户"等方式，大力发展产供销一体化的全产业链生产经营模式。通过土地入股、劳动务工等联结机制方式带动更多贫困户实现增收致富，形成一批有震撼力的蚕桑小镇、油茶小镇、花椒小镇、油橄榄小镇、中药材小镇等。

此外，会议研讨、交流经验也是奉节乡村文化振兴工作的抓手。2018 年在奉节召开了重庆市乡村文化振兴工作推进会。2019 年又举行了全县"乡村文化振兴"专题研讨会，就如何实施助推乡村文化振兴等内容开展交流研讨，促进了全县乡村文化振兴的有序推进。

2018 年中央农办颁发的《国家乡村振兴战略规划（2018—2022 年）》，其中专门安排了一篇，从加强农村思想道德建设、弘扬中华优秀传统文化、丰富乡村文化生活三个方面部署"繁荣发展乡村文化"。奉节县作为乡村文化振兴试验示范县，抓住了中心环节，乡村文化振兴有活动、有项目，文化软实力有实际抓手，体现了特色发展的态势。乡村文化振兴，还应跳出文化抓文化，从统筹推进"五位一体"整体布局角度，实现文化与旅游、文化与农业的融合发展，把乡村文化振兴放在特色小镇建设、农村"厕所革命"中谋划，从而使这些中心工作也不再是单纯的乡村环境综合整治，而成为一种现代的生活方式、生产方式的革命。

五　乡村文化振兴的具体路径

乡村文化振兴是乡村振兴战略的基础工程。文化兴则乡村兴，乡村兴则县域安。乡村文化振兴为农村增美、农业增效、农民增收提供智力支持与精神鼓舞，为乡村自治德治法治相结合的治理体系提供文化支持。如何实施乡村文化振兴，乡村文化振兴的路径何在？我们应在策略、机制、行动、政策等方面体现改革创新。乡村文化振兴必须牢牢把握意识形态领导权，重视乡风文明建设，还必须大力发展乡村文化产业，让文化富民、文化惠民。离开了经济支撑，过度考虑道德教化，乡村文化振兴就只能是空中楼阁。乡村文化振兴要大力实施"乡村文化＋"战略，在服务大局中，在推进农村现代化进程中提高政治站位。实现乡村文化振兴关键在党，整体推进乡村"五位一体"总体布局，协调推进乡村"四个全面"战略布局。要全力推动乡村文化融合发展战略，紧紧抓住乡村文化与科技的深度融合发展，逐步缩小城乡文化发展的鸿沟，实现乡村文化现代化的跨越式发展。

（一）从嵌入迈向耦合

乡村文化振兴的策略转换。嵌入性理论是新经济社会学研究普遍联系的一个核心理论，嵌入性是当代中国乡村文化发展的根本性特征，乡村文化、革命文化、先进文化、城市文化和乡村社会、乡村政治相互作用，相互容纳与整合，形成耦合效应，达到共生共荣。[1] 当前中国进入城市反哺农村的新时代，乡村振兴战略的适时提出不仅给乡村文化提供了新的发展机遇，也为乡村文化发展赋予了新的时代内涵。因此，强调乡村文化的全面振兴，特别要注重乡村文化全面复兴所产生的多重价值与乡村振兴战略多重目标之间的耦合发展：一是乡村文化产业建设与乡村振兴中产业兴旺目标的耦合，二是乡村伦理文化复兴与乡村振兴中乡风文明目标的耦合，三是乡村自治文化重建与乡村振兴中治理有效目标的耦合，四是乡村农耕文化复兴与乡村振兴中生态宜居目标的耦合。

（二）创新乡村文化振兴的体制与机制

一是建立健全"党委统一领导、党政齐抓共管、宣传部门组织协调、有关部门分工负责、社会力量积极参与"的一核多元、多方共治的乡村文化振兴治理机制和工作格局。顺应乡村文化发展规律，有所为、有所不为，给予乡村文化更大的自由发展空间，建立多元主体、合作共治的运行机制。二是把项目制建成乡村文化振兴的实现机制。项目制作为一种自上而下资源配置形式，已经在很多领域成为国家治

---

①　刘彦武：《从嵌入到耦合：当代中国乡村文化治理嬗变研究》，《中华文化论坛》2017年第10期。

理和贯彻政策任务的一个重要机制。① 党委要牢牢掌握意识形态的领导权，理顺政府、市场、社会的关系，把项目制作为乡村文化振兴重要的落地形式，在国家主导逻辑、地方自主逻辑与农民需求导向逻辑之间寻求有机平衡和协作。通过艺术作品生产项目、乡村文化产业项目、古村落保护、文化活动项目等项目申报、立项、实施、考核，建立健全乡村文化振兴的实现机制，让乡村文化振兴计划看得见、摸得着。三是探索乡村文化振兴农民主体运行机制。尊重农民首创精神和主体地位，还权于民，保障农民文化需求表达权、文化服务监督权，用制度体系保障农民当家作主。建立健全乡村基层党组织领导的自治法治德治相结合的乡村治理体系，提高农民文化参与意识，引导居民参与公共文化服务项目规划、建设、管理和监督，推动服务项目与居民需求有效对接。加强乡村自治制度建设，建立代表和维护农民群众文化利益的农民协会组织，引导农民群众在乡村文化振兴中自我教育、自我管理、自我服务，培育乡村文化振兴的内部力量。四是推进乡村文化供给侧结构性改革。构建乡村文化要素投入和部门协同推进机制，统筹安排党员教育、农家书屋、文化、科普、健身等相关专项资金，规范分配方式，聚焦重点，集中财力解决一些突出问题。五是加大对乡村基层的文化资金定向转移支付力度，加强资金使用绩效评估，建立健全结果运用机制。

（三）实施乡村文化振兴行动计划

一是乡村文化创意行动，加大乡村农副产品的文化植入力度，建立以文化体验感知为导向的农副产品品牌。二是乡村技艺传承行动，建立一批乡村技艺工作站，开展多种形式的传统技艺大赛、技能大赛，发现、扶持乡村技艺创意人才。三是乡村民生保障行动，组建农村文化志愿者队伍，深入推进"千村文化结对"活动，形成文化服务下基层常态化。四是乡村文化融合行动，试点建设和发展一批新型复合型"文化＋"乡村示范园区，推进"文化创意、旅游创新、农民创收"相互渗透、促进和融合。五是乡村文化智库行动，成立乡村文化发展专家咨询委员会，开展乡村文化建设政策研究、决策评估、政策解读等工作。六是乡村形象传播行动，打造一批乡村文化旅游示范村、农村电商明星村、精品农家乐专业村，逐渐形成促进乡村形象传播的品牌体系。

（四）构建乡村文化振兴的法治保障

政策与法律并行，是当前中国政治生活实践中的现实问题。随着依法治国的深入推进和"文件治国"的高昂成本、政策低效，出台农村文化发展的法律是必然选择，也是文化治理体系和治理能力现代化的必然要求。过去几年，全国人大常委会

---

① 陈家建：《项目制与基层政府动员——对社会管理项目化运作的社会学考察》，《中国社会科学》2013年第2期。

先后审议通过了《网络安全法》《电影产业促进法》《公共文化服务保障法》《国歌法》以及《关于加强网络信息保护的决定》等有关文化发展的法律和决定。这对我国文化发展迈向文化善治发挥了重要作用。而今农村文化发展方面的法律还是一片空白，因此首先需要加快《乡村文化振兴保障法》的立法进程。其次，各地也要尽快将乡村文化振兴创新经验制度化、法治化，升华为地方性法规。最后，颁布乡村文化振兴规划。乡村文化振兴的指导思想、重要原则、战略目标、主要任务、实施路径等规划内容，需要比一般政策效力位阶更高的法律来保障。[①]

（五）完善乡村文化振兴的政策保障

一是强化组织保障。乡村文化振兴，关键在党的领导。县级党委、政府作为实施主体、工作主体、责任主体，把乡村文化振兴工作摆在突出位置，注意与脱贫攻坚战后的文化扶贫接续，狠抓贯彻落实。二是健全完善投入保障。研究制定落实支持乡村文化振兴一系列政策制度，比如制定"乡村文创振兴20条"，明确新增文化事业经费全部用于乡村文化振兴等。三是创新扶持政策。出台政府购买公共文化服务指导性意见和目录，探索采取项目补贴、政府购买、以奖代补、贷款贴息、基金投入等方式，引导政府、市场、社会等各方面力量广泛参与乡村公共文化服务和产业发展。

Approaches to Rural Cultural Revitalization from the Perspective of Cultural Governance

LIU Yanwu

Abstract：Rural cultural revitalization is the basic project of the strategy of rural revitalization. Cultural prosperity means rural prosperity, while rural prosperity means the county security. The function that culture has played is subtle, its effect is invisible, its development is long-term, and its construction is not completed overnight. Therefore, we must attach great importance to the complexity of rural cultural revitalization since it is a systematic project. We should not only make a good top-level design, but also respect the pioneering spirit of farmers, and allow the grass-roots to explore a diversified way of revitalization, taking into consideration of the vast rural areas and the uneven development of regions in China. On the other hand, rural cultural revitalization is a long-term project, not a short-term one. According to the two stages of national modernization arranged by the

---

[①] 刘彦武：《乡村文化振兴的顶层设计：政策演变及展望——基于"中央一号文件"的研究》，《科学社会主义》2018年第3期。

19th communist party of China National congress, the plan of rural cultural revitalization should be made in advance and then carried out step by step. In order to answer "how to implement rural cultural revitalization and what are the approaches to it", we should carry on reform and innovation in such aspects as strategy, mechanism, action and policy.

Keywords: Rural Cultural Revitalization; Cultural Governance; Rural Public Cultural Services

动态

马克思主义文化研究 2020 年第 2 期 总第 6 期
第 179～185 页

论点摘编

一 抗击疫情彰显中国特色社会主义制度五大优势

程恩富 徐文斌

在以习近平同志为核心的党中央坚强领导下，全国人民在打赢疫情防控的人民战争、总体战、阻击战的过程中，充分彰显中国特色社会主义制度和国家治理的多种优势。一是坚持党的集中统一领导抗疫情，显示中国特色社会主义制度的政治优势。抗击疫情的实践证明，在党的统一领导下，中国特色社会主义制度和国家治理体系具有显著的政治优势。二是坚持国有企事业主导抗疫情，显示中国特色社会主义制度的经济优势。国有企事业单位作为中国特色社会主义的重要物质技术基础和政治基础，是国家高效调控的主要微观实体，在抗击严重疫情的过程中，与其他单位密切合作，显示其积极的主导作用。三是坚持集中力量办大事抗疫情，显示中国特色社会主义制度的综合优势。全国人民团结一致，彰显出社会主义制度和国家治理体系中集中力量办大事、办好事、办急事的优势。四是坚持以人民为中心抗疫情，显示中国特色社会主义制度的宗旨优势。"以人民为中心"是各级党和政府指导这场防控疫情阻击战的主旨，充分体现了人民的利益高于一切。五是坚持"牺牲小我保全大我"气节抗疫情，显示中国特色社会主义制度的民族优势。中国人民在面对人类共同命运问题上，向来怀着一种毫无保留的"大我""大家"的国际精神，"封城封省"发扬了中华民族"牺牲小我保全大我"气节。

（摘自《唯实》2020 年第 3 期）

二 新中国 70 年文化建设成就

张国祚

新中国成立 70 年来，从贫穷落后走进新时代，文化建设发挥了至关重要的作用，充分印证了习近平总书记所讲的道理，即文化兴则国运兴，文化强则民族强。没有高度的文化自信和文化繁荣兴盛，就没有中华民族的伟大复兴。在新中国成立初期，波澜壮阔的扫盲识字运动大大提高了整个国家的识字率，批判《武训传》拨正了文化建设的社会主义方向，不断涌现的人民创作文学精品繁盛了群众文化。这些成就开启了新中国文化建设的伟大序幕，在 70 年的历程中，中国文化建设取得了卓越成就。一是整个哲学社会科学得到了充分、繁荣发展；二是包含中华优秀传统文化、革命文化和社会主义先进文化在内的中国特色社会主义文化提高了国家文化软实力；三是社会主义意识形态凝聚力和引领力不断增强；四是坚持以人民为中心的创作导向成为文艺发展必须遵循的导向和原则。总之，新中国成立后的 70 年，自改革开放之后，特别是党的十八大以来，我们的文化发展越来越繁荣，越来越兴盛，越来越充满生机和活力。在中国特色社会主义进入新时代以后，中国文化的最大亮点、最有价值的内容、最有指导意义、党内党外和国内国外影响最大的文化，就是习近平新时代中国特色社会主义思想。概括起来讲，中国文化波澜壮阔、朝气蓬勃，充满无限生机和活力，未来发展会更加美好。

（摘自《国史讲堂》2019 年 10 月 15 日）

三　必须说说关于索尔仁尼琴

陈先义

索尔仁尼琴（1918～2008）是俄罗斯作家，他一生最大的政治影响是全盘否定斯大林，发表过对苏联政府有异议的许许多多作品，成为著名的异见人士，因此受到西方嘉冕，1970 年获得诺贝尔文学奖。后来，在反思自己全盘否定斯大林、全面反对苏联政府的做法时，索尔仁尼琴说："我的所作所为，对不住苏联和苏联人民，我的作品害了我的俄罗斯祖国。"在整个俄罗斯对历史的反思中，索尔仁尼琴这句忏悔之言成为一代人的具有代表性的心灵真言。今天，在我们全民抗击疫情的伟大斗争中，有些学者以偶像的名义来教育和开导读者，要大家去读索尔仁尼琴，读这个连作家自己晚年都深感懊悔的作家的所作所为。这实际上是贬低和污蔑我们这场由中国共产党领导的伟大的抗疫斗争。但是，在以习近平同志为核心的党中央领导下，不管美国为代表的西方势力怎样贬损和诋毁我们，社会主义中国在抗击重大自然灾害面前所表现的制度优越性不容置疑，只有中国共产党和中国政府是对人民生命安全和人民健康负责的政党和政府。从千万医疗队员离开武汉时的洒泪惜别，可以看出我们的人民对我们党和政府的极大信任，可以感悟到道路自信、理论自信、制度自信、文化自信已经深深融入百姓的心里。任何对党群关系的蓄意挑拨，任何对政府和百姓关系的诋毁，都注定徒劳无功。

（摘自《雷锋杂志微平台》2020 年 3 月 30 日）

四 义和团的悲壮精神不容嘲弄

王美平

义和团运动是 19 世纪末寇深祸亟、中华民族与列强之间的矛盾日益尖锐背景下的悲壮之举，它所蕴含的爱国主义一直是中国人民抵抗列强侵略的强大精神武器。然而，近年来，一些人指责义和团排斥洋人、洋教，破坏铁轨、电线及一切"洋货"，是"盲目排外"；渲染义和团"排外"的手段，是"烧杀抢掠""野蛮残暴"；批评义和团宣扬"降神附体""刀枪不入"，是"迷信愚昧"；抨击义和团"落后无能""以卵击石"，以致"丢人现眼""祸国殃民"。但是，"盲目排外说""野蛮残暴说""迷信愚昧说""祸国殃民说"看似有理有据，实则以偏概全，完全否定了义和团运动在中国近代历史格局下表现出的反帝爱国的历史品格和悲壮的精神气概。毋庸置疑，民族独立是谋求发展的基本前提。面临列强殖民侵略的中国人民，只有通过武力反抗强暴，才可赢得独立，为现代化奠基。义和团运动的失败加速了清末新政的推进，对孙中山领导的资产阶级民主革命产生了重大影响，为中国后来的革命事业积累了经验教训，它是近代中国进程中极为悲壮而不能随意嘲弄的重要一环。历史研究需要用丰富的史料进行实证，更需要用长时段的视野去审视。如果忽略历史发展的大势，为迎合"猎奇"心理，夸大个别细节，随意解读甚至"戏说"，那是连儿戏也不如的。

（摘自《历史评论》2020 年第 1 期）

五 海外习近平新时代中国特色社会主义思想研究：观点比较及其启示

焦 佩

随着海外学界不断加强对中国的研究，特别是对当代中国领导人执政理念的研究，海外习近平新时代中国特色社会主义思想研究成为海外中国学研究的新热点。从研究整体来看，多样化的研究主体、具体化的研究主题、跨学科的研究方法是其明显的特点。从研究具体内容及其观点来看，研究结论既有基本符合现实的，也有与现实差异较大的。各种观点主要围绕"经济新常态""创新发展""法治建设""文化软实力""脱贫攻坚""绿色发展""一带一路"倡议等关键词展开，其观点的差异主要集中在习近平新时代中国特色社会主义思想的价值导向和实践效果两个方面。在价值导向方面，政治和外交问题容易被一些研究者误读误解。而在实践效果方面，政治和外交问题以外的量化指标较多的问题更容易被一些研究者歪曲。究其原因，这种误读与歪曲可能主要是受西方价值观和海外中国学研究方法碎片化的影响。对此，我们一方面要学会用他者的语言来讲好中国故事，隐性传递中国智慧与中国方案；另一方面要提高国内习近平新时代中国特色社会主义思想研究在具体问题上的研究能力和研究的国际影响力，有针对性地消解在具体问题上的误解或歪曲所产生的影响。如此，既有助于引导海外中国学研究更加贴近现实，也有助于中国国际话语权的提升和国际形象的改善。

（摘自《探索》2020年第1期）

六 《自然辩证法》与自然辩证法学科发展刍议

——纪念恩格斯诞辰200周年

黄传根

恩格斯《自然辩证法》开创了自然辩证法学科，深刻揭示了自然界自身所蕴含的辩证性、自然科学发展的思维辩证性以及自然科学社会效应的辩证性，形成了对自然界以及自然科学进行洞悉的有机图景，从而铺垫了自然辩证法学科的核心架构；自然辩证法学科建制化发端于新中国成立后，大体历经归属马克思主义哲学的自然辩证法、归属哲学的科技哲学以及谋求自立的科学技术学等学科范式，构成了自然辩证法学科化建制以来历经的主要更迭，这既是中国自然辩证法事业发展的事实构成，也是自然辩证法学科化推进的学理探求，彰显了自然辩证法人对自身学科归属的不懈追求；展望未来，自然辩证法学科仍可坚守自身的独特禀赋，直面当今人类社会发展的新境遇而大有作为，在中国特色社会主义新时代，要通过破除"大口袋"的思想顾虑、回归马克思主义的大传统、结合实际地"与时俱进"、丰实"自然观""辩证法"两域等途径，促进自然辩证法事业获得更大的发展。总之，延续恩格斯《自然辩证法》开辟的学科视域，回溯半个多世纪中国自然辩证法学科发展的具体实践，自然辩证法学科仍大有作为。为此，立足新时代，大力繁荣自然辩证法学科，掀起自然辩证法事业发展新高潮，是新时代中国社会主义事业发展的现实需要，也是对恩格斯诞辰200周年最好的纪念。

（摘自《自然辩证法研究》2020年第3期）

七 文化奇点：人工智能革命的生产工艺学批判

刘方喜

"奇点（Singularity）"论已成为分析当今人工智能（ArtificialIntelligence，简称AI）革命及其社会影响的重要框架，马克思生产工艺学批判揭示，不断发展的现代科技锻造出越来越先进的自动化机器体系，释放出越来越发达的生产力，将使物质生产的必要劳动时间越来越趋近于零，而剩余劳动时间及其创造的剩余价值将趋近于无限大；让剩余价值游离出物质生产而转移到文化生产中，精神生产力会获得大发展，必然王国和物质生产领域会越来越趋近于零，而自由王国和自由的精神生产疆域会趋于无限扩展，由此将引发文化奇点或自由奇点的来临；资本主义一方面为这种奇点来临创造物质条件，另一方面又是这种奇点真正来临有待克服的制度瓶颈。第一次机器动能自动化革命大大提高了物质生产力，但却对蓝领工人雇佣性体力劳动形成威胁；当今人工智能正在引发第二次机器智能自动化革命，精神生产力将得到大大提高，但却对白领工人雇佣性智力劳动形成威胁。克服资本主义制度瓶颈、扬弃劳动的雇佣性，人工智能将成为精神生产力得以解放的手段，自由王国和自由的精神生产疆域将会无限扩展。在当今人工智能时代重构马克思文化生产工艺学批判，不仅有助于充分认识其文化思想的巨大丰富性，更全面认识其文化理论的完整体系，而且还具有多方面的理论和现实意义。

（摘自《东南学术》2019 年第 5 期）

八 马克思的正义概念及其辩证层级结构

——凯·尼尔森的论证与意义

李义天 刘 畅

自从 20 世纪 70 年代以来，当代马克思主义伦理学界围绕马克思的正义概念展开了激烈的争论，由此产生非道德论者与道德论者的分野和对立。其中，非道德论者认为，马克思反对从"正义"出发评价社会制度，"正义"在社会批判中仅仅具有形式的意义。而道德论者则相信，马克思持有某种可用于规范性评价的、实质性的正义概念。从表面上看，前者的立场似乎更满足历史唯物主义的一般叙述框架，但后者却通过围绕法权正义、交换正义、分配正义等维度的辨析与澄清，为经典作家文本中那些或明或暗的规范层面提供论证。在这个意义上，两者的分歧是明显的。如何在坚持马克思主义核心观念的前提下"前后一致地"阐释与证成马克思的正义概念，构成了当代学者争论与反思的关键。其中，凯·尼尔森通过回归唯物主义辩证法，将分析视野同辩证法所蕴含的时间性和层级性结合起来，试图提供一种更为精致的论证方案，即辩证层级式的正义概念。根据这种方案，正义概念始终随着生产方式的改变而呈现出相互区别又不断发展的层级结构；在此结构序列中，共产主义的正义概念将是最充分的，但并非"超越正义的"。尼尔森的论证有助于缓解马克思正义概念的内在张力，为马克思正义概念的合法性与复杂性提供辩护，进而推动马克思主义正义理论研究向纵深发展。

（摘自《马克思主义与现实》2020 年第 1 期）

九　论马克思道德观的辩证批判性特质及其当代价值

——基于"利益"与"道德"关系的视角

曹洪军

鲜明的阶级性、科学的批判性和强烈的实践性是马克思主义道德理论区别于其他道德理论的显著特征。马克思明确反对脱离物质利益的道德空谈，强调以现实生活实践中"人的解放"为出发点和落脚点，强烈批判以虚假全民利益面目呈现的各种形态的道德。但这种批判却被一些人误解为是对道德的全盘否定，并称马克思是"反（或非）道德主义者"。作为源头和起点，马克思的道德观无疑影响乃至决定了整个马克思主义道德理论的形成与发展。因此，正确理解马克思的道德观是科学把握和正确运用马克思主义道德理论的关键，而缺少对其辩证批判性特质的深刻理解和全面把握，是"马克思反（或非）道德主义"错误认识产生的深层根源。马克思对利益之于道德关系的论述遵循了肯定、否定、否定之否定的逻辑进路，其道德观的辩证批判性表征为：批判道德纯粹精神论，强调利益是道德的基础；批判道德单向利益决定论，肯定道德对利益具有反作用；批判以追求"特殊利益"为核心的"法权的道德"，弘扬"解放的道德"。马克思道德观鲜明的辩证批判性特质，不但对整个马克思主义道德理论的形成和发展具有重大的历史价值，而且对指导我们科学认识和解决当代中国的道德问题、理性定位社会主义道德的功能与作用、正确选择社会主义道德发展的前进方向具有鲜活的时代价值。

（摘自《马克思主义研究》2019 年第 12 期）

十　文明治理和治理文明：中国国家治理现代化的新方向

杨立华

党的十九届四中全会审议通过的《中共中央关于坚持和完善中国特色社会主义制度、推进国家治理体系和治理能力现代化若干重大问题的决定》，吹响了新时代加快推进国家治理现代化的冲锋号！加快推动文明治理和治理文明，是实现国家治理手段和目标的统一，推进国家治理现代化的必然要求。与治理文明的五层内涵（文化文明、价值文明、制度文明、行为文明和器物文明）相对应，文明治理必须以治理文明为目标、以价值文明为引领、以制度文明为核心、以行为文明为基础、以器物文明为载体。治理文明和文明治理的基本特征可统一于以社会主义核心价值观为代表的一系列社会核心价值，是对这些价值的具体体现和真正落实。要实现文明治理，必须实现全内涵（从文化文明到器物文明）、全领域（从经济到外事）、全层次（从个体到全球）、全主体（从国家到个人）、全世代（所有世代）的文明治理，也就是"五全"文明治理。同时，要实现文明治理，还必须实现物质治理和文化治理、制度治理和价值治理、行为治理和心灵治理、一般治理和器物治理、硬治理和软治理、法制治理和民主治理、科技治理和人文治理、正式治理和非正式治理、大治理和小治理、境界治理和精美治理的有机结合。只有这样，我国国家治理才能最终形成现代化的国家治理文明，并最终完成国家治理体系和治理能力现代化的宏伟目标。

（摘自《教学与研究》2020 年第 1 期）

十一　中华文明五千年不断裂特点的考古学阐释

刘庆柱

20 世纪前半叶至 70 年代中国的田野考古发现与研究已经基本解决了中国文明起源的源头就在本土，并非由"地中海文明"发展而来的问题。关于中国文明起源的时间，从 20 世纪 50 年代至今，70 年来的中国田野考古发现与研究，已经证实中华文明形成早在距今五千多年前。中华文明在世界文明史上独具特色，其突出特点是"五千年"而"不断裂"。五千多年前中华大地上已有不同地区形成各自的早期神权、王权模式为主的不同"文明"，但是它们之中在此后代代相传的"文明"则是始于中原龙山文化及其后继者的夏商周、秦汉至元明清王朝的"王权"与"皇权"模式国家。这从中华的"国家"、"国民"与"国土"的五千年来基本一脉相承可以说明；从作为"国家文化"（或"大传统"）的都城、帝王陵墓、礼制建筑与礼器、文字的"五千年"沿袭发展可以佐证；从都城的"求中""一门三道""大朝正殿居中""左祖右社"格局、都城中轴线及都城、宫城四面辟门等是"中""中和"的核心理念"物化形式"可以再现。五千年来这些不断裂文明的物化形式由少变多，反映了"中"与"中和"理念越来越强化、深化。中华五千年不断裂文明思想根源是"中""中和"理念，这是"国家认同"的思想基础与中华民族历史的核心价值观。

（摘自《中国社会科学》2019 年第 12 期）

图书在版编目（CIP）数据

马克思主义文化研究 . 2020 年 . 第 2 期：总第 6 期 /
程恩富，吴文新主编 . -- 北京：社会科学文献出版社，
2020. 11

ISBN 978 - 7 - 5201 - 7463 - 3

Ⅰ.①马… Ⅱ.①程… ②吴… Ⅲ.①马克思主义 -
文化理论 - 研究 Ⅳ.①A811.67

中国版本图书馆 CIP 数据核字（2020）第 201441 号

马克思主义文化研究 2020 年第 2 期 总第 6 期

主　　编／程恩富　吴文新

出 版 人／王利民
组稿编辑／曹义恒
责任编辑／吕霞云

出　　版／社会科学文献出版社·政法传媒分社（010）59367156
　　　　　地址：北京市北三环中路甲 29 号院华龙大厦　邮编：100029
　　　　　网址：www. ssap. com. cn
发　　行／市场营销中心（010）59367081　59367083
印　　装／三河市东方印刷有限公司

规　　格／开 本：787mm×1092mm　1/16
　　　　　印 张：12　字 数：249 千字
版　　次／2020 年 11 月第 1 版　2020 年 11 月第 1 次印刷
书　　号／ISBN 978 - 7 - 5201 - 7463 - 3
定　　价／79.00 元

本书如有印装质量问题，请与读者服务中心（010 - 59367028）联系